조선 중기의 '낙중학'

여헌 장현광의 삶과 사상

계명한국학총서 44

조선 중기의 '낙중학'
여헌 장현광의 삶과 사상

2017년 1월 24일 초판 1쇄 인쇄
2017년 2월 8일 초판 1쇄 발행

지은이 | 홍원식 외 6명
펴낸이 | 신일희
펴낸곳 | 계명대학교출판부
42601 대구광역시 달서구 달구벌대로 1095
전화 053-580-6233 팩스 053-580-6235
등 록 | 1970. 9. 1.(신고번호 제347-1998-1호)

ISBN 978-89-7585-765-2 93150
값 27,000원

이 도서의 국립중앙도서관 출판예정도서목록(CIP)은 서지정보유통지원시스템 홈페이지(http://seoji.nl.go.kr)와 국가자료공동목록시스템(http://www.nl.go.kr/kolisnet)에서 이용하실 수 있습니다.(CIP제어번호: CIP2017001961)

낙중학 총서 4

洛中學

조선 중기의 '낙중학'

여헌 장현광의 삶과 사상

계명대학교 한국학연구원
홍원식 외 지음

계명대학교 출판부

책을 펴내며

'낙중학洛中學'이란 용어를 우리 학계에 내놓은 지 어언 7년여의 시간이 흘렀다. 그동안 계명대학교 한국학연구원은 2010년부터 매년 '낙중학'을 주제로 한 기획학술대회를 총 7차에 걸쳐 진행하였으며, 2013년도 제4차 기획학술대회 때 발표된 글들을 중심으로 낙중학총서 네 번째 권에 해당하는 『조선 중기의 낙중학, 여헌 장현광의 삶과 사상』을 내놓는다.

여헌旅軒 장현광張顯光은 한강 정구와 더불어 조선 중기 낙중학을 대표하는 인물이다. 두 사람은 질서와 처숙 관계일 뿐만 아니라 학문적 활동도 함께 하여 한·여로 병칭되기도 하고, 그들의 후예를 아울러 흔히 '한려학파'라고 일컫기도 한다. 장현광은 야은 길재의 여운이 짙게 드러운 선산(구미)·칠곡 지역에서 태어나 젊은 날을 보냈으며, 중년에는 영일(포항)의 입암을 장구지처로 삼고서 인근 포은 정몽주를 주향한 임고서원의 경영과 강학에 힘을 쏟은 까닭에 그의 학맥은 금호강을 따라 영남 중부 일대에 널리 퍼졌다.

장현광은 일찍이 18세 때 "천하에 제일가는 사업을 하여 천하에 제일가는 사람이 되겠다"는 이른바 '우주사업'의 뜻을 세워 평생토록 도학자의 길을 걸었다. 그는 정몽주와 길재, 김굉필 등 낙중 선현들의 도학 정신을 이어받는 한편 도학의 이론적 깊이를 한층 더하는 데 힘을 쏟은 결과 독창적인 성리설과 깊이 있는 역학易學 관련 저술들을 남기게 되었다. 이것은 곧 '명체明體'의 강화로, 조선 중기 또 다른 낙중학의 대표적 인물인 정구의 '적용適用' 중시와 대비된다. 이렇게 하여 조선 중기 낙중학은 한 · 여를 통해 풍부하면서도 독특한 모습을 드러내게 되었다.

본 책에는 총 7편의 글을 실었다. 먼저 조선 중기 낙중학의 전개란 관점에서 홍원식이 총론을 쓴 데 이어 우인수가 인조대仁祖代의 대표적 산림으로서 그의 면모를 밝혔으며, 추제협은 한려학파의 관점에서 '여헌학'에 대해, 그리고 이상호와 정병석은 각각 그의 성리설과 역학에 대해 깊이 분석하였다. 그리고 장현광의 다양한 면모를 파악하기 위해 유권종은 그의 예학에 대해, 정시열은 3종의 잡저류에 대한 분석을 더하였다.

장현광의 여헌학에 대한 연구는 (사)여헌학연구회를 중심으로 활발하게 진행되고 있는데, 본 책은 무엇보다 '낙중학'이란 관점에서 저술된 점에 차이가 있다. 이 책이 장현광의 여헌학은 물론 낙중학의 전모를 밝히는 데 기여할 수 있기를 기대하며 글을 맺는다.

2017년 1월

홍 원 식

목차

조선 중기 낙중학과 장현광의 '여헌학'

홍 원 식

조선 중기 낙중학과 장현광의 '여헌학'

홍원식 | 계명대학교 철학윤리학과

1. 머리말

여말麗末 선초鮮初 야은冶隱 길재吉再(1353~1419)가 불사이군不事二君의 대의명분大義名分을 간직한 채 고향 땅 선산善山에 낙향한 이후 강학을 시작하면서 그의 뜻을 이은 선비들이 말 그대로 숲처럼 빽빽이 일어나고, 그것은 낙동강 중류에서 상류와 하류 지역으로 퍼져 나간 뒤 다시 전국적으로 퍼져 나가 사림士林의 시대를 준비하게 된다.[1] 그들은 과거를 통해 속속 중앙 정계에 진출하게 되면서 중앙의 훈구척족 세력들로부터 여러 차례에 걸쳐 큰 화를 입게 되지만, 그럴수록 더욱 유교적 의리정신과 실천적 도학道學을 강조하며 포은圃隱 정몽주鄭夢周(1337~1392)에서 야은 길재, 강호江湖 김숙자金叔滋

1) 최영성. 2011.「야은 길재와 그 문도들의 도학사상」.『한국학논집』45집. 계명대학교 한국학연구원; 한충희. 2012.「조선 초기 낙중 사림파의 형성과 전개」.『낙중학, 조선시대 낙동강 중류 지역의 유학』. (홍원식 외. 계명대학교 출판부). 65~66쪽 참조.

(1389~1456), 점필재佔畢齋 김종직金宗直(1431~1492), 한훤당寒暄堂 김굉필金宏弼(1454~1504), 정암靜庵 조광조趙光祖(1482~1519)로 이어지는 동방東方 도통道統을 표방하고, 정몽주에 이어 정여창鄭汝昌과 김굉필, 조광조에 더하여 회재晦齋 이언적李彦迪과 퇴계退溪 이황李滉의 이른바 '동방오현東方五賢' 문묘종사文廟從祀를 추진, 성사시키면서 본격적으로 사림의 시대를 열어가게 되었다.[2]

이런 가운데 16세기 후반에 이르면 낙동강 상류(강좌江左, 경상 좌도) 일대에는 퇴계退溪 이황李滉(1501~1570)과 그의 학파가, 낙동강 하류(강우江右, 경상 우도) 일대에는 남명南冥 조식曺植(1501~1572)과 그의 학파가 크게 일어나 학파 간 경쟁하는 양상까지 보이는가 하면 정치적으로도 남인南人과 북인北人으로 나뉘어져 대립하게 되며, 각 학파 내부에서도 분립하는 양상을 보인다.[3] 당시 낙동강 중류 지역에서는 성주 출신 한강寒岡 정구鄭逑(1543~1620)가 등장하여 진외증조부인 낙중 선현 김굉필의 도학을 계승하는 한편 이황과 조식 양 문하에 출입한 뒤 자신의 학파 영역을 넓혀 가면서 '명체적용明體適用'

---

2) 정몽주는 1517년(중종12)에, '동방오현'은 그 후 90년이 지난 1607년(광해군2)에 함께 문묘종사가 되었다. 이에 대한 대표적인 연구로 이수건. 1979.『영남사림파의 형성』. 영남대출판부; 이병휴. 1999.『조선 전기 사림파의 현실인식과 대응』. 일조각; 설석규. 1994.「조선시대 유생의 문묘종사 운동과 그 성격」.『조선사연구』. 형설출판사; 김용헌. 2010.『조선 성리학, 지식권력의 탄생』. 프로네시스; 이수환. 2011.「16세기 전반 영남사림파의 동향과 동방오현 문묘종사」.『한국학논집』45집. 계명대학교 한국학연구원; 홍원식. 2013.「여말선초 낙중 사림들의 학통과 도통」.『낙중학의 원류-조선 전기 도학파의 사상』. 계명대학교 출판부 등이 있다.

3) 대표적인 것으로 퇴계학파 안에서는 月川 趙穆과 西厓 柳成龍 간, 남명학파 안에서는 來菴 鄭仁弘과 寒岡 鄭逑 간의 분립을 들 수 있다.

의 '한강학寒岡學'을 전개하였다.[4] 뒤이어 그의 질서姪壻인 인근 인동(칠곡) 출신의 여헌旅軒 장현광張顯光(1554~1637)이 등장하여 '여헌학旅軒學'을 전개해 감으로써 17세기 접어들면 낙중 일대에는 한강과 여헌의 '한려학파寒旅學派'가 크게 활동하였다. 특히 인조반정仁祖反正 이후 장현광은 기호의 사계沙溪 김장생金長生과 더불어 전국의 대표적인 산림山林으로 중망을 받으며 낙상洛上의 우복愚伏 정경세鄭經世와 함께 17세기 전반 영남 유학계를 이끌게 된다.

장현광은 '불유사승론不由師承論'으로부터 '한강계승론寒岡繼承論'에 이르기까지 복잡하면서도 논란이 많은 학맥 연원을 가지고 있으며, '리기경위설理氣經緯說' 등 독창적 성리설과 깊이 있는 역학易學 관련 저술을 남겼다. 이 글에서는 조선 중기의 대표적인 낙중 선현이라는 관점에서 그의 학맥과 도통 의식, 그리고 그것과 여러 학설들의 관계성을 살펴본 뒤 낙중학에서 여헌학이 갖는 위치를 규명해보고자 한다.

2. 장현광의 학맥 연원과 도통 의식

장현광의 학맥 연원과 도통 의식에 관한 연구로는 김학수의 것이

---

4) 홍원식. 2012. 「조선 중기 낙중학과 정구의 '한강학'」. 『한국학논집』 48집. 계명대학교 한국학연구원 참조.

돋보인다.[5] 그는 장현광 문인들의 제문과 언행록 분석을 통해 장현광의 학맥 연원을 '오현계승론五賢繼承論(포은연원론圃隱淵源論 포함)'과 '회퇴계승론晦退繼承論', '한강계승론寒岡繼承論(한여병칭론寒旅竝稱論 포함)', '불유사승론不由師承論' 넷으로 구분한 뒤 앞의 셋은 크게 보면 '오현계승론'으로 포괄할 수 있으나 각각의 주안점이 조금씩 다르므로 구분했음을 밝히고 있다.[6] 이와 더불어 그는 송당松堂(박영朴英) 연원도 언급하고 있으며,[7] 근자에는 인동 장씨 가학에 주목하는가 하면 시론적으로 남명사숙론南冥私淑論(남명경모론南明景慕論과 내암동정론來庵同情論)도 제기하고 있다.[8] 이처럼 그의 학맥 연원에 대한 다양한 논의가 있게 된 것은 무엇보다 그에게서 뚜렷한 사승 연원이 확인되지 않기 때문이며, 한편으로는 그의 학파가 넓게 분포되면서 문인들 각자의 학맥과 출신 및 지역에 따라 다양한 견해를 가지고 있었기 때문이다. 바로 이러한 점은 뒷날 여헌학파의 결속과 지속성을 유지하는 데 걸림돌이 되기도 하였다. 여기에서 우리는 어떠한 배경과 근거

---

5) 이와 관련된 것으로 권정웅의 「『檜淵及門諸賢錄』 小考」(1985. 『한국의 철학』 13. 경북대학교 퇴계학연구소), 유봉학의 「남인의 분열과 기호남인 학통의 성립」(1998. 『조선후기 학계와 지식인』. 신구문화사), 우인수의 「여헌 장현광과 선산지역의 퇴계학맥」(2000. 『한국의 철학』 28. 경북대학교 퇴계학연구소), 정순우의 「성주지역의 퇴계학맥」(2001. 『한국의 철학』 30. 경북대학교 퇴계학연구소) 등의 선행 연구가 있으나, 여헌학파 전체를 대상으로 종합적 분석을 한 것은 김학수의 「여헌학파의 형성과 전개」(2009. 박병련 · 정만조 · 정순우 · 김학수 · 곽진 지음. 『여헌 장현광 연구』. 태학사)가 대표적이다.

6) 김학수. 2009. 「여헌학파의 형성과 전개」. 『여헌 장현광 연구』. 태학사. 113쪽 참조.

7) 김학수. 2009. 같은 논문. 109쪽 참조.

8) 김학수. 2013. 「여헌 장현광의 생애와 학맥」. 『조선중기의 '낙중학', 여헌 장현광의 삶과 사상』. 계명대학교 한국학연구원 기획학술대회 발표문 참조.

로 이와 같은 다양한 논의가 일어났는가를 살펴보는 것도 중요하겠지만, 장현광 자신이 어떠한 관점을 가졌는가를 살펴보는 것이 보다 중요할 것이다. 물론 이것이 또한 다양한 논의가 제기된 배경이 되기도 한다.

장현광은 어린 나이에 아버지를 여읜 뒤 곧장 자형인 노수함盧守諴에게서 배우게 된다. 노수함은 송당 박영의 문인인데, 박영은 김굉필의 문인 정붕鄭鵬의 제자였으므로 결국 본 학맥 연원은 김굉필에서 김종직과 김숙자, 길재를 거쳐 정몽주에 이르게 된다. 이 중 길재와 김숙자, 정붕, 박영은 바로 동향 선산의 선현들로, 길재를 주향한 선산의 수원首院인 금오서원金烏書院에 김숙자의 아들인 김종직과 더불어 정붕, 박영이 제향되며, 그들에 뒤이어 뒷날 장현광이 제향된다. 장현광은 생전 금오서원의 복설과 운영에 깊이 관계하였는데, 이것은 동향의 서원이란 점과 함께 그의 학맥 연원이 닿았기 때문이다. 그리고 이러한 학맥 연원이 오현계승론(포은연원론)의 한 근거가 되었다.

그리고 그는 청소년기에 족숙 장순張峋에게서 배우게 되는데, 15~6세 무렵 장순의 책상에 놓인 『성리대전性理大全』의 황극편皇極篇을 읽고서 깊이 학문에 빠져 들게 되며,[9] 이후 더 이상 스승을 찾아 돌아다니지 않고 독학하였다. 곧이어 그는 18세(1571) 때 우주와 인생의 진리를 깨달아 "천하에 제일가는 사업을 하여 천하에 제일가는

---

9) 張顯光. 『旅軒全書』. 「年譜」 卷1. 己巳(1569).

사람"[10]이 되기를 기약하는 「우주요괄첩宇宙要括帖」을 지어 평생토록 지니고 다녔다. 그리고 「표제요어標題要語」에서는 다음과 같이 그 뜻을 덧붙여 설명하였다.

> 남아가 천지에 태어나면 마땅히 우주 사이의 사업을 자신의 임무로 삼아야 하니, 신변과 목전의 일로 국한하지 말고 또 하루나 일 년, 한 대로 국한하지 말아야 한다. 아! 천지 사이에 남아가 된 자가 몇 사람이나 되겠으며, 사람이 되어 이 이치를 살필 수 있는 자가 또 몇 사람이나 되겠는가?[11]

이렇듯 그는 10대의 젊은 나이에 이미 '우주사업宇宙事業'을 자신의 임무로 삼아 평생토록 지켜나가고자 하였다. 이러한 행적은 '불유사승론'[12]의 중요한 근거가 되었다. 김학수는 특히 이 '불유사승론'에 주목하여 장현광이 「우주요괄첩」만이 아니라 이와 유관한 저술과 언행을 적지 않게 남겼음을 적시하면서[13] 그 스스로 공맹직승孔孟直承

---

10) 張顯光. 『旅軒續集』 卷5. 「宇宙要括帖」(〈反躬帖第十〉). "能做天下第一事業, 方爲天下第一人物."

11) 張顯光. 『旅軒續集』 卷5. 「標題要語」. "男兒生於天地, 當以宇宙間事業爲己任, 不可以身邊眼前際之, 又不可以一日一歲一世限之. 嗚呼! 爲此兩間之男兒者, 亦幾人哉, 爲斯人而能察得及此理者, 有幾人哉?"

12) 사승이 없다는 '불유사승론'은 李彦迪과 李滉, 奇大升, 李珥, 申欽, 趙翼, 朴世采 등에게서도 발견되는데, 여헌문파들의 '불유사승론'은 스승을 極尊하고 특정 사승을 부정하기 위해 제기되었다는 점에서 차별성이 있다. 김학수. 2013. 「여헌 장현광의 생애와 학맥」. 『조선중기의 '낙중학', 여헌 장현광의 삶과 사상』. 계명대학교 한국학연구원 기획학술대회 발표문 주 111 참조.

13) 「孔子不得位論」(『旅軒集』 卷3), 「小魯岑」(『旅軒續集』 卷1), 「祥桐」(『旅軒續集』 卷1), 「記夢」(『旅軒續集』 卷4) 등이 있다.

혹은 공자孔子에서 주자朱子에 이르는 도를 직접 잇고 있음을 내비치고 있으며, 이것을 바탕으로 일군의 제자들이 그의 사후 본격적으로 '불유사승론'을 제기하게 되었고, 금오서원에 길재와 함께 그가 파격적으로 병향竝享된 것이나 임고서원臨皐書院에 정몽주와 함께 병향을 시도한 것,[14] 숙종 연간 '한려시비寒旅是非'가 일어나자 한강 정구와의 사제관계를 부정하게 된 것 모두가 이와 연관된 것임을 말하고 있다.[15]

장현광은 25세 때 성주의 청주淸州 정씨鄭氏 집안과 혼인하여 한강 정구의 질서姪壻가 됨으로써 두 사람은 인척관계가 맺어진다. 두 사람은 11세 차이로, 당시 정구는 이황과 조식 양 문하를 드나들며 고제高弟의 반열에 들어 있었으며, 장현광은 어느 정도 자신의 학문적 지반을 다진 상태였고 인생 목표 또한 굳건히 가진 상태였다. 이후 둘은 평생토록 인간적으로나 학문적으로 긴밀한 관계를 유지하며 낙중 일대의 유학을 이끌었다. 그렇지만 정구 사후 한강 문인들간에 분립이 일어나는 가운데 낙중 일대의 유학계는 인조반정 이후 전국의 대표적인 산림으로 중망을 받던 장현광의 여헌 학맥이 서서히 그 중심적 위치를 차지하게 된다. 이렇게 볼 때, 정구 생전에는 비록

---

14) 圃隱 鄭夢周를 主享한 臨皐書院 竝享은 芝山(曺好益) 문인들의 반대로 좌절된다. 김학수. 2005. 「17세기 초반 영천유림의 학맥과 장현광의 임고서원 제향논쟁」. 『조선시대사학보』 35. 조선시대사학회 참조.

15) 김학수. 2013. 「여헌 장현광의 생애와 학맥」. (『조선중기의 '낙중학', 여헌 장현광의 삶과 사상』. 계명대학교 한국학연구원 기획학술대회 발표문) 의 3-2-3 '불유사승론' 참조.

양자 간 학문 내용과 문인 구성이 조금은 달랐을지라도 학파의 분립은 있지 않았으며, 오히려 정구는 자신의 학맥이 자연스레 장현광에게로 이어질 것이라고 생각하였다.[16] 실제로 정구 사후 낙중 일대의 한강 학맥은 상당 부분 여헌 학맥으로 계승, 흡수되었으며, '한려학파'란 인식도 자연스레 생겨나게 된 것이다.

그렇지만 정구와 장현광간의 사승관계에 대한 논의는 간단치 않은 문제이다. 한강 사후 여헌 학맥이 주도적 위치에 서게 되면서 여헌 문인들 중 일부가 양자 간 사승관계를 부정하는 견해를 제기하게 되고 양자를 병칭하는 분위기 속에 마침내 숙종 때에 이르면 '한려시비'가 터져 나오게 된다.[17] 이 시비는 일단 한강학파 내 문호지쟁에서 비롯된 것이기는 하지만 근본적으로는 장현광 후예들의 '불유사승'의 관점이 그 중심에 있다. 이들의 시비와 무관하게 기호의 이식李植[18]이나 송준길宋浚吉[19] 등은 장현광을 정구의 고제高弟로 인식하였으며, 이와 조금 달리 송시열宋時烈은 "장여헌의 연원은 후생이 감히 알 수 있는 바가 아니지만, 일찍이 듣건대 여헌은 한강 문하를 출입

16) 추제협. 2013.「'한려학파'와 '여헌학'」.『조선중기의 '낙중학', 여헌 장현광의 삶과 사상』. 계명대학교 한국학연구원 기획학술대회 발표문 2장 참조.

17) '한려시비'의 전말과 쟁점에 대해서는 권정웅의「『檜淵及門諸賢錄』 소고」(1985.『한국의 철학』 13. 경북대학교 철학연구소)와 유봉학의「남인의 분열과 기호남인 학통의 성립」(1998.『조선 후기 학계와 지식인』. 신구문화사), 김학수의「여헌학파의 학통적 성격과 학문적 실용성」(2012.『여헌 장현광의 학문세계4–여헌학의 전망과 계승』. 고려대학교 민족문화연구원 편. 예문서원) 등 참조.

18) 李植.『澤堂別集』卷15.「示兒代筆」. "唯寒岡爲完人, 旅軒爲高弟, 旅軒歿而亦無徒弟傳述者, 嶺南之學亦止於是." 참조.

19)『孝宗實錄』卷19. 8年 10月 19日(戊子) 참조.

하였는데, 한강을 그는 붕우와 제자의 중간으로 대하였다고 한다"[20] 라 말하였다.

사실 양자 간 사승 문제는 관점에 따라 달리 볼 수 있다. 하지만 장현광의 학맥 연원을 이황과 조식에 연결 짓기 위해서는 그가 양현을 존모한 것은 사실이지만, 그것이 단순히 사숙에 의한 것이라기보다는 일찍이 양 문하를 출입한 적이 있는 정구를 통해 이뤄졌다고 보는 것이 더 옳을 듯하다. 이런 점에서 이황과 조식을 직접적으로 여헌학의 연원이나 사숙연원으로 보는 것은 무리가 따를 것 같으며, 이것은 특정 지역의 일부 문인들이 자신의 지연과 복합적 학맥 관계 속에서 제기한 것으로 보인다. 정구와의 학맥 관계를 어느 정도 인정한다면, 여헌학은 자연스레 이황, 조식과 학맥 연원을 가지게 된다. 뿐만 아니라 여헌학의 연원은 정구를 거쳐 김굉필, 김종직, 길재, 정몽주로 거슬러 올라가게 된다.

종합해 보면, 장현광은 그의 성리설 만큼이나 그의 학맥 연원도 복잡하고 특징적이다. 그는 분명히 뚜렷한 사승이 없으며, 어린 나이에 일찍이 '우주사업'을 자기 평생의 임무로 삼아 독학하였을 뿐 적극적으로 여러 문하를 찾아다니지 않았다. 이것은 그 자신의 개인적 취향이자 특성이기도 하지만, 그가 산 낙중 지역이 낙상과 낙하 두 지역의 중간지대였다는 지역적 특성도 간과할 수 없을 것이다. 바로 이

---

20) 宋時烈, 『宋子大全』 卷102, 「答沈德升」. "張旅軒淵源, 後生有所不敢知耳, 曾聞其出入寒岡之門, 寒岡待以朋友弟子之間云矣."

점은 낙중학의 중요한 특성 중 하나이며, 이것은 당시 낙상의 퇴계학과 낙하의 남명학을 모두 받아들일 수 있는 조건이 되기도 하지만 한편으로는 양 학파와 어느 정도 거리를 둘 수 있는 조건이 되기도 했다. 그에게서는 후자의 측면이 더 부각되었다고 할 수 있겠다.

이와 같이 '불유사승론'의 관점에서 그의 학맥 연원을 본다고 해도, 낙중학의 관점에서 그를 조선 중기의 대표적인 낙중 유현으로 보는 데에는 아무런 문제가 없다. 왜냐하면 '불유사승론'이 강조될수록 여헌학은 낙상 퇴계학과 낙하 남명학의 강한 자장磁場으로부터 그만큼 더 떨어진다는 점에서 오히려 이를 통해 낙중학의 특성이 더욱 부각될 수 있기 때문이다. 그리고 낙중학이 조선 중기에 이르면 정구의 한강학과 더불어 장현광의 여헌학이 등장하면서 질과 양 모든 면에서 학파적 면모가 더욱 강화되었음을 의미하게 된다. 이렇게 볼 때, 여헌학이 마치 퇴계학과 남명학을 적극적으로 종합하려 들었거나[21] 어느 한 학파를 적극적으로 계승하려 든 것처럼 전제하고서 바라보는 것은 바람직하지 않다는 생각이 든다. 그는 어디까지나 자신의 철학적 관심과 관점에서 퇴계학, 때로는 남명학을 바라보았다는 것이 사실과 더 부합할 것이다. 필자가 '낙중학'이란 이름을 애초 거

---

21) 퇴계학과 율곡학에 대해서도 마찬가지이다. 조선시대의 유학자들로부터 현대 학자들에 이르기까지 여헌학을 퇴계학과 율곡학이라는 준거를 놓고 양자를 종합했다거나 어느 한쪽에 치우쳤다는 논의가 주류를 이루고 있다. 이와 같은 관점에 서게 되면 여헌학이 갖는 철학사적 위치를 밝히는 데는 도움이 될지 모르겠으나 여헌학 자체를 이해하는 데에는 한계가 있을 수 있다. 물론 그의 학설이 퇴계학이나 율곡학의 학설과 어떤 점에서 같고 다름을 논의하는 것 자체는 크게 문제될 바가 없다고 생각한다.

론하게 된 것도 바로 이러한 연유에서이다. 곧 낙중 일대의 유학을 '변방'이나 '사이' 혹은 '절충'이라는 관점이 아니라 또 하나의 '중심'이라는 입장에 서서 학파적 특성이 무엇이며, 또한 다른 지역 다른 학파와 어떠한 관계가 있고 차별성을 보이는지 입론해보자는 것이 본래 필자의 생각이었다.[22)]

그리고 여헌학의 '불유사승'을 강조한다고 해서 장현광이 낙중 선현들을 존모하지 않은 것은 아니다. 그가 태어나 자라고 강학한 곳이 낙중 지역을 크게 벗어나지 않는다. 그가 태어나 자란 곳이 바로 길재의 여운이 전해 내려온 금오산 기슭 낙동강 가였기 때문에 당연히 동향 선현인 길재를 존모하며 금오서원의 복원과 운영 및 강학에 깊게 관계하게 되었으며, 사후 그곳에 배향이나 종향이 아닌 파격적으로 병향되었던 것이다. 그리고 임진왜란이 일어나자 그가 살던 인동 땅은 왜군들의 침공 길목이었던 터라 쑥대밭이 되어 버리고 어쩔 수 없이 식솔들을 이끌고 이곳저곳 피난처를 떠돌다 찾아 든 곳이 입암立巖이었다. 그는 전란이 끝나 환향을 한 뒤에도 매년 그곳을 찾았으며, 그곳은 그의 고종처考終處이기도 했다. 입암 가까운 곳에는 정몽주를 주향한 영천의 임고서원臨皐書院이 있어, 그는 임고서원 경영과 함께 강석을 맡음으로써 일대의 많은 유생들이 그의 문하에 찾아들었다. 이런 인연으로 정몽주에 대한 존모의 마음이 자연스레 있

22) 홍원식. 2012. 「영남 유학과 '낙중학'」. 『낙중학, 조선시대 낙동강 중류 지역의 유학』. 계명대학교 출판부. 10~13쪽 참조.

게 되었다. 또한 그는 정구를 따라 자주 김굉필을 주향한 달성의 도동서원道東書院도 찾았다. 도동서원은 정구와 깊은 인연이 있는 곳이다. 뒷날 그는 김굉필의 신도비명神道碑銘을 짓게 된다.[23] 이렇듯 그는 정몽주와 길재, 김굉필 등 낙중 선현들이 닦아놓은 터전 위에서 그들의 여운을 이어 자신의 학문을 펼치고 학파를 넓혀 갔던 것이다. 그에 대한 '불유사승론'이 이러한 사실마저 가리거나 부정하지는 못할 것이다. 그리고 낙중학의 관점에서 볼 때, 사승 여부와 상관없이 정구와 장현광 양자는 누구보다도 밀접한 관계였다.

3. '명체' 강화의 '여헌학'

장현광은 일찍이 정구의 학문을 말하면서 "선생은 명체적용明體適用의 학문으로 스스로를 기약하였다."[24]고 말하였다. '명체적용'이란 성리학에서 말한 '전체대용全體大用'과 같은 것으로, 장현광이 한 말은 허사가 결코 아니었다. 정구는 이황이나 조식 문하 누구와 비교해보아도 그렇고, 당대 전국의 어느 학사들과 비교해보아도 그렇고 실제로 '명체'의 학과 '적용'의 학을 두루 겸비한 대표적인 학자였다.[25]

---

23) 張顯光.「寒暄堂金先生神道碑銘」.『旅軒全書』上.

24) 張顯光.「寒岡鄭先生行狀」.『旅軒全書』上.

25) 필자는 정구의 성리학, 특히『心經發揮』속「敬以直內章」에서 역대 敬說을 집성한 것을 대표적인 '明體'의 學으로, 그리고『五先生禮說分類』로 대표되는 그의 禮學과 여러 역사서와 地方志 및 의학서 등 다양한 방면의 저술들을 '適用'의 學으로 분류하고

이로 말미암아 이점은 또한 낙중학의 중요한 학파적 특징이 되기도 하였다. 이러한 정구의 '한강학'과 비교해볼 때, 조선 중기 낙중 일대에서 그와 함께 활동했던 장현광의 '여헌학'에서는 '적용'의 학이 큰 비중을 차지하고 있지 않다. 반면 '명체'의 학은 한층 강화된 모습을 보인다. 여헌학의 '명체' 강화의 모습은 한강학뿐만 아니라 당시 퇴계학파나 남명학파의 학자들에게서도 발견되지 않는 그것만의 아주 두드러진 특성이다. 그러면 아래에서는 먼저 낙중 선현과 정구, 나아가 퇴계학과 남명학을 계승하고 있다는 관점에서 장현광의 도학과 예학을 먼저 살펴본 뒤 '명체'의 학 강화란 관점에서 그의 역학과 성리학에 대해 살펴보기로 한다.

장현광은 앞에서 본대로 약관의 나이에 이미 '우주사업'을 평생의 자기 임무로 삼고서 관직에는 전혀 뜻을 두지 않은 채 오로지 '천하에 제일가는 사람'이 되고자 힘쓴 대표적인 산림山林이었다. 선조 말년 이후 광해를 거쳐 인조대에 이르면 거듭된 출사의 요구에도 애써 물러나면서 그는 낙중과 영남을 넘어 전국적으로 중망을 받는 산림의 위치에 서게 되었다. 우리는 여기에서 조선시대의 전형적인 도학자의 모습을 발견하게 된다. 그의 이러한 도학자로서 풍모는 비록 조선시대 도학자의 한 전형이기는 하지만 직접적으로는 길재와 김굉필 등 낙중 선현들, 그리고 퇴계학과 남명학 및 한강학의 도학정

서 그의 '寒岡學' 특징을 '明體適用'의 學이라고 규정하였다. 홍원식. 2012. 「조선 중기 낙중학과 정구의 '한강학'」. 『한국학논집』 제48집. 계명대학교 한국학연구원 참조.

신을 훈습한 것이라고 볼 수 있다. 그가 평생토록 품어 지켰던 '우주사업' 곧 '우주 간 수많은 일(宇宙間許多事)'이란 문자를 정구의 삶에다가도 쓴 것을 보면,[26] 두 사람의 사이를 결코 예사로운 관계로 볼 수 없을 것이다. 그는 스스로 도학자로서 정구와 한길을 걷고 있다는 생각을 가졌음이 분명하다.

여헌학에 있어서 예학의 비중은 상대적으로 크지 않다. 하지만 임진왜란 등 사회적 대혼란의 상황을 맞으면서 예학에 대한 시대적 요구가 커졌을 뿐만 아니라 자신의 '우주사업' 성취를 위한 실천적 통로란 점에서 장현광은 예에 대한 관심을 일정하게 가지지 않을 수 없었다. 그는 예에 대한 문목問目에 여러 차례 답을 하였고, 직접 「혼의婚儀」(1599)와 「관의冠儀」(1615)를 저술하였으며, 정구의 『오선생예설분류五先生禮說分類』에 발문跋文을 지었다. 그리고 반정공신들이 주도한 인조의 생부生父인 정원군定遠君의 원종元宗 추숭에 대해서는 적극적으로 반대하는 글을 지어 올리기도 하였다.[27] 그의 예설에 대한 논의[28]의 초점은 당시의 시속례時俗禮를 중시했는가, 아니면 고례古禮인

---

26) 장현광은 정구의 행장에서 "선생은 어릴 적에 자기 재주를 넉넉히 여겨 우리 인간은 '우주 간 수많은 일들'을 자기 책임으로 삼지 말아야 할 것이 없으니, 일의 大小나 精粗와 무관하게 모두 배우지 않으면 안 된다고 여겼다."고 말하였다. 張顯光. 『旅軒全書』 上. 「寒岡鄭先生行狀」.

27) 장동우. 2005. 「여헌 장현광의 예설과 예학적 문제의식」(『유교사상연구』 제24집. 한국유교학회)과 우인수. 2013. 「인조대 산림 장현광의 정치적 위상과 활동」(『조선중기의 '낙중학', 여헌 장현광의 삶과 사상』. 계명대학교 한국학연구원 기획학술대회 발표문) 등 참조.

28) 장현광의 禮說에 대한 대표적 연구로 유권종의 「여헌의 예학사상」(2003. 『동양철학』 제20집. 한국동양철학회)과 「여헌 예학사상 연구의 성찰과 전망」(2012. 『여헌 장현

『의례儀禮』의 회복을 중시했는가로 나눠지기는 하지만 대체로 그의 학맥연원인 이황과 정구의 입장을 따라 고례의 회복을 목표로 하면서도 시속례 또한 중시한 것으로 보고 있다. 그런데 그의 예설을 다른 학자나 학파의 그것과 단순히 비교, 분석하는 데에만 그칠 것이 아니라 '우주사업' 성취를 일생의 과제로 삼은 실천적 도학자로서 그의 삶을 상기해볼 때 그것을 그의 도학이나 역학 등과 긴밀히 연결지어 살펴볼 필요 또한 있다.[29)]

위에서와 같이 도학과 예학의 관점에서 볼 때는 그가 낙중 선현, 혹은 이황과 정구의 관점을 대체로 계승하는 입장을 보이고 있다. 그러나 '명체'의 학에 해당되는 역학과 성리학에 있어서는 퍽 다른 모습을 보인다. 그에게서 역학은 도학으로 들어가는 입학처入學處이며, 그는 소옹邵雍(강절康節)의 상수역象數易을 통해 역학에 입문하였다. 그가 만년에는 자신의 역학적 입장에 대해 반성을 하는 듯한 말을 남기고 있지만,[30)] 그의 역학 관련 주저인 『역학도설易學圖說』의 내용

광의 학문세계4－여헌학의 전망과 계승』. 고려대학교 민족문화연구원. 예문서원), 「여헌의 『易學圖說』의 禮관념」(2012. 『동양고전연구』 제45집. 동양고전연구회) 및 장동우의 「여헌 장현광의 예설과 예학적 문제의식」(2005. 『유교사상연구』 제24집. 한국유교학회) 등이 있다.

29) 유권종은 장현광의 예설에 대한 자신의 기존 연구를 바탕으로 이상과 같은 관점의 연구를 제안하고 있다. 유권종. 2013. 「여헌 장현광의 예학」. 『조선중기의 '낙중학', 여헌 장현광의 삶과 사상』. 계명대학교 한국학연구원 기획학술대회 발표문 참조.

30) 장현광은 "나는 젊었을 때 자못 象數易에 뜻을 두어 헛되이 마음과 힘을 허비하였다. 근래에 생각해보니 유익함이 없어서 돌아올 줄 몰랐다는 후회가 있었다. 그리하여 다시 四子와 程子, 朱子 등의 책을 얻어 읽어보니 다시 親切함이 느껴져 정신이 절로 倍加하였다."(『旅軒先生續集』 卷10. 附錄. 「景遠錄」)고 말한 적이 있다.

을 보면 그 속에서 이미 정주程朱 역학易學과 이학理學의 입장을 가지고 있음을 볼 수 있다.[31] 결국 그가 비록 소옹의 상수역을 통해 역학에 입문하였지만, 애초부터 그의 기본적인 입장은 정주 역학이었던 것이다. 그런데 그의 역학이 어떠한 내용과 특성을 지녔는가도 당연히 중요하겠지만, 낙중학이나 한국 유학사의 입장에서 보자면 그가 역학을 중시하였다는 사실과 더불어 깊이 있는 역학 관련 저술을 남겼다는 사실 그 자체이다. 특히 실천적 도학을 중시한 낙중, 혹은 낙상 퇴계학과 낙하 남명학에서 볼 때 그의 역학 중시는 이례적일 수 있기 때문이다. 그러나 그의 학문의 출발과 목표가 '우주사업'이었다는 것을 기억해보면, 그가 왜 역학을 입학처로 삼고 그토록 중시했는지 알 수 있다. 그의 역학 중시는 역학 이론 자체에 대한 관심과 중시라기보다 자신의 '우주사업'을 위한 기초 쌓기였다는 점에서 도학 추구의 연장선상에서 이뤄졌다고 볼 수 있다.[32]

그의 성리학도 역학과 마찬가지 관점에서 볼 필요가 있다. 그는

31) 정병석. 2013.「"易有太極"章의 해석을 통해 본 여헌 장현광의 역학사상」.『조선중기의 '낙중학', 여헌 장현광의 삶과 사상』. 계명대학교 한국학연구원 기획학술대회 발표문 참조.

32) 장현광의 역학에 대한 대표적인 연구로 김인철의「여헌과 다산의 역학관」(2006.『여헌 장현광의 학문세계2-자연과 인간』. 고려대학교 민족문화연구원 한국사상연구소 편. 예문서원), 김일권의「조선 중기 여헌『역학도설』의 상수학과 우주관」(2008.『여헌 장현광의 학문세계3-태극론의 전개』. 고려대학교 민족문화연구원 한국사상연구소 편. 예문서원), 유흔우의「여헌 역학 연구의 성찰과 전망」(2012.『여헌 장현광의 학문세계4-여헌학의 전망과 계승』. 고려대학교 민족문화연구원. 예문서원) 등이 있으며, 특히 김낙진의「장현광의 역학과 세계이해」(『퇴계학보』 제105집. 사단법인 퇴계학연구원)와 정병석의「"易有太極"章의 해석을 통해 본 여헌 장현광의 역학사상」(『조선중기의 '낙중학', 여헌 장현광의 삶과 사상』. 계명대학교 한국학연구원 기획학술대회 발표문)은 도학과의 연관성 속에서 그의 역학을 분석하고 있다.

성리학에 대해서도 독특한 이론과 풍부한 저술을 남기고 있다. 그의 성리설 핵심에 경위설經緯說이 있다는 것은 주지의 사실이다. 그것은 다만 리기설理氣說에만 국한된 것이 아니라 사단칠정설四端七情說, 인심도심설人心道心說에도 일관되고 있다.[33] 이처럼 그는 경위설의 관점으로 기존의 성리설 전체를 재편, 재정리하였다고 볼 수 있다. 그렇다면 이론적 정합성과 더불어 이러한 이론적 작업 자체가 가지는 의미도 우리는 한번 새겨볼 필요가 있다. 사정이 이러하다 보니 그의 성리설은 학문 연원이 있는 퇴계학설과도 상당한 차이가 있게 되었다. 따라서 퇴계학파 안에서 이에 대한 비판과 함께 율곡학으로 기울었

---

33) 장현광의 성리설에 대한 대표적인 연구로 김낙진의 「장현광의 리일원론적 심성론과 그 영향」(2006. 『여헌 장현광의 학문세계2-자연과 인간』. 고려대학교 민족문화연구원 한국사상연구소 편. 예문서원), 김경호의 「여헌 장현광의 인심도심론 연구」(2006. 『여헌 장현광의 학문세계2-자연과 인간』. 고려대학교 민족문화연구원 한국사상연구소 편. 예문서원), 정상봉의 「여헌의 성리학과 주자의 성리학」(2006. 『여헌 장현광의 학문세계2-자연과 인간』. 고려대학교 민족문화연구원 한국사상연구소 편. 예문서원), 장숙필의 「여헌의 태극설에 나타난 도덕지향의식」(2008. 『여헌 장현광의 학문세계3-태극론의 전개』. 고려대학교 민족문화연구원 한국사상연구소 편. 예문서원), 최원진의 「여헌 철학에서 태극의 포괄적 일원성에 대한 고찰」(2008. 『여헌 장현광의 학문세계3-태극론의 전개』. 고려대학교 민족문화연구원 한국사상연구소 편. 예문서원) 등이 있으며, 이밖에 李滉과 장현광의 성리설을 비교한 이상호의 「퇴계학과의 비교를 통해 본 장현광의 성리설-사단칠정론을 중심으로」(2013. 『조선중기의 '낙중학', 여헌 장현광의 삶과 사상』. 계명대학교 한국학연구원 기획학술대회 발표문), 李珥와 장현광의 리기론을 비교한 리기용의 「율곡과 여헌의 리기론: 지각의 지평에서 본 리기지묘」(2008. 『여헌 장현광의 학문세계3-태극론의 전개』. 고려대학교 민족문화연구원 한국사상연구소 편. 예문서원), 장현광과 李瀷의 성리설을 비교하고 장현광의 성리설이 李象靖의 성리설에 미친 영향 관계를 집중적으로 분석한 안영상의 「여헌 장현광과 성호 이익의 성리설 비교연구」(2006. 『여헌 장현광의 학문세계2-자연과 인간』. 고려대학교 민족문화연구원 한국사상연구소 편. 예문서원)와 「대산 이상정의 혼륜 · 성발론의 착근에 있어서 여헌설의 영향과 그 의미」(2008. 『여헌 장현광의 학문세계3-태극론의 전개』. 고려대학교 민족문화연구원 한국사상연구소 편. 예문서원) 등이 있다.

다는 혐의가 자연스레 뒤따르게 되었으며,[34] 이런 까닭으로 이후 오늘날에 이르기까지 그의 성리설은 그 자체로 이해되지 않고 퇴계학과 율곡학이라는 잣대 위에서 주로 논의되고 있다.[35] 그의 성리학에 대한 적극적인 관심과 풍부하며 독창적인 저술은 앞서 말했듯이 역학과 마찬가지로 자신의 '우주사업'이라는 도학의 연장선상에서 이뤄졌음을 한번 되새겨볼 필요가 있다.

4. 맺음말 – 낙중학의 관점에서 본 '여헌학'

조선 중기 낙중 지역에서 그야말로 혜성처럼 등장한 장현광은 '불유사승론'으로부터 '오현계승론', '회퇴(남)연원론', '한강계승론' 등으로 논의되는 학문 연원과 상수역학에 깊은 관심을 보이고 리기경위설 등 독창적 성리설을 제기한 점에서 매우 독특하다. 일단 그가 한강 정구와 더불어 조선 중기 낙중학을 이끌었다는 점에서 그의 독특한 학문 연원과 학설들은 그대로 낙중학의 몫으로 돌아오게 된다.

---

34) 대표적인 이로 葛菴 李玄逸과 拙齋 柳元之, 活齋 李榘, 愚潭 丁時翰 등이 있으며, 특히 유원지는 장현광의 문하에 나아간 인물이기도 하다. 유권종의 「갈암의 여헌 성리학에 대한 비판 고찰」(2008. 『여헌 장현광의 학문세계3–태극론의 전개』. 고려대학교 민족문화연구원 한국사상연구소 편. 예문서원), 김용헌의 「활재 이구의 장현광 성리설 비판」(2008. 『여헌 장현광의 학문세계3–태극론의 전개』. 고려대학교 민족문화연구원 한국사상연구소 편. 예문서원) 등 참조.

35) 김용헌. 2012. 「여헌 성리설 연구의 쟁점과 과제」. 『여헌 장현광의 학문세계4–여헌학의 전망과 계승』. 고려대학교 민족문화연구원. 예문서원 참조.

약관의 나이에 이미 '우주사업'이란 뜻을 세워 '천하에 제일가는 사람'이 되기를 기약하고 평생토록 오직 이를 위해 외길을 걸어온 그에게서 '불유사승'의 모습을 발견할 수는 있지만, 그렇다고 그가 낙중의 동향 선현들에 대한 존모의 마음이 없었던 것은 아니며, 정구를 통해 학맥 연원이 닿은 이황과 조식에 대해서도 당연히 존모의 마음을 가졌다. 그는 정구와 '명체적용'의 학, '우주 간 허다한 일들'을 함께 도모하면서, 정구가 '적용'의 학 방면에 큰 성취를 이루었다면 그는 '명체'의 학을 더욱 강화하는 데 힘을 쏟았다. 그리고 그것은 역학과 성리학에 대한 깊이 있는 연구로 구체화되었다. 여기에서 우리는 그의 이러한 역학과 성리학 방면의 깊은 연구가 단순히 이론적 천착의 결과가 아니라 그 자신의 인생 목표였던 '우주사업' 실현이라는 실천적 도학의 연장선에서 이뤄진 것임을 알 필요가 있다. 결국 그의 학문 바탕은 도학이며, 그 위에 그의 예학과 역학, 성리학 등이 펼쳐진 것이다.

인조대 산림 장현광의 정치적 활동과 위상

우 인 수

인조대 산림 장현광의 정치적 활동과 위상

우인수 | 경북대학교 역사교육과

1. 머리말

장현광張顯光[1554년(명종 9)~1637년(인조 15)]은 인조반정 직후 대표적인 남인계 산림으로서 중앙정계에 징소徵召되었다. 인조반정은 서인을 주축으로 한 반정군이 광해군과 집권세력인 대북을 몰아내고 인조를 군주로 옹립한 사건이었다. 인조를 중심으로 한 반정공신들은 집권 초기 정국의 안정을 도모하기 위해 광범위한 지지 획득을 필요로 하였다. 서인의 명망가 뿐 아니라 그동안 함께 정치에서 소외되었던 남인에게도 등용의 기회를 줌으로써 정국 안정을 도모하고자 하였다.

북인에 의해 핍박받았던 남인의 입장에서는 조정에 진출할 수 있는 새로운 기회였다. 드디어 일부 남인이 조정에 진출할 수 있었다. 하지만 남인의 세력 확장으로까지 연결되기에는 한계가 있었다. 남인이 정국의 안정에는 일정한 역할을 하였다고 하더라도 정권의 창출에 기여한 것은 없었기 때문이다. 따라서 주도권을 쥔 서인이 인정하는 일정한 범위 내에서의 역할에 머물러야 하는 한계가 근본적으로 있었다.

장현광은 바로 그러한 정치적 분위기에서 조정으로부터 주목받은 산림이었다. 당시 조정에서는 퇴계 이황의 학맥을 잇는 영남 남인을 대표하는 산림으로 장현광의 존재에 주목한 것이었다. 율곡 이이의 학맥을 잇는 기호지역 서인을 대표하는 산림으로서는 사계 김장생이 선택되었다. 영남의 장현광과 기호의 김장생이 인조 초기 정국의 안정을 도모하고자 하는 집권층의 시야에 포착된 산림이었다. 장현광은 인조초기 그런 위상을 가진 존재였다.

장현광에 대한 정치사회사적 측면에서의 연구는 그의 위상에 맞게 비교적 다양한 관점에서 시도된 바 있다. 우인수는 산림으로서의 역할과 위상을 정치사회사적 측면에서 밝히고자 하였고,[1] 이수건은 정치사회사상과 영남학파내에서의 위치를 분석하였으며,[2] 설석규는 이기심성론을 통해 정치운영론의 특징을 밝히고자 하였다.[3] 박학래는 경세론을 분석하여 그 성격을 도덕질서의 회복으로 규정지었

---

1) 우인수. 1991.「조선 인조대 정국의 동향과 산림의 역할」.『대구사학』41; 1994.「17세기 초반 정국하 여헌 장현광의 위상」.『여헌 장현광의 학문과 사상』. 금오공대 선주문화연구소; 1995.「조선 인조대 산림 장현광의 사회적 위상」.『조선사연구』4; 2000.「여헌 장현광과 선산지역의 퇴계학맥」.『한국의 철학』28. 경북대 퇴계연구소; 2011.「정묘호란시 삼남지역 호소사의 활동과 그 의미」.『조선사연구』20.

2) 이수건. 1994.「여헌 장현광의 정치사회사상」.『교남사학』6.

3) 설석규. 2000.「여헌 장현광의 이기심성론과 정치철학」.『이수건정년기념 한국중세사논총』; 2007.『중화탕평의 설계자 여헌 장현광』. 한국국학진흥원.

고,[4] 장동우는 예학적 문제의식을 밝히고자 예설을 분석하였으며,[5] 김학수는 여헌학파의 형성과 전개 과정을 분석하였다.[6]

이 글은 위의 연구성과를 참고하여 서인이 주도하는 인조대 정국에서 장현광의 정치적 활동에 대한 분석을 통하여 그의 위상을 살피고 동시에 그 한계를 드러내고자 한다. 먼저 장현광이 인조초에 산림으로서 징소받는 과정과 그 과정에서 표명한 시무에 대한 그의 생각을 살피겠다. 그리고 정묘호란시에 경상도호소사에 임명되어 의병을 규합하고 군량을 모우는 책임자로서 행한 활동과 의미에 대해 검토하겠다. 마지막으로 계운궁의 복제와 원종 추숭과 같은 국가적 차원의 전례문제가 발생하였을 때 그가 개진한 예론이 가진 비중과 의미에 대해 살피고자 한다.

2. 인조반정후의 징소와 시무책의 제시

인조반정후의 집권세력은 선조 · 광해군대에 시행된 산림 우대 정책은 계승하였다. 서인 반정공신들은 회맹의 자리에서 '무실국혼無失

4) 박학래. 2005.「여헌 장현광의 시대인식과 경세론」.『유교사상연구』22.

5) 장동우. 2005.「여헌 장현광의 예설과 예학적 문제의식」.『유교사상연구』24.

6) 김학수. 2005.「17세기 초반 영천유림의 학맥과 장현광의 임고서원 제향논쟁」.『조선시대사학보』35; 2009.「여헌학파의 형성과 전개」.『여헌 장현광연구』. 태학사; 2010.「17세기 여헌학파 형성과 학문적 성격의 재검토」.『한국인물사연구』13; 2011.「17~18세기 의성지역 여헌학파의 동향과 현실대응」.『선주논총』14.

國婚'과 '숭용산림崇用山林' 두 가지를 정권 유지를 위해 꼭 지켜야 할 것으로 합의한 바 있었다고 한다.[7] 서인이 외척으로서의 지위를 오로지함으로써 권력을 계속 유지하려는 의도였으며, 산림을 숭상하고 중용함으로써 정권의 기반을 공고히 하려는 의도였다. '숭용산림' 정책은 선조대 서인집권기 성혼의 경우와 광해군대 북인정권하 정인홍의 사례에서 얻은 교훈이라고 하겠다.[8] 전 시기에 확립된 산림정치의 효용성을 십분 활용하려는 정치적 계산이 깔려있었다.

산림山林은 높은 학문과 덕망을 지니고 있었기에 많은 학자와 문하생들이 그 수변에 운집하였고, 그런 가운데 그들 사이에는 자연스럽게 사우문생 관계가 성립되었다. 장현광의 경우도 본거지인 인동과 주변의 선산, 성주, 의성, 영천지역을 중심으로 하여 170여명에 달하는 수많은 문인을 거느린 전형적인 산림의 모습을 견지하고 있던 인물이었다.[9] 공신들은 산림을 등용하거나 후하게 대접함으로써, 산림의 영향력 아래에 있던 많은 일반 사류들을 자파에 우호적인 동조세력으로 확보하려 하였던 것이다.

인조조 초년에 산림으로서 사류의 중망을 모우고 있던 자는 장현광을 위시하여 김장생金長生·박지계朴知誡 등이었다. 인조는 영의정 이원익에게 당일의 급무는 은일자隱逸者의 징소徵召라며 산림 및 재야

---

7) 『당의통략』 인조조. "世傳 反正初勳臣會盟有密約二事 日無失國婚 日崇用山林 所以固形勢而收名實也"

8) 우인수. 2011. 「인조반정 전후의 산림정치」. 『남명학연구논총』 16.

9) 장현광의 강학활동과 문인집단에 대한 분석은 우인수. 2000. 앞의 「여헌 장현광과 선산지역의 퇴계학맥」을 참고하라.

인사들의 등용 의지를 표명한 바 있었다.[10] 반정공신을 대표하는 김유와 이귀도 김장생의 징소에 가교駕驕를 보내는 특별한 우대책을 제시하였으며, 신흠은 장현광과 박지계를 추천하였다.[11] 이어 민성휘 · 이경여 등도 산림 징소의 필요성을 강조하였으며, 권분 · 윤지경 등은 장현광의 징소를, 조성립은 김장생 · 박지계의 징소를 적극 주장하였다.[12]

인조반정 직후 김장생은 이귀 · 김유 · 장유 · 최명길 등 반정의 주역들에게 보낸 장문의 편지에서 반정을 '불세지의거不世之義擧'로 극찬하였다.[13] 이귀 등은 김장생의 편지에 매우 고무되어 이를 인조에게 올리기까지 하였다.[14] 그리고 장현광도 누차에 걸친 징소를 사양하다가 마침내 조정에 출사함으로서 인조반정을 지지하게 되었다. 장현광은 논란은 있지만 넓은 의미에서 볼 때 한강 정구를 통해 퇴계 이황의 학맥을 계승한 인물이었다.[15] 그는 인조 초년 당시 서애 류성룡을 통해 퇴계의 학통을 계승한 우복 정경세와 함께 영남학파를 영도하는 위치에 있었다. 이에 영의정 이원익은 "장현광으로 말하면

---

10) 『인조실록』 권1. 인조 원년 3월 22일 임자.

11) 『인조실록』 권1. 인조 원년 3월 25일 을묘 · 26일 병진.

12) 『인조실록』 권1. 인조 원년 3월 27일 정사. 4월 3일 임술 · 12일 신미 및 『인조실록』 권2. 인조 원년 5월 3일 임진.

13) 『인조실록』 권1. 인조 원년 3월 23일 계축. 『沙溪全書』 권2. 書. 與李玉汝金冠玉張持國崔子謙.

14) 『인조실록』 권1. 인조 원년 3월 23일 계축.

15) 장현광의 학통을 둘러싼 여러 견해에 대해서는 우인수. 2000. 앞의 「여헌 장현광과 선산지역의 퇴계학맥」. 89~93쪽을 참고하라.

산야山野 사람으로서 이제 또한 왔으니, 백성들의 향배向背는 진실로 알 수 없으나, 사류의 마음이 굳게 맺어진 것은 이미 알 수 있습니다."[16]라고 하면서 흡족해 하였다. 이 같은 사실은 당시 집권세력들이 산림을 통해 지지기반을 확보하려 한 점을 분명하게 해 준다.

산림 징소의 분위기가 무르익는 가운데, 인조대 집권층은 산림의 징소를 활성화하기 위한 조처로서 산림직山林職을 신설하였다.[17] 산림직은 산림만이 임명될 수 있는 관직이었다. 이는 공신회맹시의 산림을 숭용하자는 약속을 실천하기 위한 제도적 장치 마련이었다. 인조 원년 성균관에 설치된 사업司業(종4품), 인조 24년 세자시강원에 설치된 찬선贊善(정3품) · 진선進善(종5품) · 자의諮議(종7품)가 산림직이었다. 효종 9년에는 성균관에 추가로 제주祭酒(정3품)가 설치되었다. 산림직이 성균관과 세자시강원에 신설된 것은 산림들이 교육과 관련된 직책에서 능력을 발휘하기가 용이하다고 판단하였기 때문이다. 산림으로 하여금 큰 부담 없이 출사할 수 있도록 한 배려였다.

장현광은 인조 원년 사헌부 지평을 거쳐 신설된 산림직인 성균관 사업司業에 임명되었다.[18] 이듬해에는 장령 · 집의를 거쳐 정3품 당상관인 공조 · 이조참의에 특배되었다. 인조 4년에는 형조참판을 거쳐

16) 『인조실록』 권5, 인조 2년 3월 5일 기미.

17) 이하 산림직에 대한 설명은 우인수, 1999, 『조선후기 산림세력연구』, 일조각, 20~24쪽에 의거하였다.

18) 이하 장현광의 관직 임명 상황과 대우에 대해서는 『여헌전서』, 「연보」(인동장씨남산파종친회, 1983) 해당조에 의거하였다.

사헌부 대사헌에 올랐으며, 그 후 여러 차례에 걸쳐 대사헌에 임명되었다. 인조 12년에는 공조판서를 거쳐 이듬해에 의정부 우참찬에 이르렀다. 일반적인 대우도 다른 관료와는 달리 파격적이었다. 의복이나 미찬米饌을 자주 하사받은 것은 물론, 내의內醫의 간병과 약물藥物의 하사를 특별히 받기도 하였으며, 상경시나 하향시에는 역마를 내어주어 호송케하는 대우를 받기도 하였다.

장현광은 극진한 대우를 받으며 징소되었으나, 실제 서울에 머문 기간은 길지 않았다. 그는 대개 새로운 관직에 임명되면 가끔 다녀갔을 뿐이었다. 그의 나이가 이미 70세의 고령이었던 데도 원인이 있었고, 더 근본적으로는 은둔지향적인 산림의 기본 속성에 기인하였다.

어쨌든 광해군대의 긴 침묵을 깨고 출사한 장현광은 현실정치를 바라보는 자신의 인식과 시무에 대한 식견을 밝힐 수 있었다. 인조를 인견한 자리에서 자신의 생각을 직접 전하기도 하였고, 더러는 상소문을 통해 진달하기도 하였다. 그가 시급한 당면 문제에 대한 자신의 생각을 자세하게 밝힌 것은 인조 4년에 올린 상소문에서였다. 여기서 그는 군주가 표준을 세울 것(건극建極)을 강조해 마지않았다. 그는 광해군대를 어지러웠던 난세로 규정하였는데, 군주에 의해 표준이 전혀 세워지지 않은 데서 그 원인을 찾았다. 그 난세를 뒤엎고 반정으로 새롭게 만든 것은 인조의 공이라고 하면서 반정 자체에 대해서는 높이 평가하였다. 하지만 4년 정도 지나면서 반정 초기의 초심이 사라지고 점차 광해군대와 비슷해져가는 조짐이 나타나는 점을 우려하였다.[19] 안일한 조정 분위기의 쇄신을 촉구하기 위한 것이 상소문을 올리게 된 배경이었던 것이다.

다만 그는 지금은 근본적이고도 원론적인 이야기를 할 수밖에 없으며, 세부 구체적인 방안을 개진할 상황이나 처지는 아니라고 선을 그었다. 그러면서 정국 운영에 있어 가장 기본적이고도 근본적이라고 생각하는 것으로 '건극'을 강조하였다. '건극'은 『서경』 홍범에 나오는 것으로 기자가 주나라 무왕에게 진언했다고 하는 홍범구주洪範九疇 중 다섯 번째 요목인 '건용황극建用皇極'에서 비롯된 표현이다. '황'은 군주를 가리키고, '극'은 북극의 극으로서 표준을 가리킨다. 따라서 건극이라고 하는 것은 천하를 다스리기 위해 군주가 마음을 바르게 하고 몸을 닦아 대중지정大中至正의 표준을 세우는 것을 의미한다.

장현광은 군주가 표준을 세우려면 자신의 정성을 다하여야 한다면서 그 방도를 4가지로 나누어 단계적으로 설명하였다.

> 성을 다하는 차례는 그 절목이 넷인데 학문을 성취하는 것, 행실을

19) 반정으로 성립한 인조정권의 집권자들은 이전 광해군대의 집권사들과 뚜렷한 차별성을 부각시키지 못한 채 국정운영의 한계를 노출시켰다. 인조 초년 민간에 유포된 '傷時歌'라는 노래는 반정과 공신들에 대한 불신과 불만을 잘 드러내주고 있다. "아, 너희 훈신들아 스스로 뽐내지 말라. 그의 집에 살면서 그의 전토를 점유하고, 그의 말을 타며 그의 일을 행한다면, 너희들과 그 사람이 다를 게 뭐가 있나"(『인조실록』 권9. 인조 3년 6월 19일 을미. "嗟爾勳臣 毋庸自誇 爰處其室 乃占其田 且乘其馬 又行其事 爾與其人 顧何異哉") 라는 내용인데, 광해군대의 북인들과 다를 바가 없다며 공신들을 비웃고 있는 당시인의 인식을 잘 나타내주고 있는 내용이다. 모역사건의 점철과 그를 이용하여 정국을 안정시키려 한 행태도 크게 다를 바가 없었다. 결국 인조반정을 주도한 공신세력들이 국정에 대한 뚜렷한 전망을 가진 집단이 아니었음을 나타내주는 대목이다.

닦는 것, 道를 이루는 것, 德을 순순히 하는 것입니다. 덕은 도가 이루어져야 순수해지고, 도는 행실이 닦여야 이루어지며, 행실은 학문이 성취되어야 닦이는 것이니 이는 한 이치 가운데의 사업입니다. … 이미 학문이 성취되어 행실이 닦이고, 도가 이루어져 덕이 순수해지면 聰明 叡智로 천하의 이치를 다 알게 되고, 謙恭 勤儉으로 천하의 善을 모으게 되고, 寬仁 誠信으로 천하의 마음을 복종시키게 되고, 剛毅 簡重으로 천하의 情을 외복시키게 되고, 光明 正大로 천하의 뜻을 소통시키게 됩니다. 이렇게 되면 천지 귀신도 오히려 어길 수가 없는데 더군다나 사람과 만물이겠습니까. 治平의 대업과 位育의 極功이 모두 여기에 있습니다. 이것은 오직 임금의 표준이 세워졌기 때문입니다.[20]

군주가 마땅히 하여야 하는 치국의 도리로 학문을 성취하고 행실을 닦으며, 도를 이루고 덕을 순순히 하는 것이라는 점을 지적하였다. 그러한 것들은 군주가 표준을 세우는 '건극'이 전제로 될 때에만 가능한 것이라고 하여, 군주의 '건극'이 치국의 출발점이라는 관점에서 그 중요성을 부각시켰던 것이다.

그리고 군주가 세도의 주인이기 때문에 표준을 세우는 도리는 군주가 한번 정하여 바꾸지 말고 반드시 극진하게 해야 하는 도리라고 강조하였다. 만약 군주가 이 도리를 자신이 담당하지 않는다면 이는 군주가 스스로를 버리는 것으로 간주된다고까지 하면서 그 중요성을 재삼 강조하였다.

이 상소를 받은 인조는 크게 특별한 반응을 보이지는 않았다. 그

20) 『인조실록』 권12, 인조 4년 5월 28일 기사.

냥 상소를 보고 잘 알았으며, 뛰어난 논설은 사람으로 하여금 눈을 씻고 보게 한다는 정도의 상투적인 반응에 그쳤다. 그 뒤로도 인조가 장현광의 상소를 얼마나 진심으로 받아들여 '건극'에 노력하였는지도 확인하기 어렵다.

이미 장현광은 인조 2년 이괄李适의 난이 일어난 직후 올린 상소에서도 치국의 근본이 높고 먼 데 있는 것이 아니라 간략하고 평이한 데 있다고 설파한 바 있었다.[21] 이어 정치의 요체로 세 가지를 지적한 바 있었는데, 공검恭儉을 숭상하여 부화浮華를 절제하는 것, 덕화德化를 두텁게 하여 형살刑殺을 줄이는 것, 간정簡靜을 힘써서 번요煩擾를 그치게 하는 것 등이었다. 요컨대 반정이라는 비상수단에 의해 정권을 잡은 인조였기 때문에 더욱 삼가하며 정진하여야 할 덕목을 간략하고 평이하면서도 설득력 있게 전달한 데에 의의가 있었다.

또한 장현광은 시정時政의 선무先務를 묻는 영의정 이원익에게는 "오늘날 국가의 큰 근심은 오직 의심에 있다"[22]라고 설파하여 그의 감탄을 자아낸 적도 있었다. 당시 상황의 핵심 원인을 날카롭게 한마디로 짚어낸 지적이라고 하겠다. 이는 장현광이 현실 상황과 문제에 대해 평소 진지한 고뇌를 하고 있었음을 보여주는 한 사례라고 하겠다.

당시 장현광의 시무책은 구체적인 세부 방안을 제시한 것이라기보

21) 『인조실록』 권5, 인조 2년 3월 10일 갑자.

22) 『旅軒全書』, 「年譜」 附錄, 神道碑銘(許穆 撰).

다는 근본적인 문제를 원론적인 차원에서 개진한 것이었다. 이러한 장현광의 시무책을 두고 이수건은 구체적인 방안이 없는 추상적이고도 관념적 일반론에 그쳤기 때문에 큰 의미를 부여하기 어렵다고 평가하였고,[23] 설석규는 '중화탕평'의 정치운영론으로 과도하게 확대하여 의미 부여를 하기도 하였다.[24]

정치운영론을 논하기에는 총론에 국한되어 있을 뿐 구체적이지 않아서 어려움이 있다. 하지만 상황이나 처지를 적극 감안한다면 비록 실현가능성이 보장되거나 구체적이지는 않지만 원론적인 의견 개진에도 일정한 의미를 부여할 수 있다고 생각한다. 특히 정국 운영의 중심으로서의 군주의 역할을 강조하고 있는 점은 대부분 남인의 현실 인식 기조와 맥을 같이 하는 것으로서 의미가 있다고 할 수 있다.

3. 정묘호란시 호소사 활동

인조 5년(1627) 후금군이 압록강을 건너 의주를 함락하고 평양을 거쳐 서울을 향해 빠른 속도로 침입해왔다. 정묘호란이었다. 평산까지 진출한 후금은 더 이상의 진격을 멈춘 채 화의를 종용하고 있었

---

23) 이수건. 1994.「여헌 장현광의 정치사회사상」.『교남사학』6.

24) 설석규. 2000.「여헌 장현광의 이기심성론과 정치철학」.『이수건정년기념 한국중세사논총』; 2007.『중화탕평의 설계자 여헌 장현광』. 한국국학진흥원.

다. 이에 대응하여 조정에서는 한편으로는 화의에 응하면서도 전국적 대비 태세를 강구하였다. 경기도 군사들은 남한산성에 집결시키고, 삼남의 군사들은 한강을 사수케 하며, 서북의 군사들은 후금의 배후를 노린다는 전략이었다.[25)]

이 큰 틀의 전략에 따라 관군이 일선을 담당하는 가운데, 각지의 의병과 의곡에 기대어 난국을 타개하고자 하였다. 의병 모집과 군량 확보의 기지는 역시 삼남 지역이었다. 삼남지역민을 효유하는 총 책임자의 자리는 그야말로 중망을 지닌 인물이 맡지 않을 수 없는 자리였다. 이에 조정에서는 김장생을 양호호소사兩湖號召使, 장현광과 정경세를 경상좌우도호소사에 임명하여 삼남의 의병 모집과 군량 확보의 책임을 지웠다.[26)]

충청도와 전라도 두 개 지역은 양호호소사라 하여 김장생 한 사람에게 모두 일임한 데 비해 경상도 한 개 지역은 오히려 장현광과 정

---

25) 우인수. 2011.「정묘호란시 삼남지역 호소사의 활동과 그 의미」.『조선사연구』20. 71쪽. 이하 장현광의 호소사 활동에 대한 서술은 위 논문의 장현광 관련 부분을 중심으로 재구성하고 이 글의 취지에 맞게 가감한 것임을 밝혀둔다.

26)『인조실록』권15. 인조 5년 1월 19일 정해.(以鄭經世張顯光爲慶尙左右道號召使 金長生爲兩湖號召使 從備局之請也) '號召'라는 말은 '마음속의 의를 불러 일으킨다'는 의미이겠는네, 호소사는 의병을 불러 일으키고 의곡을 모우며, 또한 그 의병과 의곡을 총괄하는 자에 대해 직함으로 사용되었다. 임진왜란이 일어났을 때 정윤복이 東西路號召使에 임명된 바 있었다.(『선조실록』권26. 선조 25년 4월 17일 병오.) 그리고 정묘호란이 일어나기 3년전인 인조 2년 이괄 난이 일어났을 때 노량진에서 삼강 지역민 300여명을 규합하여 진을 틀어쥐고 난적에 대응한 晉原府院君 柳根에게 三江號召使라는 칭호를 주어 그의 활동에 힘을 실어준 적이 있었다.(『비변사등록』3책. 인조 2년 2월 12일.) 그리고 정묘호란 때 삼남지역 책임자에게 그 명칭을 사용하였고, 이후 영조대 무신난이 일어났을 때도 의병을 규합하는 책임자로 호소사라는 명칭이 사용되었다.(『영조실록』권17. 영조 4년 4월 6일 병술.)

경세 두 사람에게 나누어 맡겼다. 애초에 신흠 같은 이는 정경세 한 사람에게 전적으로 영남을 위임하는 것이 마땅하다고 주장하기도 하였으나 채택되지 못한 듯하다.[27]

장현광이 경상좌도인 인동, 정경세가 경상우도인 상주가 본거주지인 것으로 미루어 볼 때 장현광이 경상좌도호소사, 정경세가 경상우도호소사를 담당한 것으로 볼 수 있다. 이는 의성의 의병장에 차임된 신적도가 장현광을 경상좌도호소사, 정경세를 경상우도호소사로 지칭하면서 공문서를 바치고 있는 데서도 확인이 된다.[28] 두 사람의 거주지인 인동과 상주는 둘 다 낙동강 중상류변의 서로 가까운 거리에 위치하고 있기 때문에 두 사람의 활동 반경이 여러 부분에서 겹치는 면이 많았다. 실제로 장현광과 정경세 본인들은 주로 경상도의 상도 쪽에 머물면서 활동한 듯하다. 더구나 정묘호란이 워낙 단기간에 그쳐 호소사 활동 시기가 짧았기 때문에 두 사람의 관계를 구체적으로 파악하기는 어렵다.

당시 정경세는 둘째 아들의 장례를 위해 겨우 말미를 얻어 상주를 향해 내려오던 중 청주에 도착하였을 무렵 후금의 침범 소식을 듣고 바로 말머리를 돌려 서울로 향하였다. 1월 22일 수원에 이르렀을 때 호소사에 임명된 소식을 접하였다.[29] 이틀 뒤인 1월 24일 인조를 배

27) 『인조실록』 권15. 인조 5년 1월 19일 정해.

28) 申適道. 『虎溪遺集』 권3. 「창의록」. 呈左道號召使張顯光文 ; 同 呈右道號召使鄭經世文.

29) 『우복집별집』 권6. 「연보」. 인조 5년 1월 22일.

알하여 몇 가지 긴급한 조처를 건의하고 논의하였다.[30] 인조가 강화도를 향해 떠난 것과 거의 동시에 경상도를 향해 출발하여 2월 3일에 상주에 도착하였다.

이미 경상도지역에는 장현광과 정경세의 호소사 임명 소식이 전해져 있었고, 각 지역별로 의병장을 선정하는 자체 논의들이 이루어지고 있었다.[31] 아무래도 현지에 거주하고 있던 장현광이 더 빨리 대처할 수 있는 상황이었다. 그리하여 1월 28일 장현광에 의해 각 지역의 의병장들이 선임되기 시작하였다. 안동의 김시추, 예안의 이영도, 영천榮川의 권주, 예천의 장여한, 풍기의 곽진, 봉화의 권극명, 진보의 김위, 청송의 조준도, 영해의 이시명, 용궁의 정윤목 등을 각 지역 의병장으로 차임하였다.[32] 장현광은 의성으로 찾아온 청송의 조준도에게 의병조약을 작성하라고 명하기도 하였다.[33]

---

30) 정경세는 포수를 전방으로 빨리 보내어 우선 적의 예봉을 막음으로써 자강의 기틀을 마련하여야 함을 강조하였다. 아울러 임금과 동궁이 각각 강화도와 남도지역으로 나누어 분담하여 백성들을 독려하여야 한다고 건의하였다. 그러고는 경상도 호소사의 임무를 원활하게 수행하기 위한 조처들을 서둘러 허가 받았다. 즉 이미 차정된 종사관 이윤우 외에 강대진과 박한을 종사관으로 더 차출하겠다고 하여 허락을 얻었으며, 산척이나 포수들의 모집을 위해 우림위의 공명첩 수백장과 또한 서얼허통첩도 가지고 갈 수 있도록 허락을 받았다. 또한 경상도 문관들이 서울로 올라오면 호종하는 데 불과할 뿐이니, 이들로 하여금 경상도에 머물며 곡식이나 의병을 모으게 하겠다는 점도 아뢰어 허가를 받았다.(『우복집별집』 권3. 경연일기. 인조 5년 1월 24일; 『국역 우복집』 권4. 222~226쪽; 『우복집별집』 권6. 부록. 연보. 인조 5년 1월 24일; 『국역 우복집』 권5. 36쪽)

31) 『계암일록(상)』 권4.(국사편찬위원회 영인본. 1997) 인조 5년 1월 25 · 26일. 671쪽. 이때 이미 안동과 예안의 의병장 선임 논의가 시작되어 대개 인선의 윤곽이 드러났음을 알 수 있다.

32) 『계암일록(상)』 권4. 인조 5년 1월 28일. 672쪽.

33) 『여헌집속집』 권9. 「言行日錄略」. 門人趙遵道. "丁卯 虜大槍 時先生與愚伏先生爲號召使 差余爲義兵將 要與共贊兵謀 拜先生于義城 先生使之定義兵條約"

2월 3일 상주에 도착한 정경세는 도내에 격문을 보내어 통유하는 한편 경상도관찰사 김시양을 만나 시국에 대해 논의하였다. 다음날인 4일에는 선산에 가서 장현광과 만나 호소사 막부에 대한 의견을 교환하였다.[34] 이때 정경세가 호소사의 상사上使를 맡게 되었다는 기록이 예안에 거주하던 유력인사인 김령의 일기에 나온다.[35] 물론 상사를 맡았다는 것은 두 사람간의 상하 관계를 설정하는 것으로서 민감한 문제이다. 사적으로 편의상 그렇게 한 조처인지, 조정에까지 보고되어 승인된 사항인지는 분명하지 않다. 그러나 정경세가 상사를 맡았다고 하더라도 두 사람이 완전한 상하관계로 설정된 것은 아닐 것이다. 장현광이 좌도, 정경세가 우도를 담당함으로써 기본적인 담당 구역은 구분되어 있는 가운데, 전시에 의병체제를 통솔하여야 하는 체제상 상하 관계를 설정하여 명령체계의 혼선을 방지하려는 차원에서 내려진 조처로 볼 수 있다.

그렇다고는 하나 두 사람의 인맥이 경상도의 상도 쪽에 중첩되어 있는 경향이 있었기 때문에 뚜렷한 구분없이 편의대로 움직인 감이 있다. 정경세가 안동을 위시한 주변 좌도지역에서 활동한 것이나, 우도 지역에 해당되는 의병대장과 의병장에 장현광의 문인이 많이 포진한 것을 통해 볼 때 뚜렷이 구분되지는 않은 듯하다. 또 현실적으로 굳이 구분할 필요성을 느끼지 못한 면도 있었을 것이다.

---

34) 『우복집별집』 권6. 「연보」. 인조 5년 2월 3일. 4일.

35) 『계암일록(상)』 권4. 인조 5년 2월 6일. 674쪽.

어쨌든 정경세가 약간의 우위에 있으면서 주도권을 쥐고 호소사 막부의 일을 추진하였을 것으로 짐작된다. 처음에 장현광은 의병이 되기 위해 모인 선비들을 모두 거느리고 전쟁터로 서둘러 나아가려고 하였는데, 마침 서울에서 도착한 정경세에 의해 저지되기도 하였다. 정경세가 이르기를, "선비들을 내몰아쳐 화살과 돌이 날리는 전쟁터로 들어가게 하는 것은 일에 있어서 아무런 도움이 못 될 것입니다. 명분만 있고 실제는 없으니 차마 그렇게 할 수 없습니다."라고 만류하면서 그 대신에 의곡을 모아 군량을 조달하는 업무에 집중토록 조처하였다.[36] 그 일환으로 경상도호소사의 막부에서 군량을 총책임지는 관량관管粮官에는 이준을 차임하였으며, 각 지역별로 관량유사를 선임케 하였다.[37]

그러나 의병을 규합하는 일이 순조롭게만 진행된 것은 아니었다. 각 군현별로 크고 작은 갈등이 내재해 있었다. 예안에 거주하던 사족인 김령이 쓴 『계암일록』에는 당시 의병 차출 둘러싼 지역내 사족들 간의 갈등의 과정들을 날짜별로 잘 보여주고 있다. 예안현에서는 정묘호란 소식을 접한 후 바로 유력 사족들이 모여 의병을 일으킬 것을 논의하였다. 문제는 의병장을 누가 맡는가라는 것이었는데,

---

36) 『우복집별집』 권8. 부록. 언행록; 『국역 우복집』 권5. 143쪽. 강교년의 기록.

37) 『계암일록(상)』 권4. 인조 5년 2월 9일. 675쪽. 그 외 정경세는 경상우도의 거점 중의 하나인 상주의 의병장으로는 류성룡의 아들로 상주에 거주하던 류진을 선임하였으며(류진. 『修巖集』 권2. 書. 與琴士益處謙 丁卯.), 종사관 강대진을 경상우도의 거점 중의 하나인 진주로 보내어 그 지역의 의병 모집을 독려하기도 하였다(강대수. 『寒沙集』 권5. 祭文. 始祖殷烈公廟祭文. 丁卯以號召使從事官 巡到晉州而祭之.).

서로 맡기를 상당히 꺼려하면서 갈등이 야기되고 이리 저리 눈치 보는 상황이 야기되었다. 한달동안 의병장이 금업 → 이영도 → 김광계 → 금업으로 계속 바뀌었던 것이다.

장현광과 정경세 호소사 막부의 구체적인 진용이나 활동상에 대해서는 문헌에 자세한 기록이 남아있지 않다. 다만 여러 문헌에 실려 있는 단편적인 기록들을 통해 막부의 편성 상황의 일부를 짐작할 수 있을 뿐인데, 그 상황을 모아 제시하면 다음의 표와 같다.[38)]

〈표〉 경상도호소사 막부 구성원

성 명	직 임	거주지	비 고
장현광	경상좌도호소사	인동	
정경세	경상우도호소사(상사)	상주	류성룡 문인
이 준	調度使(管粮官)	상주	류성룡 문인
김 녕	장현광 종사관	선산	장현광 문인
이민환	장현광 종사관	의성	장현광 문인, 이민성의 제
배상룡	장현광 참모	성주	장현광 문인
이지화	餉軍 主管	성주	장현광 문인. 병자의병
이윤우	정경세 종사관	칠곡	
강대진	정경세 종사관		강대수로 개명
박 한	정경세 종사관		

38) 이 표는 인조실록, 여헌집, 우복집, 창석집, 신적도의 창의록, 수암집, 계암일록, 한사집, 영천사난창의록 등에 산견되는 내용에 근거하여 작성한 것이다. 다만 의성 지역의 경우 의병장으로 신적도와 권수경 두 사람이 파악이 되고 있다. 두 사람 모두 의병장으로 활약한 것은 분명한 듯한데, 한 지역에 두 명의 의병장이 있는 것은 매우 이례적이다. 두 사람 사이에 지위의 상하관계나 교체에 따른 선후관계가 있었는지 현재로서는 확인할 길이 없다. 후손들 사이에서도 이 문제를 둘러싸고 논란이 있어서 권수경 측의 다음의 기록이 남아있다. 『自樂堂先生實蹟辨證錄』(『한국역대문집총서』 권2277. 『自樂堂遺集』 소재. 1997. 경인문화사).

이민성	경상좌도의병대장	의성	장현광 문인, 이민환의 형
박 민	경상우도의병대장	진주	장현광 문인
신적도	의병장	의성	장현광 문인, 신달도의 형
권수경	의병장	의성	정구 문인
김 수	의병장	선산	장현광 문인
이천봉	의병장	성주	
이현룡	의병장	고령	
장경우	의병장	인동	
김시추	의병장	안동	
이영도	의병장	예안	김광계, 금업 순으로 교체
권 주	의병장	榮川	
장여한	의병장	예천	
곽 진	의병장	풍기	
권극명	의병장	봉화	
김 위	의병장	진보	
조준도	의병장	청송	장현광 문인
이시명	의병장	영해	
정윤목	의병장	용궁	
손 해	의병장	永川	
류 진	의병장	상주	류성룡의 아들
장문익	12읍 의병장	창원	장현광 문인
노극복	의병장	고성	

장현광과 정경세는 경상도 일대에 포진되어 있던 그들의 동문과 문인들을 바탕으로 하여 막부를 구성하였다. 종사관과 참모를 두어 막부의 업무를 보좌케 하는 한편 경상도를 좌·우도로 크게 나누어 각각 의병대장을 두고 그 아래에 각 군현 단위로 의병장을 선임하였다. 별도로 막부에 관량관管粮官을 따로 두고 각 지역에는 관량유사管粮有司를 따로 두어 군량 수집을 총괄케 한 것도 하나의 특징이었다.

이렇게 차임된 각 군현의 의병장들은 다시 각 면 단위로 책임자를 두어 의병과 군량을 모우는 일을 책임지웠다. 의성의 의병장인 신적도가 의성의 각 면에 보낸 일종의 지침이 남아있어 당시 구체적 상황을 살피는 데 참고가 된다. 그가 의성현의 각 면에 내려 보낸 지침은 총 11개 조항으로 구성되어 있었는데 주요한 내용을 편집하여 제시하면 다음과 같다.[39)]

- 전직 한량관, 납속 점장인, 공천과 사천을 막론하고 향리, 역리, 사포수 등에 이르기까지 모든 젊고 건장한 이들이면 아울러서 지체없이 데리고 와야 한다.
- 활을 잘 쏘거나 포를 잘 쏘는 자가 비록 고을 사람에게 죄를 저질렀더라도, 그가 마음을 돌리어 의로운 생각을 품었다면 역시 의병 모집에 응모하는 것을 허용해야 한다.
- 고을 유생 중 늙고 병들고 잔약하면서도 젊은 자손이 없는 자는 마땅히 건장한 노비로 대행하게 한다. 마땅한 노비까지 없어 군량미로 대신 내기를 원하면 허락한다.
- 군량미를 마련할 때 약속 기일이 되었는 데도 내지 아니 하면 마땅히 중벌을 주어야겠지만 우선 관곡으로 대신 내주어야 한다.
- 만일 재물 많은 사람이 곳간을 기울여 있는 재물을 다 내놓고자 하면, 각별하게 긴급히 보고하고 그 사람의 성명을 상세히 적은 책을 만들어 두루 알려야 한다.

이상에서 보이는 바와 같이 의병 모집은 신분과 직임을 불문하고

---

39) 신적도, 『虎溪遺集』 권3, 「창의록」, 諭各面募粟有司文 後錄.

젊고 건장한 사람들을 대상으로 하였고, 무기에 재능이 있는 사람이면 비록 죄인일지라도 활용하게 하였음을 알 수 있다. 사족의 경우 집안에 건장한 젊은이가 없는 경우는 건장한 노비로 대신케 하고, 그도 불가능할 경우에는 군량미로 대신케 하였다. 군량미를 혹 제때에 맞추어 내지 못할 경우에는 관곡을 빌려서라도 내게 하였으며, 그리고 많은 양의 군량미를 내는 사람에 대해서는 특별 대접을 하게 하였음을 확인할 수 있다. 이러한 방침은 다른 군현에도 대동소이하였을 것으로 짐작된다.

한편 호소사 정경세는 2월 8일 옥성에 도착하여 조정에 서장을 올렸으며, 14일에는 함창, 16일에는 용궁, 17일에는 예천, 20일에는 안동을 각각 순행하였다.[40] 그리고 2월 27일에 경상도 지역의 18읍 의병장과 참모들을 함창에 모아 앞으로의 일정을 논의하였는데, 3월 10일에 충주에 의병 전체가 집결하는 것으로 결정하였다고 한다.[41] 이때는 각 군현별로 집결할 의병 인원이 할당되었는데, 안동부는 100명, 예안현은 15명을 할당받았다.[42] 이렇게 한달여의 기간 동안 장현광과 정경세는 도내에 격문을 돌리고 여러 군현을 순행하면서 의병을 모우고 군량을 조달하였다. 그리고는 경상도 의병 전체를 세 개로 나누어 순차적으로 한강 방어처로 북상시키려는 계획을 세웠다.

40) 『우복집별집』 권6. 「연보」. 인조 5년 2월 해당조; 『국역우복집』 권5. 36~37쪽.
41) 『계암일록(하)』 권5. 인조 5년 2월 23일. 2쪽. 3월 1일. 3쪽.
42) 『계암일록(하)』 권5. 인조 5년 3월 1일. 5일. 3쪽.

그 후 화의를 맺은 후금군이 물러갔기 때문에 군사를 파한다는 국왕의 유지를 3월 8일에 받고 군사들로 하여금 돌아가 농사를 짓게 하였다.[43] 그리고 그동안에 의병과 의곡을 모우는 데 적극적으로 나서는 중심적 역할을 하였던 의병장들에 대한 추천과 보고를 하면서 호소사 활동은 마무리되었다. 선산의 김수, 고성의 노극복, 성주의 이천봉, 고령의 이현룡, 의성의 권수경, 인동의 장경우 등을 적극 추천하였다.[44] 그리고 그 외 군량을 조금씩 낸 사람도 따로 조도사調度使 이준李埈으로 하여금 올리게 하여 규례에 따라 상을 받을 수 있도록 조처하였다.[45]

이렇게 장현광과 정경세는 국가적 위기 상황에서 영남이라는 한 후방 지역을 맡아 잘 대처하였다. 장현광은 양호지역을 담당한 김장생과 함께 산림으로서의 위망을 잘 보여주었다. 다만 장현광은 호서와 호남 두 지역을 모두 맡은 김장생과는 달리 영남 한 지역을 정경세와 분담하여 맡았다. 형식적으로 볼 때 집권 서인계 산림이었던 김장생과 남인계 산림이었던 장현광의 차이였다. 그리고 영남지역에 있어서도 장현광은 정경세와 나누어 담당한 가운데 오히려 정경세가 약간 우위에서 호소사 활동을 주도한 느낌이었다. 집권세력의

---

43) 『우복집별집』 권6. 「연보」. 인조 5년 3월 8일.

44) 『우복집별집』 권1. 복명하는 계[정묘년(1627. 인조 5)에 호소사로 있을 때 올린 것이다]. 『국역우복집』 권4. 72~73쪽.

45) 『인조실록』 권16. 인조 5년 5월 1일 병인. 이에 이준은 쌀 10석(租 20석)이상 낸 자의 명단을 따로 작성하여 올렸다(『蒼石集續集』 권3. 丁卯疏. "今將準米十石正租二十石以上者 抄啓姓名 并宜速施恩典").

산림인 김장생과 주변세력의 산림인 장현광의 차이, 퇴계학통 상에서의 위치가 뚜렷하였던 정경세와 비교적 덜 선명하였던 장현광의 차이, 개인적인 성향이나 능력의 차이 등이 착종된 결과였다. 당시 장현광의 정치사회적 위상과 좌표가 설정되는 지점이다.

4. 복제와 추숭 관련 예론의 개진

인소는 정상적인 승계가 아닌 반정에 의해 왕위에 올랐다. 선조의 제 5자 정원군定遠君의 아들인 인조는 종통상으로는 손자로서 조부인 선조의 뒤를 잇게 된 것이었다. 그렇기 때문에 자칫 약점으로 작용할 수 있는 정통성 문제를 확고히 할 필요성을 느끼고 있었다. 반정 주체 세력들도 이 문제에 적극적으로 임하였다.

정통성 확립의 완결은 인조의 생부生父로서 반정 전에 죽은 생부 정원군의 추숭이었다.[46] 정원군을 왕으로 추숭하여 선조의 적통을 정원군(후일 원종)을 거쳐 인조에게 이어지게 함으로써 정통성을

46) 원종 추숭과 관련한 연구로는 다음의 논고들이 참고가 된다. 이영춘. 1990.「잠야 박지계의 예학과 원종추숭」.『청계사학』7; 우인수. 1991.「조선 인조대 정국의 동향과 산림의 역할」.『대구사학』41; 이현진. 2000.「인조대 원종추숭론의 추이와 성격」.『북악사론』7; 장세호. 2009.「원종의 추숭문제」.『한국사상과 문화』50. 한편 장현광의 원종 추숭 관련 예론에 대해 분석한 글로 장동우의 논문이 있다.(2005.「여헌 장현광의 예설과 예학적 문제의식」.『유교사상연구』24.) 하지만 장현광의 주장이 가지는 당시 정국에서의 역할과 의미에 대해서는 적극적으로 개진하지 못하여 온전한 이해에는 부족한 한계가 있다.

한층 확고하게 굳히려고 한 것이다. 원종의 추숭은 10여년 동안 수차에 걸친 전례 논쟁을 거치면서 단계적으로 이루어졌다. 1차는 반정직후인 인조 원년 인조와 정원대원군 간의 관계 설정에 따른 호칭 문제를 두고 일어났고, 2차는 인조 4년 인조의 생모인 계운궁의 사망에 따른 인조의 복제 기간을 두고 일어났다. 3차는 인조 8~10년의 원종 추숭 논쟁이었고, 4차는 인조 12년 원종의 종묘 배향을 둘러싼 논쟁이었다. 단계마다 상당한 진통과 갈등이 수반되었다.

반정직후 인조의 생부인 정원군은 당연히 정원대원군定遠大院君으로 추존되었으며, 여기에는 아무런 이견이 있을 수가 없었다. 다만 인조의 정원대원군에 대한 호칭 문제가 제기되면서 논란이 시작되었다. 정원대원군의 제사를 맞이하였을 때 인조가 제문의 두사頭辭에서 생부를 어떻게 칭하는 것이 예에 합당한가의 문제였다. 아울러 인조가 의리상 입어야 할 상복의 종류와 합당한 묘향의 형태가 함께 제기된 문제였다.

국가적 전례 문제가 제기되었을 때 이를 논의할 수 있던 신하들은 크게 두 부류였다. 한 부류는 예에 대한 식견을 지닌 조정의 중신들이고, 또 하나의 부류는 예에 밝은 재야의 학자들이었다. 중신 중에서 자신의 독자적인 논리를 내세워 의견을 표출한 대표적인 중신은 예조판서 이정구, 부제학 정경세를 위시하여 조익, 장유, 최명길 등이었다. 재야 학자로는 당대의 산림인 김장생과 박지계였다. 나머지 여러 신하들의 의견은 대개 위의 사람들이 내세운 논리 중의 하나와 비슷하였다.

산림인 장현광이 이 문제에 대해 어떤 의견을 개진하였는지에 대해서는 분명하게 드러나 있지 않다. 같은 산림으로 인조반정직후 함께 징소받았던 김장생과 박지계가 적극적으로 이 문제에 개입하여 분명한 자신의 설을 개진한 것과는 대조되는 부분이다. 두 사람은 완전히 다른 견해를 피력하여 양 극단의 주장을 폈다. 김장생은 집권세력인 서인의 정신적인 지주로서의 위상을 확보하고 있었기 때문에 그의 주장은 무게감이 상당히 컸다. 박지계는 주로 공신들의 지지하에 원종 추숭을 적극 주장하는 이귀나 최명길에게 이론적 논리를 제공하였다. 장현광이 이 문제에 대해 침묵한 이유를 분명하게 알 수는 없다. 남인 중에서 이 문제에 적극적으로 대응한 이는 부제학으로 있던 정경세였다. 정경세와 모종의 논의가 있었을 가능성도 있지만 현재에 알려져 있는 자료에서는 그 부분도 확인이 되지 않는다.

설사 장현광이 이 문제에 대해 개진한 사실이 있었는데, 관련 자료가 현전하지 않았을 것으로 생각할 수도 있다. 그러나 그 가능성도 그리 크지 않다고 판단한다. 또한 설사 개진하였다고 하더라도 그의 주장이 당시 논쟁에서 큰 역할을 하지 못하였던 것은 분명한 사실인 듯하다. 일단 조선왕조실록에 그의 설이 실리지 않은 것은 그만큼 큰 비중을 차지하지 못하였음을 의미한다고 할 수 있다. 그리고 숙종대의 산림으로 활동하였던 남계 박세채가 이 문제에 대한 여러 학자들의 설을 분류 정리한 논설에서도 장현광은 등장하지 않기 때문이다.[47] 박세채가 분류하여 제시한 논설은 후일 이긍익의 『연려실기술』에도 거의 비슷하게 정리되어 전하고 있다.

김장생은 제왕가의 승통을 중시하는 입장에 서서, 인조는 선조에게 '부자지도父子之道'가 있으므로 정원대원군에 대해서는 백숙부伯叔父라 칭해야 한다고 하여 정원대원군을 종통에서 배제하는 철저한 예론을 내세웠다.[48] 그리고 박지계는 정원대원군을 종통에 적극 포함시키려는 입장에 서있었다. 그는 '방친위인후자傍親爲人後者'와 '손위조후자孫爲祖後者'의 경우를 명백히 구별하여 인식하였는데, 인조의 선조에 대한 경우는 손자로서 할아버지를 계승한 '손위조후자孫爲祖後者'의 경우에 해당한다고 보았다. 따라서 정원대원군에 대해서는 고考의 칭호를 쓸 수 있고, 상복도 참최삼년복斬衰三年服을 입을 의리가 있다는 주장을 폈다.[49]

이 문제는 김장생과 박지계가 대척 지점에서 서로 대립하는 가운

---

47) 『南溪集』 권64. 章陵稱號尊崇考證. 박세채가 인조의 정원대원군에 대한 칭호와 복제에 관한 여러 학자들의 주장을 정리한 논설을 필자가 약간 가감하여 제시하면 다음 표와 같다.

관료 / 구분	鄭經世 李廷龜	趙 翼	金長生	張 維	崔鳴吉	朴知誠
祭文 稱號	考	考	伯叔父	考	考	考
服喪	不杖期	不杖期	不杖期	杖期	三年	三年
廟享	綾原君主祀	綾原君主祀	綾原君主祀	別廟	別廟	禰廟
論據	稱;禰位闕 服·廟; 爲人後	稱·服·廟;爲人後	稱·服·廟;爲人後, 重位次	稱;爲祖後 服·廟; 爲宗統	稱·服; 爲祖後廟; 爲宗統	稱·服·廟;爲祖後, 重血統

48) 『인조실록』 권2. 인조 원년 5월 3일 임진.

49) 『潛冶集』 권1. 응지소. 갑자(인조 2년).

데, 조정 중신들에 의해 조정되어 시행되었다. 예조판서 이정구와 부제학 정경세는 선조와 인조간에 종통상으로는 '부자지도父子之道'가 있음을 인정하였으나, 다만 인조가 선조의 아들이라 한다면 정원군과 인조는 형제간이 되어야 하는 무리가 있다는 점과 또한 칭고稱考할 데가 없게 되어 천륜에 어긋나게 된다는 점을 감안하여 정원군을 고考라 칭할 수밖에 없다는 다소 융통성있는 예론을 폈다.[50]

이에 호칭 문제를 둘러싸고는 저마다의 논리적 근거는 상이하였지만 다수가 주장한 고考로 칭하는 것으로 결정되었다. 이 문제는 논리적 근거야 어떻든 표면상으로는 고라고 칭하는 것으로 되었기 때문에 언제든지 다시 논란을 불러올 가능성이 잠복되어 있었다.

인조 4년 인조의 생모 계운궁啓運宮 구씨具氏가 사망함으로써 이 문제는 다시 논란의 중심으로 떠올랐다. 인조가 생모의 상에 입어야 할 상복의 종류가 논쟁의 핵심이었다.[51] 이 문제는 자연스럽게 생부 정원대원군에 대한 처우와 직접 연결되는 것이었다. 대개 아들이 어머니를 위해 입는 상복은 3년복이 상례였다. 하지만 인조의 경우는 선조의 뒤를 이어 왕통을 이은 특수한 상황이었기 때문에 사가의 친부모를 위한 상복은 3년복에서 강복降服한 기년복이 마땅한 예였다.

계운궁의 병세가 위독할 때 삼의정인 이원익 · 윤방 · 신흠과 예조

---

50) 『인조실록』 권2, 인조 원년 5월 7일 병신.

51) 인조의 계운궁에 대한 복제 문제를 둘러싸고 전개된 논쟁에 대해서는 다음의 논고를 참고하라. 서인한. 1989.「인조초 복제 논의에 대한 소고」.『북악사론』1; 이현진. 2003.「17세기 전반 계운궁 복제론」.『한국사론』49.

판서 김상용이 모여 논의한 결과 역시 삼년복에서 강복하여 불장기不杖期로 정하였고, 정경세를 비롯한 조정의 의론도 대개 옳게 여겼다. 인조의 경우는 선조의 대통을 이은 상태이기 때문에 대종에 압존되어 사친私親을 위해 정리를 펼 수 없는 것이 천지의 상경常經이요 고금의 통의通誼라는 논리였다.

반정공신인 부제학 최명길과 연평부원군 이귀는 여기에 이의를 제기하였다. 그들은 왕통의 계승을 이유로 생부의 상복을 낮출 수는 없다고 하면서 삼년복을 주장하고 나선 것이었다. 인조는 친모를 높이려는 인정에 끌려 후한 상복을 입는 쪽에 좀 더 솔깃해하였다. 인조는 자신이 이미 정원대원군을 고考라 칭하고 스스로 자子라 칭하고 있는 이상 삼년복을 입는 의리가 있으니, 생모의 상에 삼년복을 입어야겠다고 고집하였다.[52] 이러한 인조의 뜻에 적극 영합한 인물이 공신인 이귀와 최명길이었는데, 그들의 논리적 근거는 박지계에게서 비롯된 것이었다.[53]

이렇게 부장기론不杖期論과 삼년복론三年服論이 맞선 가운데 다수의 의견에 따라 삼년복제는 채택되지 않았다. 인조는 삼년복을 포기하는 대신 기년은 기년이되 부장기가 아닌 장기로 하기를 고집하여 집행

---

52) 『인조실록』 권11. 인조 4년 1월 14일 무오 · 15일 기미.

53) 『潛冶集』 권1. 擬上疏. 병인. 이미 인조 원년부터 정원대원군을 종통에 포함시켜야 한다는 예론을 폈던 박지계는 이때도 같은 논리로 자신의 의견을 개진하기 위한 상소를 써두었다. 이 상소는 비록 조정에 올리지는 않았으나 그 내용은 중형 박지양 등에 의해 요로에 충분히 배포되었다고 한다. 이영춘. 1990. 「잠야 박지계의 예학과 원종추숭」. 『청계사학』 7. 253쪽.

하였다.[54] 이는 인조가 상주가 되고자 하는 의도에서였다. 그러나 상주도 결국은 동생인 능원군이 맡는 것으로 결정되었다.[55] 역시 다수 중신과 예론가의 논의가 관철된 것이었다.

이 계운궁에 대한 인조의 복제 논쟁이 한창 벌어졌을 때도 장현광은 이 문제에 대해 직접 의견을 개진한 바는 없다. 다만 그는 논쟁이 일단락된 수개월 뒤인 계운궁의 발인에 참석하기 위해 상경하였을 때 군주의 건극을 주장하면서 올린 상소에서 이 복제 문제에 대해서도 곁들여 논급한 바 있다.

> 오늘날의 喪禮로 말씀드리겠습니다. 당초 服制의 의논에 있어 조정의 소견이 서로 달라서 지나치거나 미치지 못한 兩端이 없지 않았는데, 전하께서 절충하여 결정해 쓰셨으니, 中이라 이를 만합니다. 다만 듣건대 지난번 禮葬의 의논에 있어 규모를 크고 무겁게 했다 한 것은 時中의 마땅함에 지나침이 있는 듯합니다. 이것은 대개 일을 집행하는 여러 관원이 전하의 지극한 정성을 본받아 모든 儀物과 品數를 힘써 구비하고 화려하게 하였기 때문입니다. …… 예란 중을 지키는 것을 말합니다. 대개 할 수 있는데도 하지 않으면 효자의 마음이 편안할 수 없는 것이고, 지나쳐선 안 되는데도 지나치게 하면 돌아가신 어버이의 마음이 편안할 수 없는 것입니다. 예이면서도 중을 지킨 연후에야 어버이의 마음이 편안하고 효도가 되는 것입니다. 요사이 일은 기왕지사니 말할 필요가 없으나 앞으로 또한 裁定할 의논이 많이 있기 때문에 감히 언급하여 후일 더욱 신중을 기하라는 뜻을 붙입니다. …… 더군다나 임금의 행위는 일시의 법이 될 뿐만 아니라 후세에 본받게 되니 어찌 감

54) 『인조실록』 권11. 인조 4년 1월 15일 기미. 19일 계해.
55) 『인조실록』 권11. 인조 4년 1월 23일 정묘.

정대로 제도를 넘어서 표준을 세우는 도리를 해쳐서야 되겠습니까.[56)]

장현광은 계운궁의 상례와 관련하여 인조가 3년복을 고집하지 않고 기년복을 따른 사실을 군주로서 '중'을 택한 것으로 높이 평가하였다. 그리하여 간접적으로나마 기년복의 타당성을 개진한 것으로 의미 부여할 수 있다. 다만 예장의 규모가 크고 무겁게 한 점은 '중'을 지키지 못한 조처로서 후일을 위해 경계할 부분이라고 하였다. 결국 인조가 사친에 대해 예를 벗어나 과중하게 예우하는 것을 완곡하게 경계한 것이었다. 이는 원종 추숭과 같은 사친에 대한 과중한 예의 적용의 부당성을 미리 경계한 셈이었고, 후일 실제 원종 추숭이 강행되자 장현광은 그 부당성을 분명하게 개진하는 것으로 연결되었다.

원종 추숭 문제는 인조 8년경에 이귀의 차자로 인해 조정의 쟁점으로 다시 부각되었다.[57)] 인조 7년(1629년) 산해관 방면을 지키고 있던 명의 장군 원숭환袁崇煥에게 재자사齎咨使의 임무를 띠고 해로를 통해 파견되었던 최유해崔有海가 잘못하여 등주登州에 표류한 바 있었다.[58)] 그는 마침 이곳에서 명군의 군량을 감독하는 임무를 띠고 와 있던 명의 호부낭중戶部郎中 송헌宋獻을 만났다.[59)] 두 사람이 대화를 하

---

56) 『인조실록』 권12. 인조 4년 5월 28일 기사.

57) 『인조실록』 권23. 인조 8년 10월 28일 계유.

58) 『인조실록』 권21. 인조 7년 9월 6일 정해; 『앞의 책』 권23. 인조 8년 12월 4일 무신.

59) 호부낭중 송헌이 이듬해인 1630년에도 군량 감독의 임무를 띠고 여순에 머물고 있는 것으로 미루어 최유해와 등주에서 조우한 것은 사실인 듯하다. 『明懷宗實錄』 권3. 庚午年(회종 3년. 1630년).

던 중 화제가 원종의 추숭에까지 이어졌고, 급기야 송헌은 원종의 추숭이 당연하다는 논지의 예론을 글로 지어 준 바 있었다.[60)]

이를 최유해의 친구 홍진도를 통해 입수한 이귀는 송헌과 박지계의 주장이 일치하니 가히 천하의 공의라고 하면서 추숭을 강력하게 주장하게 되었던 것이다.[61)] 이에 인조도 원종추숭을 통해 왕통을 더욱 확고하게 굳히면서 생부모生父母에 대한 사사로운 인정상의 의리를 다하고자 하였다. 인조는 명에 주청하여 처리할 것을 주장하면서까지 이의 관철에 집착하였다.[62)]

이러한 사태에 직면하여 대부분의 예학자와 관료들은 추숭에 반대하였다. 그런데 그동안 논란이 있을 때마다 합당한 논리를 제공하던 이들은 이즈음 하나 둘 세상을 떠나고 있었다. 김장생이 인조 9년에 사망하였고, 정경세는 추숭에 반대하며 사퇴한 후 병환으로 시달리다가 인조 11년에 사망하였다.[63)] 공신인 좌의정 김류는 추숭에 반대하다가 면직을 당하였다.[64)]

좌의정 김유의 면직과 주청사의 파견 소식을 접한 장현광은 상소를 올릴 것을 결심하였다.[65)] 그는 속히 추숭을 의논하라는 명을 거

60) 『연려실기술』 권22. 「元宗仁獻王后追崇」. 인조 8년 11월조.

61) 『인조실록』 권23. 인조 8년 12월 8일 임자.

62) 『인조실록』 권24. 인조 9년 4월 20일 계해.

63) 정경세는 인조 9년 6월 이후 병세가 점점 깊어져 정신이 혼모함이 심해져서 자제의 이름자를 모두 잊어버릴 정도에 이르렀다. 이런 상태로 지속되다가 11년 1월에 말을 할 수 없을 정도로 위독하였고 약간의 차도가 있다가 6월에 졸하였다.

64) 『인조실록』 권24. 인조 9년 4월 30일 계유.

65) 『국역 여헌속집』 권9. 부록. 「취정록」(문인 신열도). "신미년(1631년 인조 9) 초여름

두고 중국 조정에 주청하지 말 것을 청하였다.[66] 상소에서 장현광은 정원대원군이 생전에 왕위에 있지 않았기 때문에 종묘에 들일 수 없음이 원칙임을 분명히 하였다. 그리고 공을 높이는 데도 떳떳한 분수가 있음을 말하고 그 분수를 넘어서서 공을 높이는 것은 오히려 어버이를 해치는 일이라고 강조하였다.

> 큰 강령을 가지고 말씀드린다면 帝王의 宗統의 체계와 형세는 자연 천지의 떳떳한 법과 고금에 통행하는 의리가 있어서 바꿀 수 없습니다. 천하에 있으면 천하의 한 사람이 되고 한 나라에 있으면 한 나라의 한 사람이 되니, 반드시 皇天의 명령을 받고 祖宗의 전통을 이어받으며 臣民의 위에 군림하고 神人의 부탁에 응한 뒤에야 살아서는 제왕이라는 큰 이름을 누리고 죽어서는 太廟에 들어갈 수 있는 것입니다. 이것이 이른바 '천지의 떳떳한 법이요, 고금에 통행하는 의리'라는 것이니, 진실로 인위적으로 조금이라도 더하거나 덜 수 있는 것이 아닙니다. …… 효를 지극히 하는 방도는 이미 따로 정해진 도리가 있사옵고, 공을 높이는 의리 또한 따로 떳떳한 분수가 있사옵니다. 비록 효를 지극히 한다 하더라도 定理에 위배됨이 있으면 효를 지극히 하는 것이 아니며, 비록 공을 높인다 하더라도 떳떳한 분수에 넘침이 있으면 공을 높이는 것이 아닙니다. 추존해서는 안 되는데 추존한다면 어

에 나는 부지암으로 와서 선생을 뵙고 하루를 머물며 모셨는데, …… 이 때 인조의 생부를 추숭하자는 의논이 크게 일어났다. 그리하여 좌상 김류가 임금의 뜻을 거슬러 파직당하였다. 내가 여쭙기를, '추숭하는 것이 어떻습니까?' 하니, 선생은 대답하시기를, '주 나라 때에 태왕과 王季와 文王이 다 공덕이 있어서 주 나라가 천하를 소유한 것이 이 세 왕으로부터 시작되었다. 그러므로 주공이 왕의 예로써 이들 세 분을 추존한 것이니, 만약 주 나라 세 왕과 같은 공덕이 없으면서 추숭한다면 예가 아니다.' 하였다. 그 후 선생은 상소문을 올려 간절하게 말씀하였다.

66) 『인조실록』 권24, 인조 9년 6월 4일 병오.

버이를 추존한다는 것이 도리어 어버이를 해치는 것이며, 높여서는 안 되는데 높인다면 군주를 사랑한다는 것이 도리어 군주를 해치는 것이니, 두려워하지 않을 수 있으며, 삼가지 않을 수 있겠습니까.[67]

그리고 추숭론자들의 주장에 대해서는 원칙에 맞지 않게 견강부회하는 잘못을 지적하였다. 추숭론자들은 종묘에 예위禰位 즉 아버지 사당이 빠진다는 점을 강조하지만 이는 형편상 빠지지 않을 수 없었던 사정을 인정하지 않으려는 데서 비롯된 부족한 생각이라고 하였다. 형편상 빠지지 않을 수 없어서 빠진 것은 이치에도 당연하며 정통의 의리에도 해로울 것이 없다는 주장이었다. 아울러 대내외적으로 많은 어려움 속에 처해있는 상황에서 이치에도 맞지 않는 추숭 논의를 중국에 주청하는 것은 천하의 비웃음거리가 되는 국가적 수치이기 때문에 주청하려는 계획을 중지할 것도 청하였다.

인조는 중국 조정에 주청하는 것은 타당치 못한 듯하였기 때문에 이미 정지시켰다는 내용의 비답을 내렸다. 장현광의 상소와 별개로 중국 조정에 주문하는 것은 정지된 상태였던 것이다. 그러나 추숭 자체에 대해서는 별다른 논급이 없었으니, 인조는 추숭 작업을 멈출 의사가 전혀 없었던 것이다. 장현광은 자신의 상소와 인조로부터 받은 비답을 당시 참의 벼슬을 하던 이윤우의 요청으로 그에게 전달하여 참고 자료로 활용케 하기도 하였다.[68] 하지만 장현광의 상소나

---

67) 『국역 여헌집』 권3. 추숭을 중지할 것을 아뢰는 소.

68) 『국역 여헌속집』 권9. 부록. 「취정록」(문인 조임도). "신미년(1631. 인조9) 여름에 선

노력도 추숭론자들의 논의를 막기에는 역부족이었다.

많은 이론가들이 병이나 노쇠로 인해 제대로 된 반론의 전선을 형성하지 못하는 틈을 타고 추숭론자들이 힘으로 밀어붙쳤다. 인조는 추숭에 반대하는 유생과 관료들을 처벌하면서 강경하게 대응하였다.[69] 그리고 이귀를 이조판서에 임명하여 인사권을 맡기면서 힘을 실어주었다.[70] 추숭에 우호적인 사람들로 관직을 채우기 위함이었다. 드디어 인조 10년 최명길이 예조판서로 있으면서 추숭 작업을 완전히 마무리하였다.[71] 선조 → 원종 → 인조로 왕통이 내려오는 것으로 새롭게 정리되었다.

원종의 추숭이 마무리된 후인 인조 12년(1634)에는 그 후속 조처로서 종묘와 별묘 중 어느 곳에 원종을 모시는 것이 타당한가를 두고 논란이 있었다. 추숭론자들은 당연히 종묘에 모셔서 추숭론을 완결하고자 하였고, 다수의 조정 신하들은 종묘에 모실 수 없는 논리

생을 뵈오니, 선생은 상소한 글과 임금의 비답을 임도에게 맡겨서 참의 李潤雨 어른께 갖다 드리게 하였다. 이때에 국가에서 추숭하는 일이 있었는데 선생이 글을 올려 강력히 간하였는바, 李㦤이 그 비답을 보여줄 것을 요구하였으므로 선생이 보내신 것이었다."

69) 인조 9년 9월 추숭론의 이론적 제공자로서 비난의 표적이 된 박지계가 유생들에 의해 儒籍에서 삭제되는 사태가 발생하였다. 주동자인 許穆이 이귀의 청에 의해 停擧 처분을 당하였다.(『인조실록』 권25. 인조 9년 9월 18 · 27일 기축 · 무술) 박지계를 蔘蟲이라 하며 매도한 바 있던 趙絅은 知禮縣監으로 좌천되었으며,(『인조실록』 권25. 인조 9년 9월 4일 을해) 그 외 이귀를 비난하였던 執義 金世濂, 掌令 李垌 · 朴安悌 등도 외직으로 黜補되었다.(『인조실록』 권25. 인조 9년 윤11월 23일 임술)

70) 『인조실록』 권25. 인조 9년 11월 25일 갑오.

71) 『인조실록』 권26. 인조 10년 2월 24일 임진에 追崇都監이 설치되었고, 李貴와 崔鳴吉이 提調에 임명되었다.

로 맞서고 있었다. 이 문제에 대해 장현광도 종묘에 들여 모시는 것의 불가함을 상소를 통해 개진하였다.

> 전하께서 친부모에게 효도를 바친 것이 이미 극진합니다만, 그것에 대해서도 사람들은 너무 지나치다고 의아하게 여기고 있는데, 더구나 다시 부모를 위하여 태묘에 올려 모시는 일이겠습니까. 이는 옛날의 예에 근거할 만한 것이 없으니, 그야말로 无妄에서 다시 행하는 것이 되는 것입니다. 그리하여 효도를 하려 했다가 도리어 효도에 해를 끼치고 일을 행하려 했다가 도리어 인에 해를 끼치게 되니, 이는 마땅히 정밀하게 살피고 한결같이 하는 공부를 지극히 하여야 할 분계선입니다.[72]

장현광은 태묘 즉 종묘에 원종을 모실 예학적 근거가 없다는 점을 분명히 하였다. 이에 대해 인조는 종묘에 모시는 것의 타당성을 다음과 같은 논리로 설명하는 비답을 내렸다. 고금 천하에 예위가 없는 종묘는 있을 수 없다는 점, 지금의 별묘는 후세에 가면 더욱 불편하게 된다는 점, 명에서 인정과 예법을 밝게 살펴 흔쾌히 은봉恩封을 내렸다는 점, 선조는 사자嗣子가 없다가 사자가 생기고 종묘는 예실이 없다가 예실이 생기게 된다는 점 등을 들었다.

이 비답을 받은 장현광은 반박하는 상소를 다시 올리는 대신 자신의 주장을 비답의 아래에 써두는 것으로 자신의 의례에 대한 입장을 분명히 밝혔다.

---

72) 『국역 여헌집』 권3. 소. 祔廟를 정지할 것을 청하는 소; 『인조실록』 권30. 인조 12년 윤8월 9일 임진.

주상께서 비록 방손의 列에 있다 하더라도 한때의 변을 만나 대위에 올랐다. 그렇다면 낳아 준 생부모는 그대로 선조의 支子일 뿐이요. 주상의 私親이 됨에 불과하니, 별묘에 추존하는 것도 오히려 너무 과하다. 어찌 태묘에 들어가 正位에 거할 수 있겠는가. 이제 비록 황제의 은혜로운 책봉이 있으나 또한 별묘에서 제향을 올리는 것이 옳을 것이다. 또 별묘에 편안히 있는 것이 어찌 들어가지 않아야 할 정위에 들어가 불안한 것과 같겠는가. 또 비록 별묘에 제향한다 하더라도 자연 주상을 낳아 준 어버이가 되니, 어찌 아버지 대가 없다고 이를 수 있겠는가. 비록 '정밀하게 살피라'는 명령을 받들었으나 노망한 소견은 필경 이와 같을 뿐이다. 몸이 궁벽한 시골에 있어 감히 다시 아뢸 수 없으므로 이에 간략한 말을 批旨 아래에 쓰는 바이다.[73]

이 정도에서 마무리될 수 있었던 장현광의 상소는 얼마 뒤 추숭론자인 최명길에 의해 잘못 인용됨으로써 약간의 파란이 일기도 하였다. 장현광이 종묘에 들이는 것의 불가함은 분명하게 진달하였으나, 한편으로 별묘를 종묘 가까이 옮기는 대안을 제시한 것이 빌미를 준 듯하다.

신은 엎드려 듣자오니, 別廟가 태묘와 너무 멀리 떨어져 있어서 人情에 편안하지 못하다 하오니, 神道는 인정과 똑같은 이치입니다. 이제 만약 별묘를 태묘와 가까운 곳에 옮겨 봉안한다면 列聖朝는 돈독히 강림하는 비호가 있을 것이요, 별묘는 태묘와 가까운 편안함이 있어서 보지 않고 듣지 않는 가운데에 유통하고 오르내리며, 때에 따라 제사를 올릴 적에 똑같이 한 吉日을 쓴다면 사세에 편안하고 인정과 이치

73) 『국역 여헌속집』 권4. 잡저. 祔廟의 상소에 대한 批旨의 뒤에 쓰다.

에 모두 합당할 것이오니, 이는 바로 높여 받들고 소중히 하는 극치일 것입니다.[74]

장현광의 이 대안은 본인의 뜻과는 달리 추숭론자인 최명길에 의해 엉뚱하게 인용되면서 그들에게 이용당하는 꼴이 되었다. 이조판서 최명길은 "장현광의 상소를 보아도 종묘에 들이자는 논의와 차이가 매우 적었다."라고 하면서 장현광의 별묘 이전 대안을 자신의 설을 뒷받침하는 하나의 자료로 이용하였던 것이다.[75]

이상과 같이 원종 추숭과 관련하여 추진된 일련의 전례 논쟁에서 장현광은 자신의 예학에 대한 학문적 지식을 제공하였다. 1단계 논쟁인 인조의 정원대원군에 대한 제문의 두사 칭호 논쟁과 이단계인 계운궁 복제 논쟁에는 직접적으로 예론을 개진하지는 못하였다. 2단계 논쟁과 관련하여서도 때늦은 감은 있지만 계운궁의 장례시에 예장의 규모를 크고 무겁게 한 점을 지적함으로써 인조가 사친에 대해 예를 벗어나 과중하게 예우하는 것을 경계한 점은 있다. 이후 3단계 논쟁인 원종의 추숭과 4단계 종묘 배향 논쟁에 대해서는 그 부당성을 분명하게 지적하는 의견을 올렸다. 하지만 원종이 추숭과 종묘 배향을 막기에는 역부족이었으며, 산림학자로서 처음부터 전례문제에 적극적으로 대응하지 않은 점은 그의 어쩔 수 없는 현실적 한계

74) 『국역 여헌집』 권3. 소. 祔廟를 정지할 것을 청하는 소; 『인조실록』 권30. 인조 12년 윤8월 9일 임진.

75) 『인조실록』 권30. 인조 12년 윤8월 23일 병오.

로 남겼다.

5. 맺음말

인조대에 산림으로 징소된 장현광의 정치적 활동을 살핌으로써 당시 중앙정계와 영남지역 내에서의 그의 위상을 가늠하고 설정하고자 하였다.

인조대의 정국은 서인이 주도하는 가운데 약간의 남인이 참여한 상태로 전개되었다. 중앙정계로부터 주목을 받은 영남 남인 출신의 산림은 장현광이었다. 그는 서인 산림인 김장생 · 박지계와 함께 특별한 예우를 받으면서 중앙정계에 나아갔다. 장현광의 출사는 반정으로 인해 어수선한 인심을 안정시키는 데 큰 역할을 하였다.

장현광은 몇 차례 상소를 통해 자신이 가진 지식을 종횡으로 구사하면서 총론적이고도 원론적인 치국의 방안을 개진하기도 하였다. 군주를 세도의 주인으로 간주하는 군주 중심의 정치 인식 위에 군주가 표준을 세우는 도리의 중요성을 강조하였다. 그에 대한 조정의 기대는 정묘호란이라는 국가의 위기상황 때 잘 드러났다. 조정에서는 삼남지역에 호소사를 배치하여 난국을 극복하려 하였는데, 장현광은 정경세와 함께 영남의 호소사에 임명되어 그 역할을 수행하였다. 또한 계운궁 복제와 원종 추숭 등 일련의 왕실의 전례 문제를 둘러싼 논쟁이 일어났을 때 일정한 역할을 수행하기도 하였다. 당시 정국에서 그의 정치적 활동과 위상을 살필 수 있는 부분이다.

그러나 그의 한계도 분명하였다. 산림 중에서는 김장생, 영남지역의 인사로는 정경세가 늘 장현광과 비교가 되는 존재였다. 김장생이 양호호소사에 임명되어 호서와 호남 두 지역을 모두 맡은 데 비해 장현광은 영남 한 지역을 정경세와 나누어 맡은 것이다. 영남을 대표하는 존재이기는 하지만 오로지 하지는 못한 정도의 위치에 있었다고 평가할 수 있다. 학통상에서 정경세는 서애 류성룡을 이어 퇴계학통을 계승했다는 확고하면서도 선명한 부분이 있었다. 이에 비해 장현광은 한강 정구와의 사이에 학통상의 승계를 분명하게 하지 않은 점이 있었기 때문에 퇴계 학통 내에서는 다소 선명치 않은 위상을 가진 셈이 되었다. 비록 당대에는 장현광 자신의 학문적 실력이나 덕망으로 존재감을 과시할 수 있었지만, 퇴계학풍이 주류를 형성해감에 따라 그의 존재감은 한시적이고 제한적이었다. 장현광의 위상은 왕실의 전례를 둘러싼 논의에서도 한계를 드러냈다. 그는 처음 논쟁이 일어났을 때는 적극적으로 논의 과정에 참여하지 않았고, 나중에 참여한 후에도 그다지 중심적 역할을 하지 못하였다. 존재감에 있어서 같은 산림인 김장생이나 박지계에 비해 약하였던 것이다.

이상이 남인 산림 장현광이 처한 지점이었다. 높은 위상과 현실적 한계를 동시에 잘 보여주고 있는 셈이다.

'한려학파'와 '여헌학'

추 제 협

'한려학파'와 '여헌학'

추제협 | 계명대학교 대학인문역량강화사업단(CORE)

1. 머리말

낙동강 중류지역의 유학, 즉 낙중학洛中學은 안동을 중심으로 한 낙상지역의 퇴계학과 진주를 중심으로 한 낙하지역의 남명학에 비해 '변방'으로 인식될 만큼 상대적으로 소홀했던 것이 사실이다. 최근 들어 이에 대한 문제를 제기하면서 이를 낙상, 낙하와 함께 대등하게 '중심'으로 읽으려는 노력이 이루어지고 있다.[1] 특히 17세기 초 정구鄭逑(1543~1620)와 장현광張顯光(1554~1637)을 중심으로 등장한 '한려학寒旅學'은 낙중학을 '변방'에서 '중심'으로 이동시키는 데 중요한 역할을 하고 있다.

그럼에도 한려학이 갖는 학문적 정체성이 무엇인지는 명확히 규명

1) 홍원식. 2012.「영남유학과 '낙중학'」.『낙중학, 조선시대 낙동강 중류지역의 유학』. 홍원식 외. 계명대 출판부. 10~19쪽 참조.

되지 않았으며, 따라서 '한려학'이라는 말이 성립할 수 있는가 하는 의문이 제기되고 있다. 여기에는 무엇보다 여헌학을 어떻게 볼 것인가 하는 문제가 그 중심에 자리하고 있다. 일단 정구와 장현광의 사제논쟁이었던 한려시비寒旅是非를 통해 드러난 바에 의하면, 장현광이 한강문인으로 자처하지 않은 것은 분명한 듯하고[2)] 경위설經緯說로 대표되는 그의 독특한 철학 또한 이황과 이이는 물론 정구와도 일정한 거리를 유지하고 있다는 점에서 불유사승론不由師承論[3)]으로 기울어질 가능성이 농후해 보인다.

다만 분명한 것은 이들의 사상이 한려학이란 하나의 학으로 정립되기 위해서는 낙상의 퇴계학과 낙하의 남명학에 대비한 그들 사이에 공유하고 있는 학문적 기반이 분명 존재해야 한다는 점이다. 만약 그렇지 않고 차별성만이 두드러진다면 이들을 독립된 학으로 보고 통칭의 개념으로 한려학을 사용하는 것이 타당하다. 기왕의 연구는 대체로 이들의 사상적 연관성을 찾기 어렵다는 판단에 독립된 문

---

2) 권연웅은 장현광이 문인으로 자칭하기를 기피했던 것만은 분명하다고 했다(권연웅. 1999. 「『회연급문제현록』 소고」. 『퇴계문하 6철의 삶과 사상』. 경북대 퇴계연구소편. 예문서원. 464쪽). 이에 김학수는 장현광이 자신을 질서라고 칭한 것은 "한강문인으로 자처하지 않았던 자신의 속내와 그를 한강문인으로 여긴 일각의 인식을 절충하면서도 전자에 무게를 둔 우회적 표현"이라고 했다(김학수. 2012. 「여헌학파의 학통적 성격과 학문적 실용성」. 『여헌 장현광의 학문세계4 – 여헌학의 전망과 계승』. 고려대 민족문화연구원편. 예문서원. 147쪽).

3) 김학수는 제문에 반영된 장현광의 학통을 오현계승론, 회퇴계승론, 한려계승론, 불유사승론으로 분류하면서 이 중 회퇴계승론이 빈도수가 가장 많지만 불유사승론도 무시할 수 없는 비중을 차지하며 장현광 사후의 일들을 보면 후자가 더욱 강화되는 모습을 보인다고 했다(2009. 「여헌학파의 형성과 전개」. 『여헌 장현광 연구』. 박병련 외. 태학사. 113~121쪽 참조).

호로 이해하는 것이 바람직한 것으로 보고 있다.[4] 그러나 그들의 학문적 지향이 유사하다고 지적하거나[5] 17세기 초 영남학파의 분열에 대한 퇴남학退南學을 넘어 통합된 영남학 실현을 위해 동참했음을 추론하는 연구 또한 상당한 설득력을 얻고 있다.[6]

이 글은 바로 이러한 선행 연구를 바탕으로 여헌학이 한려학으로 존재할 수 있는가, 그렇지 않다면 여헌학을 어떻게 규정할 것인가 하는 문제를 재검토해 보고자 한다. 물론 이 문제는 퇴계학과 남명학에 대비한 한려학의 특징을 포괄적으로 다루어야 하지만, 여기서는 우선 한강학과 여헌학의 사상적 공유기반과 차별성에 중점을 두어 논하고자 한다.

따라서 이 글은 다음 순서로 논의를 진행한다. 우선 한려시비를 중심으로 정구와 장현광의 관계를 살펴보기로 한다. 한려시비에 대한 구체적인 논의보다는 이를 통해 그들의 관계를 어떻게 이해해야 할지를 고민해 보기로 한다. 이어 이들이 추구한 사상이 과연 어떠

---

4) 김학수는 한강학파와 여헌학파가 경세학이나 학문적 관심이 부분적으로 유사한 면이 있기는 하지만 하나의 학으로 한려학이 이해되기는 어렵다고 판단했다(「조선중기 한강학파의 등장과 전개」, 『낙중학, 조선시대 낙동강 중류지역의 유학』, 홍원식 외, 134쪽).

5) 김낙진은 장현광의 우주사업이 정구의 우주간의 수많은 일들을 유학자의 일로 삼은 것을 계승하고 있다고 보았다(「조선중기 한려학파의 철학사상」, 228~229쪽 참조).

6) 정만조는 이황과 조식의 사상을 융합하여 새로운 학문을 창출하고 이를 통해 분열된 영남학파를 하나의 통합으로 이끌고자 하는 시도를 구상했다고 했으며(2009, 「17세기초 영남학파의 분기와 장현광의 학적 위상」, 『여헌 장현광 연구』, 태학사, 57~72쪽 참조), 김학수는 이와 비슷한 맥락에서 정구가 안동부사직을 수락한 것은 이를 계기로 여러 지역의 문인들을 규합하기 위한 것으로 이른바 '영남맹주의식'을 표현할 수 있는 학자적 포부를 가지고 있었다고 보았다(「조선중기 한강학파의 등장과 전개」, 140~149쪽 참조).

한 연속성과 차별성이 있는지를 검토한다. 연속성은 이들을 한려학으로 묶을 수 있는 요인이 될 것이며, 차별성은 여헌학의 정체성을 규명하는 데 도움이 될 것이다. 이를 통해 여헌학의 사상적 위치를 간략히 언급하는 것으로 마무리하기로 한다.

2. 한려시비를 중심으로 본 정구와 장현광의 관계

정구와 장현광의 관계를 살펴보기 위해서는 한려시비를 검토하지 않을 수 없다. 그런데 이에 대해서 이미 많은 논의와 성과들이 있었고[7] 이를 다시 시비하는 것은 매우 번거로운 일이다. 여기서는 본 논의에 필요한 몇 가지 사항을 중심으로 지금의 연구를 정리하면서 필자의 생각을 간략히 덧붙이는 것으로 한정하고자 한다.

한려시비가 일어나게 된 것은 장현광이 정구 사후에 고인을 위한 만시와 제문에 질서姪婿라고 칭한 데에서 시작된다.[8] 이에 대한 문인들을 대표한 배상룡裵尙龍의 물음에 장현광은 '친친親親'의 뜻임을 밝혔지만[9] 이후 그의 태도는 더욱 궁금증을 사아낸다. 사제의 관계를 언

---

7) 한려시비에 대한 자세한 내용은 권연웅. 「『회연급문제현록』 소고」. 463~470쪽 참조; 유봉학. 1998. 「남인 분열과 기호남인 학통의 성립」. 『조선후기 학계와 지식인』. 신구문화사. 35~40쪽 참조.

8) 鄭逑. 『寒岡全書』 卷下(이하 생략). 『檜淵及門錄』 卷1. "旅軒挽先生詩祭先生文不書門人稱姪婿"

9) 『檜淵及門錄』 卷1. "先生在世之日, 視余猶親女婿. 余之不稱門人而稱姪婿, 親親之辭, 而門人爲泛然. 豈是敬慕之心有所不足而然哉."

급한 대목에서 "함장(정구)에게 집경執經하여 배우지는 못했으나 적셔주고 보태주신 은혜를 어찌 말과 섬斗斛, 양과 근斤鎰으로 헤아릴 수 있겠습니까?"[10]라고 말하는가 하며, 행장에서도 "나(장현광)도 덕을 숭상하는 정성은 결코 남에게 뒤지지 않는다. 다만 문하에 늦게 왕래하여 선생의 젊을 때에 있었던 일을 알지 못하며 질병으로 쓰러져 일찍이 열흘이나 한 달 동안 강석의 끝에서 모시지 못하였으니 평소 하신 일을 어떻게 자세히 알겠는가?"[11]라고 말하고 있다. 상복을 입는 방식에 있어서도 백관白冠으로 입곡入哭하는[12] 등 문인으로 보기에도 어려운 면이 없지 않았다. 이러한 가운데 숙종에 의해 허목許穆을 정구의 적전으로 세우는 문제가 불거지고 장현광의 손자인 장벽張鎃이 성주목사에게 선조(장현광)가 일찍이 정구의 문인으로 자처한 적이 없는데 문인이라 하니 이를 밝혀달라고 정문을 보내 요청함으로써[13] 그 갈등상이 표면화되었다. 이후 이 문제는 정구의 속집 간행에 장현광의 문목 9조를 싣는 문제로 정구와 장현광의 후손들이 또 다시 대립하게 되면서 논란의 불씨는 쉽게 가라앉

---

10) 『檜淵及門錄』 卷1. "不得執經於函丈, 涵濡滋益之恩, 何可量以斗斛斤鎰?"

11) 張顯光(이하 생략). 『旅軒先生文集』 卷13. 「寒岡鄭先生行狀」. "顯光亦尙德之誠, 固不後於人矣. 而第以晩跡門下, 未及見先生早歲之事, 又疾患頽靡, 未嘗得旬月陪侍於講席之末, 則其何以得詳其日用常行之巨細哉?"

12) 『檜淵及門錄』 卷1. "初四日夕馳書告急于張旅軒, 初七日巳時張旅軒以白冠入哭."

13) 張鎃. 『訴梅堂遺集』 卷1. 「呈星州牧」. "伏以民之祖父文康公於寒岡鄭先生爲姪女婿也. 往來頻數, 敬慕雖勤實無執經受業之事. 故先祖未嘗以門人自處, 平日簡牘及祭文每以姪婿稱之. 鄭先生亦於相對時稱以旅軒未嘗異門人待之. 此則國人先輩之親近出入於先祖門下者莫不知之. 今番鄭先生門人抄報時, 聞以先祖混稱門下. 民以爲鄕曲後生不識兩家事蹟言及其不可之意, 而有一少年排象强書云其謬安甚矣."

지 않았다.[14)]

이렇게 대략적으로 열거한 사실에서만 본다면, 한려시비는 장현광이 정구의 문인으로 자처하지 않는 것에서 불거진 것으로 정리될 수 있다. 그러나 여기에는 좀 더 복잡한 내막이 있음이 확인되고 있다. 무엇보다 장현광이 정구의 상례에서 이러한 행동을 한 이유는 그가 문인으로 자처하지 않았고 이는 둘 사이에 이미 경쟁구도가 형성되어 독립적 문파를 열고자 한 심중을 드러낸 것이라고 추론하고 있다.[15)] 정구의 추향사업에 장현광의 역할이 매우 제한적이었다는 것이나 한강행장의 개정에 대한 요청을 묵살한 것 등 그 근거의 정황을 보건대 이러한 추론은 어느 정도의 개연성을 내포하고 있다. 다만 이것이 이미 정구 생존 당시에 잠재되어 있었다고 보는 것은 다소 신중할 필요가 있다고 본다.

정구가 낙중을 중심으로 하면서도 본격적으로 통합된 영남을 구축하기 위해 노력을 경주했다는 것은 그의 행보를 보건대 매우 적절한 지적이라고 생각된다.[16)] 그의 이러한 시도가 본격적으로 드러난 것

14) 이에 대한 자세한 내용은 『檜淵及門錄』 卷1. "問答檜院換作寒旅問答以是詐欺. 洪梅山得僞造九條跋呈. …."에 보이며 권연웅의 설명 또한 참고가 된다(「『회연급문록』 소고」. 465~466쪽 참조).

15) 김학수는 한려시비에서 주목해야 할 것은 장현광이 정구의 문인여부에 대한 문제가 아니라 "이러한 시비가 어떤 맥락에서 배태되었고 그것이 한려학맥 내지 영남학파의 동향과 관련하여 어떠한 의미를 가지는가"에 주목해야 한다고 강조하면서 "장현광과 그 문인들의 독립문호의식, 일부 한강문인들의 장현광에 대한 타자의식"을 조심스럽게 제기하고 있다(「여헌학파의 학통적 성격과 학문적 실용성」. 145~162쪽 참조).

16) 정구의 행보와 한강학파의 지역적 확산에 대해서는 다음 논문에서 자세히 다루고 있다. 김학수. 「조선중기 한강학파의 등장과 전개」. 161~203쪽 참조.

은 1607년 안동부사로 부임한 것과 1617년 봉산욕행에서이다. 그런데 이러한 조짐은 이미 그 이전부터 조심스레 나타나고 있었다. 성주 인근의 대구와 칠곡 지역 문인들의 규합과 1606년 남명학의 거점인 낙하지역의 순행이 그것이다. 특히 대구지역은 이미 손처눌과 서사원을 중심으로 한 그 나름의 세력을 가진 양대 문파가 형성되어 있었고, 이들은 표면적으로는 한강학파에 흡수된 듯 보이지만 사실은 일종의 연합적 성격이 강했던 것으로 보인다.

손처눌과 서사원이 정구를 사사한 것은 각각 1571년과 1577년인데, 이들은 이미 그 이전에 채응룡蔡應龍, 전경창全慶昌 등 이황 문인들과 사제관계를 이루며 강학을 통해 그 세를 확장하고 있던 때였다. 따라서 이들에게 학문적 우상은 이황이었고 그 고족으로 평가받던 정구는 일종의 이황 학문을 간접적으로 훈습할 수 있는 대상으로서의 성격이 강했다고 볼 수 있다.[17] 한편 정구의 입장에서는 이러한 양 문파와의 결속은 한강학파를 확산시키는 데 더할 나위 없이 좋은 계기가 될 수 있었던 것이다. 이렇게 서로의 이해관계 속에서 정구가 1612년 노곡정사로 옮겨오면서 대구가 일약 한강학파의 중심적

17) 정구와 서사원의 사제관계에 대해서는 논란의 여지가 있다. 서사원이 정구를 사사한 것은 분명하나 그럼에도 단순히 사제간으로 볼 수 없는 면들이 있다는 것이다. 연보에서 1570년 이황의 죽음에 그 문하에 나아가 배우지 못한 것을 통한으로 여겼고 정구 문하에 나아갈 때도 정구가 이황 문하에서 직접 수업하여 학문에 연원이 있다는 소문을 듣고 찾아갔으며 정구는 그를 벗으로 삼았다는 내용이 나온다. 이는 정구의 문인인 채몽연의 증언에서도 "이황과 조식 문하에 직접 수학하여 학문의 연원이 있어" 찾아갔다는 말이 동일하게 나타나고 서사원의 문인인 도신수도 "연원퇴도淵源退陶, 사우한강師友寒岡"이라고 말하였다. 이러한 점에서 사제보다 사우로 대한 듯한 느낌이 강하다는 것이다.

위치로 변모하게 되었던 것이다.[18)]

바로 이럴 즈음인 1607년 정구가 안동부사로 부임하기 전에 함안으로의 순행을 가게 되는데 당시 곽재우를 만나 그 인근의 선비들과 뱃놀이를 함께 했던 일이 있었다. 이때 거론된 곽재우의 "장현광이 정구보다 낫다"는 발언과 이에 대해 정구가 수긍하는 장면을 장현광의 문인인 조임도趙任道의 「취정록就正錄」에서는 다음과 같이 기록하고 있다.

> 정미년(1607, 선조40) 초봄에 선생(장현광)께서 寒岡 鄭先生을 따라 道興江 가로 와서 노시고는 이어 忘憂堂 郭右尹(곽재우)와 서로 모여서 함께 龍華山 아래에서 배를 띄우고 노시니, 이웃 고을에서 와서 모인 선비와 친구가 30여 명이었다. 우리 父子 두 사람도 또한 이 가운데에 참여하였다. 용화산 아래에서 함께 배를 띄우고 노시던 날에 망우당 곽 우윤이 웃으며 한강 정 선생에게 "나의 소견에는 旅軒이 한강보다 낫다."고 말하니, 한강 선생은 "令公의 소견이 옳습니다. 옳습니다."라고 대답하였다. 우리 고을의 老人인 鵲溪 成公이 나이가 가장 많았는데, 손을 저으며, "우선 이러한 말씀을 하지 마시오. 우선 이러한 말씀을 하지 마시오. 나는 단지 우리 스승이 있음을 알 뿐이오."라고 말하였다. 靈山 斯文 李畏齋 어르은 곽 우윤을 돌아보고 "영공의 의논은 西河 사람과 같음이 있다."라고는 말하니 서로 한바탕 재미있게 말씀하고 파하였다. 지금 생각해 보니, 곽 우윤의 말씀은 질박하여 꾸밈이 없고 한강의 대답은 탁 트여 사사로움과 인색함이 없었으며, 작계가 우선 이러한 말씀을 하지 말라고 한 것과 외재가 서하 사람이

---

18) 김학수가 파악한 한강문인의 지역적 분포를 보면, 성주 67명에 이어 대구 30명으로 두 번째로 많은 수를 차지하고 있다(「조선중기 한강학파의 등장과 전개」, 136쪽).

> 라고 배척한 것도 스승을 높이고 道를 호위하는 뜻에서 나온 것이니, 斯文의 성대한 모임을 어찌 다시 얻을 수 있겠는가.[19]

대개의 선행연구는 이 장면을 장현광의 위상을 확인할 수 있는 대목으로 풀이한다. 불유사승론을 적극 주장한 조임도와 이 기록에 얽힌 정황[20]을 생각한다면 그렇게 볼 수도 있다. 그러나 이 자체의 맥락, 특히 정구가 곽재우의 말에 수긍하는 모습은 그가 자신을 대신해 한강학파를 이끌 인물로 늘 장현광을 염두에 두었던 것[21]을 감안한다면 이러한 그의 의중을 재확인한 듯한 발언으로 이해될 수도 있는 것이다.[22] 사실 정구가 문파의 확장에 힘을 쏟던 시기에 장현광 또한 강학활동을 통해 이와 비슷한 행보를 계속하고 있었다. 그러나 이는 자신의 독자적인 행보라기보다는 정구의 영향 속에서 한강학

19) 『旅軒先生續集』 卷9. 「就正錄」. "丁未初春, 先生從寒岡鄭先生, 來遊道興江上, 因與忘憂郭右尹相會, 同泛於龍華山下, 鄰鄉士友之來會者三十餘人, 吾父子二人, 亦參其中. 龍華同泛之日, 忘憂郭右尹, 笑語寒岡鄭先生日, '以吾所見. 旅軒賢於寒岡.' 寒岡先生答日, '令公之見也是也.' 是吾鄕老, 鵲溪成公年齒最高, 以手麾之日, '姑舍是姑舍是, 吾但知有吾師而已.' 靈山李斯文畏齋丈顧謂右尹日, '令公之論, 有同西河人.' 相與一場劇談而罷. 由今思之, 右尹之言, 質朴無邊幅, 寒岡之答, 廓然無私吝, 鵲溪之姑舍是, 畏齋之斥西河, 亦出於尊師衛道, 斯文盛會, 其可再得乎?"

20) 김학수는 이에 대한 근거로서 이를 기록한 조임도가 불유사승론을 제기한 대표적인 인물이라는 점과 이 글이 수록된 「취정록」이 장응일과 장경우 등의 요청에 의해 지워졌다는 점, 조임도가 「취정록」 탈고 후 사단을 우려해 공개를 꺼려했다는 점 등을 들고 있다(「여헌학파의 학통적 성격과 학문적 실용성」. 148~149쪽 참조).

21) 許穆. 『記言別集』 卷16. 「旅軒張先生神道碑銘」. "許公潛, 出牧星州, 見寒岡鄭先生, 問南中好學之士. 鄭先生日, '孔子之門, 好學者, 顏子一人, 此豈易言哉? 有張顯光者, 求學志道, 它日爲我師者, 此人也.'"

22) 우인수는 이 장면을 "주변의 선배들이 여헌에게 건 기대와 여헌에 대한 한강의 넉넉함"이라고 풀이했다(2004. 「여헌의 강학 활동과 문인들」. 『여헌 장현광의 학문 세계 2 - 우주와 인간』. 고려대 민족문화연구원편. 예문서원. 397쪽).

파의 내실을 다지는 듯한 인상이 짙다. 즉 장현광은 정구의 의중을 누구보다 정확히 인지하고 있었고 그 나름대로의 방법으로 이에 동참하고 있었다고 보는 것이 합당할 듯하다.[23) 실제로 장현광은 서사원과의 관계에서 이러한 맥락을 암시하는 편지가 있어 눈길을 끈다.

> 문득 이틀 동안 배 위에서 한 말을 생각하니, 애당초 약속한 것도 아니었는데 마침내 좋은 모임이 이루어졌으니, 이는 진실로 지금 같은 때에 쉽지 않은 모임입니다. 그러나 우연히 이루어졌기에 이미 지나가면 그 자취를 없애는 것이 옳습니다. 지난번 여러 친구들은 훌륭한 사적으로 만들 생각으로 수재 김여근에게 부탁해서 각각 하나의 기록을 만들어 배 안에 있었던 사람들에게 나누어주려 하니 이는 조물주의 시기를 받고 또 우리들이 문득 후회할 사단을 초래하는 일이 아니겠습니까?[24)]

이 편지는 장현광이 1601년 만춘에 서사원 등 23명의 문우들과 함께 한 뱃놀이에 대한 여운을 적은 것이다.[25)] 평소 이 둘의 관계가 매

---

23) 정만조는 이 장면을 17세기 초 영남학파의 분기에 따른 혼란상을 해결하고자 하는 두 인물의 동지적 관계로 해석하고 있으며(「17세기초 영남학파의 분기와 장현광의 학적 위상」, 69~70쪽 참조), 박병련 또한 이와 유사한 관점에서 장현광의 학문은 정구의 뜻을 이어 퇴남을 넘어 영남학의 통합에 대한 비전을 가지고 있었다고 말했다(「여헌 장현광의 정치사상과 그 시대적 함의」, 20~29쪽 참조).

24) 徐思遠(이하 생략), 『樂齋先生年譜』 附錄, 「張旅軒文康公書」, "便思兩日船上之話, 初非所約, 而便成勝會, 此誠此時不易之聚合也. 然偶爾而成, 旣過則泯然其跡可也, 向者諸友要以爲勝跡, 至欲屬之金秀才汝謹, 各成一錄, 頒諸在船之人, 此無乃爲造物翁所忌, 而且致吾儕乍小追悔底機係耶?"

25) 이때의 뱃놀이는 「금호선사선유도琴湖仙査船遊圖」라는 그림으로 남아있는데 이때 참여한 인물로는 본문에서 언급한 인물 외에 여대로, 김극명, 이천배, 곽대덕, 이규문, 송후창, 장내범, 정사진, 이종문, 정용, 서사진, 도성유, 정약, 정추, 도여유, 서항, 정연, 정선, 서사선, 이홍우, 박증효이다. 주로 서사원, 장현광, 정구 문인들로 구성

우 돈독했던 것으로 알려진 만큼[26] 비록 우연이라고 했지만 이러한 모임이 빈번이 이루어졌을 가능성이 높다. 특히 이때의 뱃놀이는 서사원의 만년 강학공간인 완락재가 낙성된 것을 축하하는 의미도 있었지만 임란 이후 서로의 고통을 위로하면서 문인들간의 결속을 다지는 의미에서 이루어졌을 것이다. 장현광은 여기에 서사원의 벗이자 한강학파의 일원으로 이들의 결속에 동참하고 있었다고 볼 수 있다.

이러한 사실에서 볼 때, 장현광이 이미 정구와의 경쟁구도 속에서 독립된 문호를 염두에 둔 것이라고 보기에는 무리가 있어 보인다. 즉 조임도는 그러한 의도가 있었을지는 몰라도 장현광 스스로는 그랬을 가능성은 희박하다. 그렇다면 그가 앞서 언급한 상례에서 보인 행동은 어떻게 이해해야 할까? 여기에 대한 실마리가 될 제자와의 대화가 있어 인용해 본다.

> 경신년(1620) 봄에 나(신열도)는 仲氏(신달도)와 함께 선생을 南山에서 뵙고는, 이어 寒岡先生의 喪次로 조문을 갔다가 돌아오는 길에 다시 선생을 뵈었다. 중씨가 "聖人이 스승의 服을 따로 만들지 않고 다만 心喪의 제도를 펴도록 하였으며, 근세에 退溪先生의 초상에 禹秋淵(禹性

되어 있다. 연보에는 뱃놀이를 하면서 주자의「어정시漁艇詩」로 운을 나누어 시를 지었는데 서사원은 '출出'자를 얻었다고 하면서 시를 인용해 놓았다. 이에 대한 보다 자세한 내용은 김학수. 2011.「선유를 통해 본 낙강 연안지역 선비들의 집단의식」.『한강 정구』. 남명학연구원편. 예문서원. 255~264쪽 참조.

26) 『樂齋先生文集』卷4.「年譜」. "七年己卯, 先生三十歲. 是年築伊川精舍. … 與旅軒張公顯光相從講論."

> 傳)등 여러 분들이 단지 삼베관에 흰 띠로 삼년상을 마쳤습니다. 그런데 오늘날 한강의 문하생들의 복은 너무 중한 듯 하오니, 어떠한지 모르겠습니다."라고 여쭈니, 선생은 "孔子 문하의 제자들이 弔服에 加麻를 한 것이 바로 스승의 복이니, 제자의 禮를 집행한 자는 진실로 이와 같이 하여야 할 것이며, 미처 문하에 이르지 않은 먼 지방의 사람들까지도 白巾을 쓰는 것은 예가 아니다."라고 대답하셨다.[27)]

「회연급문록」에 따르면, 정구의 문인들은 정구가 사망한 1620년 1월 5일 다음날 거관去冠하고 7일에 묵립墨笠을 착용했다가 뒤에 지건紙巾으로 바꾸었고 장례가 끝난 후 반혼返魂할 때에는 백관白冠으로 곡종哭從했다고 한다.[28)] 그런데 여기에 조문차 장현광의 문인인 신열도申悅道와 함께 참석했던 신달도申達道가 정구 문인들의 지나친 복례에 대한 불만을 토로하니 이에 대한 장현광의 대답을 위와 같이 기록한 것이다. 즉 인용문은 상례에 지나친 복식에 대한 장현광의 생각을 담고 있는데 그가 백관으로 입곡한 것도 이러한 맥락에서 이해할 수 있다.

따라서 장현광이 질서라고 칭한 것과 백관으로 입곡한 것을 지나

27) 『旅軒先生續集』 卷9. 「拜門錄」. "庚申春, 與仲氏拜謁于南山, 因往弔寒岡先生喪次, 還路更謁焉. 仲氏稟問, '聖人不制師服, 但使申心喪之制, 近世退溪先生之喪, 禹秋淵諸賢, 但以布笠縞帶終三年. 今日寒岡門下之服, 似過重, 未知如何?' 先生答曰, '孔門弟子, 弔服加麻, 乃是師服, 執弟子之禮者, 固當如是, 至於遠方未及門之人, 亦爲白巾者, 非禮矣."

28) 『檜淵及門錄』 卷1. "初六日, 諸門人皆去冠, 初七日, 皆着笠至是張旅軒以白冠入哭, 諸門人皆去笠着紙巾, 四月初二日, 葬于枝村後麓, 初三日奉神主返魂于泗陽白冠哭從者四十餘人, …"

치게 문제 삼는 것은 오히려 정구와 장현광의 사이를 왜곡된 시선으로 바라보게 하는 것은 아닌지 모를 일이다. 이는 바로 실상과도 맞지 않으며 그들을 바라보는 바람직한 태도 또한 아니라고 생각한다. 그럼에도 정구의 추향사업과 한강 저술의 편간에 장현광의 역할이 매우 제한적이었다는 것은 그의 독립문호를 의식한 의도된 행위라기보다는 일부 정구 문인들의 그에 대한 배제론이 더 강했던 것은 아닌지 생각해 볼 문제이다.[29] 또한 여기에 근거하여 추론해 본다면, 정구 말년에 정구와 장현광 문인간의 역학관계에서 연유한 것으로 볼 소지도 다분히 있어 보인다.

앞서 언급한 대로 한강학파는 정구를 중심으로 하지만 그 지역의 토착 사림을 규합하는 일종의 연합 형태로 볼 수 있다. 따라서 그 지역의 토착 세력은 그들 스스로의 세를 형성하고 있으면서 이황의 적전인 정구를 구심점으로 존재하고 있는 것이다. 이러한 형태는 구심점을 중심으로 강한 원심력을 발휘할 수 있는 반면, 그 구심점이 사라지거나 위축될 때 쉽게 분열되는 위험 또한 안고 있다.[30] 한강학파가 강력한 영향력을 행사하고 있을 즈음에 이미 한강학의 본거지

29) 김학수는 한강추양사업에 장현광의 역할이 제한적인 것은 그의 의도된 행위와 이윤우 등 성주지역 문인들의 배제론이 결합되어 나타난 현상으로 보고 있다(「여한학파의 학통적 성격과 학문적 실용성」, 150~151쪽 참조).

30) 정우락은 개울, 바다, 강을 바위, 보, 가위가 함의하고 있는 세계관, 즉 구심력 질서, 원심적 자유, 구심적 질서와 원심적 자유의 공존으로 해석했다(「조선중기 강안지역의 문학활동과 그 성격」, 『낙중학, 조선시대 낙동강 중류지역의 유학』, 258~261쪽 참조). 필자는 이 원심과 구심의 관계가 한강학파, 크게는 한려학파를 이해하는 데에도 유효하다고 생각한다.

인 성주에는 이서와 배상룡, 이윤우 등을 중심으로 고제가 형성되어 있었고 그 인근인 대구는 손처눌, 서사원 등이 자신의 세를 확보하고 있었다. 여기서 정구의 만년 고제 중에 두드러진 인물은 단연 배상룡과 이윤우였다. 이들에게 장현광은 한강학파의 수문으로 받아들일지언정 장현광의 문인과 이들의 관계는 또 다른 문제이며 여기에는 견제와 갈등의 불씨를 안고 있을 소지가 다분히 있다. 이는『한강집』을 간행하는 과정에서 이윤우와 배상룡을 중심으로 주도된 것[31]과 이후 문인록 수정에서 나타난 두 문인들간의 대립[32]을 통해 짐작해 볼 수 있다.

만약 필자의 이러한 추론이 옳다면, 한려시비는 결국 정구 말년에 그 문인들간 분열의 징후라고 말할 수 있겠다. 사실 정구와 장현광은 사제시비를 논할 만큼 그 관계가 모호한 것이 아니다. 이러한 시비를 떠나 장현광이 이황을 계승하고자 하는 의지가 확고했던 만큼[33] 넓게 보아 퇴계학을 계승하고 있으며 정구는 이황의 간접적 훈습 대상이라 하더라도 그의 영향을 부정하기는 어렵다. 오히려 이러한 시비거리로 인한 혐의와 분열이 통합된 영남학파를 꿈꾼 한려학파의 위세를 위축시키는 결과를 낳게 되었다.[34] 이는 이후 일부 정구 문

---

31) 김학수.「여한학파의 학통적 성격과 학문적 실용성」. 150~153쪽 참조.

32) 권연웅.「『회연급문제현록』 소고」. 465~466쪽 참조.

33)『旅軒先生文集』卷10.「臨皐興文堂上樑文」. “圃隱子佑啓我矣, 退陶公豈欺余哉?”

34) 한려학파의 위세가 위축된 데에는 다음과 같은 요인도 작용하였던 것으로 생각된다. 즉 정구가 이황 사후 도산서원에 한번도 출입하지 않는 등 그의 행동에 대해 김부륜 집안에서도 그를 진정한 동문으로 인정하지 않았다는 점(오이환. 2005.「남명 조식의

인들을 중심으로 새로운 활로를 모색하기 위해 허목을 통한 근기 퇴계학을 구축하게 된 계기로 작용하였을 것으로 본다.[35] 그런 점에서 송시열이 "장여헌은 한강의 문하에 출입했는데 한강은 그를 붕우와 제자의 사이로 대우했다"[36]는 말은 강한 여운을 남긴다.

3. 정구의 명체적용지학 : 심학과 예학

한강학의 특징을 '명체적용明體適用'으로 규정한 일련의 연구가 있었다.[37] 이 규정은 매우 적절하다고 생각된다. 신흠申欽은 「한강신도비명」에서 "저 세상의 유자들 가운데 이름이 높은 이들은 一節에 치우치고 낮은 이들은 卑近한 데 빠졌으니 굳게 全體大用에 힘써 능히 위도의 공이 있게 한 이는 선생(정구)뿐이다"[38]라고 하였다. 여기

사상과 남명학파의 좌절」. 『한국유학대계Ⅱ』. 김종석 외. 한국국학진흥원. 474~477쪽 참조), 우율의 문묘종사문제로 영남 유림이 분열할 때(허권수. 1993. 『조선후기 남인과 서인의 학문적 대립』. 법인문화사. 83~179쪽 참조), 이구, 이현일 등 장현광의 비판이 시작되어 그동안 영남 유학의 종장으로 존경받던 장현광이 이단자 취급을 받게 되었다는 사실(김용헌. 2010. 『조선 성리학, 지식권력의 탄생』. 프로네시스. 226~227쪽 참조) 등이다.

35) 최상룡을 중심으로 한 한강계열이 허목과 밀착해 들어가는 과정은 김학수의 다음 논문에서 상세히 다루었다. 「여헌학파의 학통적 성격과 학문적 실용성」. 154~162쪽 참조.

36) 『檜淵及門錄』 卷1. "曾聞, 張旅軒出入於寒岡之門, 寒岡待以朋友弟子之間."

37) 최영성. 「한강 정구의 학문과 조선유학사에서의 위치」. 89쪽; 김낙진. 「조선중기의 한려학파의 철학사상」. 224쪽; 홍원식. 2012. 「조선중기 낙중학과 정구의 '한강학'」. 『한국학논집』 48집. 계명대 한국학연구원. 16쪽.

38) 『寒岡先生文集』 附錄. 「年譜」. "夫世之所謂儒者, 高者偏於一節, 下者淪於卑近, 其克用力於全體大用, 能有衛道之功者, 先生而已."

서 '전체대용'은 대상을 체와 용으로 나누어 이를 아우르고 통달했다는 뜻으로 장현광이 「한강행장」에서 "선생께서는 명체적용의 학문으로써 스스로를 기약하셨다"라고 말할 때의 '명체적용'과 같은 의미로 이해된다. 따라서 이것으로 그의 학문을 이해하는 것은 별 무리가 없을 듯하며 실제로 그가 힘써 이룬 심학과 예학이 이러한 명체적용을 명확히 보여주고 있기도 하다. 즉 그의 심학이 명체지학이라면, 예학과 경세학은 적용지학이 된다.[39] 한편 명체지학은 이황을 계승한 측면이 강하다면, 적용지학은 정구의 실천적 면모가 두드러진 그만의 특징이면서 경세학에서는 조식의 영향이 일부 감지되는 부분이 없지 않다.

이를 자세히 살펴보기 전에 우선 이러한 명체적용지학을 지향하게 된 배경부터 알아보기로 한다. 정구 또한 성인됨의 학문을 추구하고자 한 것은 말할 것도 없다. 여기서 성인이란 "우주간의 수많은 일(宇宙許多事業)"들을 자기의 일인 양 여기는 사람이며, 따라서 성인이 되기 위해서는 이러한 인간을 둘러싸고 있는 현실과 그 현실의 수많은 일들에 관심을 갖고 그 대소와 정조에 관계없이 모두 배우지 않을 수 없는 것이다.[40] 그래서 그는, 제자백가에서부터 천문, 지리, 의술, 서법 등에까지 다양한 방면에 관심을 갖고 이를 알고자 하였으며 심

39) 홍원식은 명체지학의 성리학을 다시 나누어 지경持敬의 학이 명체의 학이라면, 집의集義의 학은 적용의 학으로 볼 수 있다고 말한다(「조선중기 낙중학과 정구의 '한강학'」, 16쪽).

40) 『旅軒先生文集』 卷13, 「寒岡鄭先生行狀」. "先生幼時, 自優其才, 以爲吾人於宇宙間許多事, 無不以爲己責, 則事無大小精粗, 皆不可以不學焉."

지어 이단의 학문 또한 배제하지 않았다.[41] 이른바 박학博學의 면모를 여실히 보여주고 있다.

정구의 이러한 성인됨의 학문에는 실천궁행實踐躬行의 도학이 그 중심에 자리하고 있음은 물론이다. 여기에는 그의 외증조부인 김굉필의 영향을 배제할 수 없다. 더욱이 이황과 조식의 양 문하에 출입하면서 이들이 강조한 경敬을 통한 존덕성尊德性의 마음공부에 대한 훈습은 이를 더욱 굳건히 하는 계기로 작용하였을 것이다. 그런데 정구는 여기에 머무르지 않고 이렇게 정립된 도학을 구체적인 현실에 적절히 실현될 수 있기를 희망했다.[42] 이것이 바로 명체적용지학을 지향하게 된 이유이다. 물론 이러한 다짐은 유학자라면 누구나 표방한다는 점에서 특별한 것일 수는 없지만 대개 체와 용 중 어느 하나에 치우치는 것이 일반적이란 점에서 그는 체와 용이 일원하는 이른바 체용겸전體用兼全의 학문을 이루고자 했던 것이다.

이런 점에서 정구가 평생을 힘써 이룩한 심학과 예학은 이러한 명체적용지학을 명확히 드러내고자 한 의지의 소산이라고 할 수 있다. 다만 한 가지 짚고 넘어가야 할 것은 성리설에 대한 그의 구체적

---

41) 『寒岡全書』 卷下(이하 생략). 『寒岡先生言行錄』 卷2. 「雜記」. "先生於諸子百家及醫藥卜筮兵書風水之說, 無不歷略該通, 而晩年以業不精廢之."

42) 주희는 체용론을 "'뿌리와 가지'로 상징되는 유기체적 체용론을 들어 리일분수의 오묘한 이치를 설명하였고 '체용일원'의 사유방식을 사용하여 본체와 사물이 지닌 양자 차별적이고 양자 동근적인 면을 해명하였다"고 한다. 여기서 체용은 이러한 주희의 일반적인 견해에 근거한 것으로 보인다. 체용론에 대한 자세한 설명은 강진석. 2011. 『체용철학』. 문사철. 146~152쪽 참조.

인 언급이 거의 없다는 사실이다.[43] 물론 이것만 보고 그가 성리설에 관심이 없었다고 단정할 수는 없다. 오히려 조식의 '정주이후程朱以後, 불필저술不必著述'과 이황 직전 제자들에게 흔히 나타나는 이황의 성리설을 정론으로 받아들여 묵수하는 경향이 복합적으로 나타난 결과라 할 수 있겠다. 그런 점에서 그는 성리설에 천착하기보다는 퇴남학退南學의 전통을 잇는 심학에 자신의 학문적 노력을 경주했던 것이다.

정구의 심학은 대체로 이황의 심학을 계승한 측면이 강하다. 이를 확인할 수 있는 『심경발휘心經發揮』는 정민정程敏政의 『심경부주心經附註』를 개찬한 책이다. 익히 알다시피 이황은 『심경부주』를 신명神明이나 엄부嚴父에 비유될 만큼 존숭했고 제자들이 정민정에 대한 논란을 문제 삼아 개정을 요구했지만 이를 반대했다. 그런 점에서 정구가 이를 개정한 것 자체는 퍽 이례적이다. 이를 두고 조식의 영향설을 제기하거나 그만의 심학을 전개한 것으로 보기도 한다. 특히 『심경발휘』가 이후 남인 내부는 물론 박세채 등 기호학파에까지 중요한 심경 관련 책으로 언급되는 것은 이황을 단순히 묵수하는 입장으로 일관했다면 누릴 수 없는 영광임에 분명하다. 그렇다고 이황의 영향을 소홀히 할 수도 없다.[44] 무엇보다 정구 스스로가 이황의 견해에 서

43) 물론 제자와의 문답에서 부분적인 언급이 보이기는 한다. 그러나 그것만으로는 그가 구체적으로 성리설에 대한 어떠한 입장을 취했는지는 정확히 파악하기 어렵다.

44) 정순목은 이황과 조식이 모두 거경집의를 강조하고 있지만 그 관심의 지향이란 점에서 보면 이황은 경을, 남명은 의에 좀 더 기울어져 있다고 판단한다(「한강 정구의 교학사상」, 『퇴계문하 6철의 삶과 사상』, 경북대 퇴계연구소편, 407쪽). 여기에 근거

있음을 밝히고 있기 때문이다.

> 사람은 오직 미미한 하나의 마음으로 갈라진다. 요와 순이 되는 것도 여기에 달려 있고, 걸과 도척이 되는 것도 여기에 달려 있다. 상등으로 천지와 함께 서서 만물의 화육을 돕는 것도 여기에 달려 있고, 하등으로 초목과 다름이 없고 금수로 돌아가는 것도 여기에 달려 있다. 아! 경계하지 않겠는가? 대개 그 갈림길의 요체는 敬 한 글자에서 벗어나지 않는다. 요순의 정일에 대한 가르침으로부터 말하자면 오직 정밀하고 오직 한결같이 하라는 것이 경이 아닌가? 상제가 오신 것처럼 엄숙히 하고 군자를 벗 삼는 것처럼 두려운 마음을 지니며 간사한 마음을 막고 진실된 마음을 보존하며 분한 마음을 징계하고 사욕을 막으며 선은 반드시 실천하고 허물은 반드시 고치되, 고치기를 당장 하여야 한다. 이러한 일 가운데 어느 것이 경을 위주로 하지 않는 것이 있겠는가?[45]

「심경발휘서문」에서 확인할 수 있듯이 그는 심학의 본질을 경敬에 두고 있으며 진덕수眞德秀 이후 이 책의 맛을 진정으로 아는 이는 이황 선생뿐이라고 했다. 그러면서 자신이 이를 잇고 있음을 말하고 있다.[46] 이에 따라 『심경발휘』는 『심경부주』의 대대적인 개편을 통해

해 본다면, 정구가 경을 유달리 강조하는 면은 이러한 이황의 색깔이 투영된 부분이라고 볼 수 있을 것이다.

45) 『寒岡先生文集』 卷10. 「心經發揮序」. "人惟一心之微, 而爲堯爲舜者在是, 爲桀爲跖者在是. 上焉而參天地贊化育者在是, 下焉而同草木歸禽獸者亦在是. 吁其可警也. 夫要其幾, 不越乎敬之一字而已, 自堯舜精一之訓, 而所以精之一之者, 非敬矣乎? 肅然如上帝之臨, 惕然若君子之友, 邪思閑而誠思存, 忿思懲而慾思窒, 善必遷而過必改, 改又必於不遠, 孰非以敬爲主乎?"

46) 鄭逑, 『心經發揮』. 「心經發揮序」. "夫皇朝程篁墩爲之附註, 而吾退溪李先生最愛此書,

이황의 설에 자신만의 심경 이해를 반영하고 있다. 그 구체적인 내용을 간략히 정리하면, 그는 이황의 경공부敬工夫를 더욱 확장하여 심학의 본령을 여기서 찾고, 마음의 함양을 통해 내면의 엄정함을 유지함으로써 어떠한 행동이 이루어질 때 그 대범함이 올바름을 얻게 된다는 '경간敬簡'의 방법을 강조하였다.[47)]

한편 이러한 경 중시적 심학은 정구 학문의 또 다른 축인 예학의 사상적 기저를 이룬다. 즉 명체지학인 심학에 대한 적용지학으로서 예학이 정립된 것이다. 그는 흔히 남인 예학을 대표하는 인물로, 심학에 관한 『심경발휘』와 함께 대표 예서인 『오선생예설분류五先生禮說分類』를 남겼다. 이 책은 이정二程과 사마광司馬光, 장재張載, 주희朱熹의 예 문답을 모아 분류한 것으로 그의 예에 대한 기본 입장을 간접적으로 확인할 수 있다.

> 예는 天理의 節文이며 人事의 儀則으로 그것을 나누면 삼백, 삼천 가지의 질서가 되지만 모으면 한 몸과 한 마음의 근간이 되니, 일찍이 이것이 군자의 몸으로부터 떠난 적이 없다. 도덕인의는 예로써 이루어

之於係後論於篁墩之書, 而引魯齋神明父母之喩. 西山之後, 唯先生爲深知此書之味, 而自西山而言之, 亦未爲不遇後世之子雲矣. 求之愚陋, 自少受讀, 亦嘗親質於先生矣. 唯其魯莽作輟, 今且老而無得, 誠此書之羞, 而亦非書之過也. 惟幸天誘其衷, 酷嗜一念, 尙不能自已於摧頹之餘, 耿耿常思所以不終負此書者, 隱微幽獨之中, 蓋有欲已而不能者矣."

47) 추제협은 정구의 심학이 비록 퇴남학의 영향을 받았고 퇴계심학이 그 중심에 자리하고 있지만 '경간敬簡'이란 자신의 독자적인 심학을 구현함으로써 결과적으로 그들과는 다른 사상적 특징을 보여주고 있다고 판단했다(2013. 「『심경발휘』와 정구의 심학」. 『한국학논집』 51집. 계명대 한국학연구원. 408~412쪽 참조).

지고 군신부자형제는 예로써 정해지니 옛사람이 視聽言動과 같이 가까운 것으로부터 家鄕邦國과 같이 먼 것에 이르기까지 誠과 敬을 쓰지 않음이 없었다.[48)]

여기서 예는 천리의 절문이고 인사의 의칙이며, 그는 이것이 한 몸과 한 마음의 근간이 됨은 물론 이 예의 근본정신이 성誠과 경敬에 있다고 말한다. 이것은 성경이 체이며 예는 용이 되는 명체적용에 근거하고 있음을 분명히 했다. 이에 따라 그는 『주자가례朱子家禮』를 중심에 두긴 하지만 여기에 집착하기보다는 선현들의 여러 예법을 두루 살피기를 권하고 이어 시속의 예법도 함께 고려하여 그 마땅함을 선택하도록 주문한다.[49)]

예학과 함께 적용지학으로 빼놓을 수 없는 또 하나는 경세학이다. 『고금치란제요古今治亂提要』, 『역대기년歷代紀年』, 『고금인물지古今人物志』, 『의안집방醫眼集方』, 『주자시분류朱子詩分類』, 『함주지咸州志』 등 저서명만 봐도 알 수 있듯이 역사는 물론 역대 명인, 의학, 문학 등 실용서들이 주류를 이룬다. 특히 그는 지방지 편찬에 상당한 관심을 표명했는데 이는 조식의 현실주의적 태도에 영향 받은 것으로 보인

---

48) 『寒岡先生文集』 卷10. 「五先生禮說分類序」. "節文乎天理, 而儀則乎人事. 散之爲三百三千之有秩, 統之爲一身一心之所幹, 未嘗斯須去乎君子之身. 道德仁義以之而成, 君臣父子兄弟以之而定, 所以古之人, 自視聽言動之近, 達之家鄕邦國之遠, 無所不用其誠敬焉."

49) 최영성. 「한강 정구의 학문과 조선유학사에서의 위치」. 99~105쪽 참조; 금장태. 「한강 정구의 예학사상」. 『한강 정구』. 남명학연구원편. 245쪽; 윤천근. 2006. 『남인 예학의 선구 정구』. 한국국학진흥원. 171~180쪽.

다.[50] 그 처음은 38세 때 창녕 현감을 지내면서 펴낸 『창산지昌山志』인데, 이후 10여 권을 더 편찬하여 각 지방에 대한 여러 정보를 세밀히 기술함으로써 일용후생을 위한 유용한 보탬이 되도록 했다. 이러한 지방지 편찬은 이후 장현광과 허목에게서 그 영향을 찾아볼 수 있다.

이상의 내용에서 보듯, 정구는 명체적용지학을 학문의 목표로 삼고 있음을 확인할 수 있었다. 즉 이황의 성리설을 묵수하되 좀 더 철저히 인간 내면의 마음으로 침잠하는 이른바 심학적 경향을 강하게 견지하면서도 이를 현실의 많은 일들에 적용시켜 체용겸전을 이루고자 했다. 그런 점에서 정구의 명체지학은 이황의 심학을 한 단계 진전시킨 의의가 있으며, 적용지학의 박학적 경향은 일정 부분 조식의 영향 아래에서 한강학의 특징적 면모이자 이후 실학과의 친연성이 감지되는 부분이라 할 수 있다.

4. 장현광의 명체적용지학 : 역학과 성리학

앞서 살펴본 정구의 명체적용지학은 장현광의 학문을 이해하는 데에도 유효하다. 그 또한 성인됨의 학문을 꿈꾸었으며 온 천하에 제

50) 이상필은 정구가 조식의 학문에 대해 경의사상보다는 현실주의적 성향을 계승한 측면이 강하다고 보았다(2005. 『남명학파의 형성과 전개』. 와우출판사. 111~129쪽 참조).

일가는 사업을 하리라 마음먹고 정몽주와 김굉필로 이어지는 실천궁행의 도학을 강조했다.[51] 그 도의 실현은 현실에 적절히 쓰일 수 있는 이른바 명체적용의 학을 지향하고 있음은 물론이다. 그리고 정구와 마찬가지로 그 또한 이러한 명체적용의 관점에서 "우주의 모든 사업은 그 책임이 전적으로 인간에게 있는 것이다."[52]라고 하여 인간을 둘러싸고 있는 현실과 그 현실의 일에 관심을 가져야 함을 강조하고 있다.[53] 모든 사물에 대해 알아서 이에 통달하려고 하는 그의 이러한 태도를 허목許穆은 장현광의 「신도비명」에서 "박달지학博達之學"[54]이라 표현하며 칭송했다. 이는 정구의 박학적 경향과 다르지 않다.

그런데 허목의 이러한 말과 달리 장현광은 정구처럼 다양한 분야에 관심을 책으로 남기지는 않았다. 확인된 바에 의하면, 지방지와 문헌지 편찬 등을 그의 제자들에게 독려하는 모습이나 풍수에 대한 관심 또한 컸던 사실 정도이다. 그렇다 하더라도 이러한 일면은 분명 정구와 겹치는 부분이며 특히 예학은 정구의 영향이 깊었던 부분

---

51) 『旅軒先生文集』 卷5. 『宇宙要括帖』. 「反躬帖」. "能做天下第一事業, 方爲天下第一人物."; 『旅軒先生續集』 卷9. 「就正錄」. "學云學云, 口耳云乎哉? 世儒往往專事枝葉, 不務根本, 或以文字, 或以言語, 知或有餘而行反不逮, 詳於講究而略於踐履."

52) 『旅軒先生文集』 卷7. 「道統說」. "宇宙內許多事業, 都在吾人."

53) 『旅軒先生續集』 卷9. 「敬慕錄[門人金烋]」. "先生每謂烋曰, 古人自年少時旣有志於學矣. 其於事事物物上, 無不備習而周知. 故旣長則皆可爲有用之成才, 今人卻不然, 甚可歎也. 至於算數一事, 雖涉末藝, 其用智之巧, 量物之妙, 非聖人不能作也. 以至少而量無窮之多, 以至約而度無限之廣, 至於山川之闊遠, 天地之高大, 四時日月之推行, 亦可以此而度量, 推而極之, 則其所用, 可謂大且神矣. 君年富力强, 讀書之暇, 必須留意着力, 備盡其術可也."

54) 『記言別集』 卷16. 「旅軒張先生神道碑銘」. "其銘曰, 博達之學, 利物之仁, 深厚之德, 邃而通, 和而敦, 儼而翼. 嗚呼! 可以權, 可以動, 可以式."

으로 일찍부터 논의가 있었다.

잘 알려져 있듯이 장현광은 『오선생예설발문五先生禮說跋』에서 사람은 단 하루도 예를 떠날 수 없고 천하와 국가의 모든 일이 여기에서 비롯된다고 전제한 뒤 전란으로 인해 예가 제대로 지켜지지 않는 당대 현실에서 정구의 이 책이야 말로 시의에 따라 적절히 저울질 할 수 있는 정론이라고 칭송했다.[55] 그래서 그의 예학은 고례를 복원하고자 하되 당시 조선의 속례를 반영하여 이를 실행하고자 했다는 점에서 현실성과 실용성을 상대적으로 풍부하게 내장하고 있다고 평가되었다.[56] 이것은 정구의 예론과 상통하는 것이다.

더욱이 이러한 정구의 영향은 장현광이 학문의 바탕으로 심학에 대한 관심을 표명하는 데에서도 확인된다. 그가 제자들에게 『심경心經』과 『근사록近思錄』을 학문의 지남指南이라 하고 그 스스로 침잠했던 기록이 보이며,[57] 제자 경민景閔이 『심경부주』에 대한 질문에 자신도

---

55) 『旅軒先生文集』 卷10. 「五先生禮說跋」. "寒岡先生晩出吾東, 留心禮學, 積有年紀. 始遂裒聚類從而爲一帙, 目之曰, 五先生禮說, 蓋自是天理節文, 人事儀則, 互備相翼, 融貫會通, 而眩者明, 疑者定, 爭者熄矣. 其有功於斯文, 豈可以尋常道哉? 第念智者之過於知, 賢者之過於行, 則或以此禮爲繁縟而是忽焉, 愚不肖之不及者, 則常以此禮爲高古而莫之尙焉. 爲吾徒者, 能不爲二病之所祟, 則當知五先生指掌之賜, 吾寒岡會集之功焉, 而是書必見重於百世也."

56) 장동우은 사가례私家禮와 방국례邦國禮를 분석하는 자리에서 장현광은 고례의 완정한 회복을 목표로 하되 시속례를 허용하는 태도를 견지한다고 주장했다(2006. 「여헌 장현광의 예설과 예학적 문제의식」. 『여헌 장현광의 학문 세계2 - 자연과 인간』. 고려대 민족문화연구원편. 예문서원. 138쪽). 유권종은 이와 비슷한 맥락에서 그의 예학을 현실성과 실용성 등 실질적 사고의 한 표현이라고 말했다(2004. 「여헌의 예학사상」. 『여헌 장현광의 학문 세계1 - 우주와 인간』. 고려대 민족문화연구원편. 예문서원. 173쪽).

57) 『旅軒先生續集』 卷10. 「景遠錄」. "又曰, 心經近思錄等書, 爲學之指南, 古人喩之以神

의심스러운 부분이 많았음을 토로했던 일[58], 일상생활의 간절함이 『심경』을 공부하는 데에 있음을 강조한 일[59] 등을 볼 때 그에게도 심학은 여전히 중요한 학문으로 간주되고 있는 것이다.

> 선생은 사람을 가르치실 적에 일찍이 먼저 가까운 것과 쉬운 것으로부터 시작하지 않음이 없었다. 그리하여 물 뿌리고 청소함으로부터 이치를 연구함에 이르고 閨門으로부터 나라에 도달하였는데, 그 요점은 다만 知·行 두 글자에 있었으며 반드시 敬을 위주로 하여 한 걸음을 걸을 때에도 함부로 하지 않게 하였다.[60]

장현광은 하학상달下學上達의 입장에서 지와 행을 핵심으로 하되 경으로써 일관해야 함을 강조하고 있다. 지와 행은 결국 마음의 문제이니 이 마음을 지키는 것이 무엇보다 중요하다. 그래서 그는 늘 마음공부로 성경誠敬이나 신독愼獨을 자주 언급하고[61] 마음을 다스리는

明, 等之以四子, 學者不可不熟讀.";『旅軒先生續集』卷9.「記聞錄[門人張乃範]」. "先生奉母夫人, 進飯則必親甘旨, 就寢則必親寒溫, 雞鳴而起, 省顏色審起居. 然後退而淨埽室堂, 整頓衣冠, 常對四子六經心經近思錄等書, 沈潛反復, 循環不已."

58) 『旅軒先生續集』卷9.「就正錄」. "景閔以心經附註疑晦處, 質問于先生, 先生旣爲之論說, 又曰, 吾於心經, 亦頗有未曉處, 語錄之類是也."

59) 『旅軒先生續集』卷10.「景遠錄[門人張槼]」. "一日, 請學春秋. 先生曰, 春秋, 治天下之大經大法也. 在學者固所講究. 然不切於日用常行, 且聖人之筆削微權, 未易窺測, 因授以心經."

60) 『旅軒先生續集』卷9.「景遠錄[門人金慶長]」. "先生教人, 未嘗不先自近者易者. 自灑埽而至於窮理, 自閨門而達於邦國, 其要只在知行二字, 而必以敬爲主, 不令一步放過."

61) 『旅軒先生續集』卷9.「景遠錄[門人金慶長]」. "庚申八月, 謁吳山尙賢祠, 因留侍數月, 時方讀大學, 拈出誠意章愼獨二字, 特書座右. 先生聞之, 顧謂門下曰, 金某今讀初學入德之書, 而有意於愼獨工夫, 異日必有成就矣.";『旅軒先生續集』卷9.「景遠錄[崔嶙]」. "問, '進學之工, 何者爲最切己?' 先生曰, '自下學至于上達, 都不出一誠字, 以誠

법을 열 조목으로 나누어 벽에 붙여 항상 경외하고 공근한 마음을 갖도록 권하고 있다.[62]

이처럼 장현광은 정구의 학문을 일정 부분 공유하고 있다. 이것 또한 크게 보면 퇴계학을 계승한 것으로 볼 여지가 없지 않으나 경세학의 측면에서 볼 때 정구의 학문적 훈습이 보다 직접적으로 느껴지는 부분이기도 하다. 그런데 더욱 중요한 것은 이러한 학문적 계승이 자신의 독자적인 영역을 개척하고자 하는 의지로 이어진다는 사실이며, 이것은 바로 여헌학의 정체성으로 정립될 수 있는 여지를 제공한다.

이 독자적 영역이 바로 역학과 성리학이다. 이 중 역학은 당시 의리역이 주류를 이루었던 것에 비해 상수학적 우주관에 근거하여 하도河圖, 낙서洛書의 수상도數象圖와 선후천 팔괘도상에 대한 이론을 중심으로 자신의 천문역법과 우주자연에 대한 역리易理 문제를 풀어나가는 모습을 보여준다.[63] 이를 통해 장현광은 우주를 유기체로 바라봄으로써 이를 구성하고 있는 만물들의 상호작용을 통한 조화로운 세계를 인식하게 된다는 점,[64] 그리고 이를 통해 명체대용의 학을

則何患力之不足哉? 欲窮千里目, 更上一層樓, 似知道之語, 當深味之."

62) 『旅軒先生續集』 卷9. 「就正錄」. "序心法十二目, 書揭于座壁, 總目之曰, 座壁題省.";『旅軒先生文集』 卷6. 「座壁所題」. "慈祥愷悌者, 隨其所處, 必常有敬畏恭謹之心, 隨其所觸, 必自有惻怛懇切之心, 此所謂吉人也."

63) 김일권. 2008. 「조선중기 여헌의 『역학도설』의 상수학과 우주관」. 『여헌 장현광의 학문 세계3 - 태극론의 전개』. 예문서원. 77~78쪽 참조.

64) 김낙진. 2004. 「여헌 역학과 세계 이해」. 『여헌 장현광의 학문 세계1 - 우주와 인간』. 63쪽.

이루고자 하였다는 점에서 나름의 의미를 갖는다.

다만 이에 대해 그 스스로가 "나는 젊었을 때에 자못 상수학象數學에 뜻을 두어 마음과 힘을 허비하였다. 근래에 다시 생각해 보니 유익함이 없어서 돌아올 줄 몰랐다는 후회가 있었다. 그래서 다시 사서四書와 정자程子, 주자朱子의 책을 취하여 읽어보니 친절함을 느껴 정신이 절로 배가하였다"[65]라고 그 회한을 토로하고 있으니, 그의 사상에서 상수학이 갖는 의미를 고민해 봐야 할 문제인 것만은 분명한 듯하다.

장현광의 성리학은 이러한 역학의 체계에서 불변과 변화의 요소로 작용하는 리와 기의 문제를 본격적으로 다루었다. 이는 이황, 이이의 학설에 대해서도 일정한 거리를 유지하고 있으며 정구에게는 그리 관심의 대상이 되지 않았던 점을 감안한다면 그 방대한 분량만큼이나 그에게 매우 중요한 사상적 전환을 보여주는 것이라고 할 수 있다. 그는 리와 기를 바라보는 경위의 관점을 다음과 같이 제시한다.

> 리는 도의 經이고 기는 도의 緯이다. 날실이 되고 씨실이 됨은 비록 구별되지만 똑같은 실이니 그 근본을 둘로 나눌 수 있겠는가? 리가 되고 기가 됨은 비록 구분되지만 똑같은 도이니, 그 근원은 둘로 나눌 수 있겠는가? 그 일관된 것을 가리켜 리라고 하고 그 변화하는 것을

---

65) 『旅軒先生續集』 卷10, 「景遠錄」. "先生嘗曰, 吾少也, 頗有意於象數之學, 枉費心力矣. 近思無益, 有迷復之悔. 復取四子程朱等書而讀之, 更覺親切, 精神自倍."

가리켜 기라고 하니 리는 본래 기에 대한 경이고 기는 본래 리에 대한 위이다.[66]

경위는 날실과 씨실을 말하는 것으로 천을 짤 때 하나는 고정되고 하나는 움직이면서 서로 교차하여 완성되듯이 리와 기도 이러한 경위처럼 도道[67]를 실현하기 위한 두 요소로 체體와 용用의 관계로 보았다.[68] 여기서 날실과 씨실이 모두 실이라는 점에서 같듯이, 리기도 "리는 기의 리이며 기는 리의 기"[69]이니 본질적으로 하나인 묘합妙合의 관계이다.

그런데 이러한 묘합의 관계는 자칫 나흠순이나 이이의 학설과 부합하는 면이 없지 않다. 즉 리와 기가 본질적으로 하나라는 것은 나흠순의 리기일물설理氣一物說을 연상시키며, 리와 기가 묘합한다는 것은 이이의 리기묘합理氣妙合과 다르지 않은 말이기도 하다. 만약 그렇

---

66) 『旅軒先生全書』 卷下(이하 생략). 『性理說』 卷4. 「經緯說」. "理乃道之經也, 氣乃道之緯也. 爲經爲緯者雖別, 而同是絲也, 則其可以二其本乎? 爲理爲氣者雖分, 而同是道也, 則其可以二其源乎? 指其常一者而謂之理, 指其變化者而謂之氣, 則理固經於氣, 而氣固緯於理矣."

67) 장현광의 성리설에서 '도道'를 어떻게 규정할 것인가 하는 문제에도 이론이 있다. 그는 리와 기를 도의 체와 용이라고 보고 있으므로 대개의 연구가 이 도를 리와 기가 합한 것으로 이해하는 경우가 많다. 이에 대한 필자의 생각을 간략히 말한다면, 도는 초월적이거나 절대적인 무엇이 아니라 마치 날실와 씨실이 교차하여 천을 만들어내듯이 리와 기로 실현되는 내용이라고 본다.

68) 『性理說』 卷4. 「經緯說」. "理乃道之經也, 氣乃道之緯也. 爲經爲緯者雖別, 而同是絲也, 則其可以二其本乎? 爲理爲氣者雖分, 而同是道也, 則其可以二其源乎? 指其常一者而謂之理, 指其變化者而謂之氣, 則理固經於氣, 而氣固緯於理矣. 理氣有不帶氣之理, 氣豈有不本理之氣哉?"

69) 『性理說』 卷5. 「經緯說」. "理者, 氣之理, 氣者, 理之氣."

다면 이는 퇴계학파 내에서 퇴계학을 수성하기 위해 나흠순과 이이를 비판하며 씌웠던 혐의를 장현광 또한 고스란히 떠안아야 할 상황이 된다. 실제로 이구李榘, 유원지柳元之, 이현일李玄逸 등 퇴계학파의 여러 인물들이 리기일물의 혐의가 있음을 비판한 데에서도 알 수 있다.[70]

다만 여기서 장현광이 이를 제기한 근본적인 목적이 이황의 호발론 비판[71]에서 제기된 리와 기를 둘로 나누어보려는 것에 대한 비판에서 비롯되었음을 상기할 필요가 있다.[72] 그는 호발이 리와 기가 마치 두 개의 근본이 되어 사단은 리에서 발하고 칠정은 기에서 발하는 것으로 오인했다고 지적했다. 그러면서 호발이 이러한 오해를 불러일으킬 여지가 있음도 부정하지 않았다. 문제는 결국 리와 기의 잘못된 인식에서 비롯된 것이므로, 그는 무엇보다 리와 기를 둘로 나누어 보려는 입장을 집중적으로 비판했다.

> 리와 기를 이물로 갈라 서로 소속되지 않는 것으로 여김은 다른 뜻이 없다. 다만 선과 악, 사와 정이 병립하고 병행하는 것을 싫어하여 기를 배척하여 외부로 돌림으로써 순선한 리와 더불어 그 근원을 구분

---

70) 퇴계학파에서 장현광을 비판한 자세한 내용은 김용헌. 2008. 「퇴계학파의 여헌 장현광 비판에 관한 연구」. 『퇴계학보』 123집. 퇴계학연구원. 90~93쪽 참조.

71) 『性理說』 卷4. 「經緯說」. "後學之未達者, 因兩發之言, 遂以四端爲斷然從理而發, 謂不雜於氣, 七情爲斷然從氣而發謂不係於理, 界分四七, 必欲二其本, 此豈知性情之理者哉."

72) 김낙진. 2001. 「장현광의 리일원론과 선악의 문제」. 『남명학연구』 10집. 경상대 남명학연구소. 102~105쪽 참조.

> 하려는 것이었다. 내 생각은 리와 기의 구분은 다만 체와 용, 본과 말의 사이에 있을 뿐이니 그 근원을 구분함으로써 후학들로 하여금 근본을 둘로 여겼다고 의심하게 함은 잘못이다. 리와 기는 분명 명목은 둘이지만 두 도인 것은 아니다.[73)]

주자학에서 리와 기는 부잡不雜과 불리不離의 관계에 있다면, 이황은 불리의 관계를 부정하진 않았지만 부잡의 관계에 편중되어 있다. 그 이유는 그의 리존적理尊的 경향 때문이다. 즉 그에게 리는 "지극히 높아 상대가 없는 것으로 만사만물에 대하여 명령하지 어느 것에도 명령을 받지 않는"[74)] 존재인 것이다. 여기서 장현광이 문제 삼은 것은 이러한 리존적 경향이 아닌 리와 기의 부잡 관계에 대한 편중이었다. 무엇보다 이는 후학들이 리와 기가 마치 두 개의 근원이 있는 것처럼 오인할 소지가 있다고 본 것이다. 그래서 그들이 즐겨 인용하는 '인승마人乘馬'의 비유 또한 그는 썩 달가워하지 않았다. 왜냐하면 "만일 사람과 말을 들어 하나는 리에 비유하고 하나는 기에 비유하는 것은 주인과 심부름꾼으로 나뉘는 것이라면 제법 그럴 듯하지만 두 사물로 리기에 비유한다면 아마도 사람들이 리기에 두 근본이 있는 것처럼 의심하게 된다"[75)]고 보았기 때문이다. 이러한 이유에서

---

73) 『性理說』 卷4. 「經緯說」. "然判理氣爲二物以爲不相屬者, 非有他意也. 只嫌其善惡邪正之竝立竝行, 故斥外其氣要與純善之理區分其原也. 愚見則以爲理氣之分, 只在於體用本末之間, 正不可分解其原以起後學二本之疑也. 理氣分明是有二目, 而非二道者也."

74) 李滉. 『退溪全書』 卷1. 『文集』 卷13. 「答李達李天機」. "理本其尊無對, 命物而不命於物"

75) 『性理說』 卷4. 「經緯說」. "若以人與馬, 一比之理, 一比之氣, 則爲主爲使之分, 固似矣, 但以兩物比理氣, 恐人生疑於理氣之二本也."

그는 경위가 리와 기의 관계를 좀 더 정확히 표현할 수 있다고 믿었다. 여기에 리와 기가 비록 묘합의 관계에 있지만 체용體用과 본말本末이 있기에[76] 기는 능발能發하는 것이며 리는 그러한 기의 소이所以로서 리는 기의 준칙이 되며 기는 형질과 운행을 통해 리가 제시한 준칙을 실현하는 것이라고 부연했다.[77]

경위설은 비록 영남 퇴계학인들로부터 비판을 받을 수 있으나 그렇다고 해서 그 사유방식이 이황의 설을 완전히 벗어난 것이라고 보기는 어렵다. 그것은 어떤 면에서는 또 다른 방식으로 이황의 설을 뒷받침하는 논리였을 수 있다. 근기지역의 정시한丁時翰과 이익李瀷이 여기에 일정 부분 동의하고 있는 것에서 그 점이 잘 드러난다.[78]

이상에서 장현광이 독자적인 성리설을 제기한 것은 이황의 학설을 비판적으로 계승하고자 하였음을 알 수 있다. 이를 위해 그는 성리학과 역학을 통해 명체적용지학을 이루고자 하였고 이는 오히려

---

76) 『性理說』 卷4. 「經緯說」. "夫以理擬之於經, 以氣擬之於緯者, 經緯非二物也, 理氣非二道也. 以此喻彼可知其一道之有體容本末耳."

77) 『性理說』 卷5. 「經緯說」. "夫以體用言理氣者, 理則無形質, 無運行, 氣則形質, 有運行. 氣之有形質有運行者, 若不有此理在於無形質無運行之中, 而爲形質運行之理, 則其何所準則, 而能爲形質之模範, 何所柄要而能爲運行之機軸歟? 卽氣之以理爲體者也."

78) 장현광의 성리설에 동의한 부분만 인용하면 정시한은 "리발과 기발의 말은 정이 근본하는 것은 모두 리이고 성이 발하는 것은 모두 기라는 말만 못하다는 것을 바꿀 수 없는 뜻이라고 하였으니 이것이 말에 막혀서 그 뜻이 이룬 것을 얻지 못할까 두렵다(『愚潭先生文集』 卷4. 「答李翼升別紙」. "以理發氣發之說, 謂不若所謂情之所本皆理, 性之所發皆氣之說, 爲不易之旨, 恐是滯於言而未能得其意之致也.")"라고 하였으며, 이익은 "저 칠정의 갖추어진 것 역시 모두 경에서 연유하여 스스로 리에서 생겨난다고 한 것은 잘못되지 않았다(『星湖全書』 續集 卷4. 「跋旅軒性理說」. "彼所具七情, 亦皆緣境, 自生於理, 不悖.")."라고 하였다.

독자적인 학문 체계를 구축하게 되는 결과를 낳았다. 이렇게 정구와 장현광은 크게 보면 퇴계학을 서로 다른 관점에서 계승하고 있다고 볼 수 있다. 즉 정구는 퇴계심학을 계승하여 자신만의 심학을 정립하고 이를 예학의 사상적 기저로 삼음으로써 명체적용지학을 지향했다면, 장현광은 자신의 역학 체계를 통해 이황의 성리설에 대한 독자적인 성리설을 정립하는 데 노력함으로써 명체적용지학을 지향했다고 정리할 수 있겠다.

5. 맺음말 – '한려학파'에서 본 '여헌학'의 사상적 위치

여헌학이 한려학으로 존재할 수 있는가, 그렇지 않다면 여헌학은 어떻게 규정할 것인가 하는 물음을 제기하고 이에 대해 지금까지의 내용을 간략히 정리하면 다음과 같다. 우선 장현광은 이황을 계승하고자 하는 의지가 분명했고 정구의 문하에 출입한 것 또한 부정할 수 없다고 본다. 그럼에도 한려시비가 일어나게 된 것은 통합된 영남학파를 꿈꾼 한려학파의 위세를 위축시키는 내부 분열의 징후라고 생각한다. 즉 시비의 진실보다는 오히려 그로 인해 그 진실을 왜곡된 시선으로 바라보게 되는 아이러니의 결과라고 할 수 있다. 물론 여기에는 정구 말년에 정구와 장현광 문인간의 갈등 및 분열의 조짐도 추론해 볼 수 있고, 이에 따라 일부 정구 문인들에 의해 장현광 배제론이 힘을 얻어 그의 행동이 하나의 빌미로 작용했을 가능성도 배제할 수 없다. 따라서 필자는 송시열의 말에 그 해답이 있다고 생각한다.

이런 전제에서 두 학파의 학문적 연속성과 차별성을 검토하여 이들을 한려학파로 묶을 수 있는 이유는 무엇이며 여헌학의 정체성은 무엇인지를 확인하고자 하였다. 우선 이들은 퇴계학을 계승한다는 기본 입장을 공유하며 이러한 전제에서 둘의 연속성은 이미 선행 연구에서도 지적된 명체적용지학으로 설명할 수 있다고 본다. 즉 선현으로부터 물려받은 도학을 구체적 현실에 적절히 실현될 수 있기를 희망하는 명체적용의 관점은 우주간의 다양한 일들에 대한 관심을 갖는 박달지학의 학문관으로 나타나게 된다.

여기에 한강학은 심학과 예학이 명체적용지학의 중심을 이룬다. 즉 그는 무엇보다 이황의 궁극적인 관심인 인간의 문제를 고심하여 심학과 예학에 더욱 천착하는 동시에 경세학을 통해 현실에 적절히 실현될 수 있는 방법적 모색 또한 소홀히 하지 않았다. 이른바 체용겸전의 학문적 태도를 보여주고 있는 것이다.

한편 여헌학은 정구의 이러한 심학과 예학을 일정 부분 공유하고 있으면서도 그가 지향하는 명체적용지학의 중심에는 역학과 성리학이 존재한다. 특히 성리학은 역학체계의 연장선상에 있으면서 경위의 관점을 통해 리와 기의 관계를 새롭게 정립함으로써 이황의 학설에 대한 나름의 계승과 비판을 함께 제시하고자 하였다. 이는 그 자신의 독창적인 성리학을 구축하는 계기가 됨은 물론이다.

이상의 내용을 통해 앞서 제기한 물음에 대한 대답을 정리한다면,

한려학은 기본적으로 퇴계학을 계승하면서도 낙중의 지역적 특징으로 인해 인접한 지역의 다양한 학문을 수용함으로써 통합학문으로서의 면모를 갖추게 된다. 다만 한강학이 심학과 예학을 통한 명체적용지학을 그 정체성으로 확보했다면, 여헌학은 이러한 한강학의 특징을 어느 정도 공유하면서도 역학과 성리학을 통한 명체적용지학을 그 정체성으로 확보하게 된다. 이는 여헌학이 한려학으로 불릴 수 있는 이유이자 여헌학의 정체성을 확인할 수 있는 것이기도 하다. 이러한 점에서 한려학파는 퇴계학이란 공통된 사상적 기반을 바탕으로 나름의 한강학과 여헌학을 개창함으로써 17세기 낙중학을 이끌어가는 대표적인 학파로서 그 사상적 위치를 분명히 확보할 수 있을 것으로 생각된다.

퇴계학과의 비교를 통해 본 장현광의 성리설

-사단칠정론을 중심으로-

이 상 호

퇴계학과의 비교를 통해 본 장현광의 성리설
-사단칠정론을 중심으로-

이상호 | 한국국학진흥원

1. 머리말

낙동강은 조선 유학의 성립과 전개에 있어서 중요한 의미를 가진 강이다. 조선 건국과정에서 '불사이군不事二君'을 주창하면 낙향했던 길재吉再(冶隱, 1353~1419)가 채미정을 짓고 터를 잡은 곳이 바로 낙동강이 내려다보이는 금오산 자락이다. 길재가 강학활동을 한 지 약 100여 년이 지나면서, 낙동강을 따라 이른바 '선비의 숲(土林)'이 형성되었다. 이들은 정몽주鄭夢周(圃隱, 1337~1392)의 절의정신을 가장 중요한 정신적 가치로 내세웠으며, 이러한 정신적 가치는 이후 중앙 정계 진출과정에서 생긴 4번의 사화士禍로 인해 더욱 단단해졌다. 조선의 주자학이 중국주자학과 달리 절의정신을 바탕으로 한 실천철학으로 이행되었던 이유는 여기에 있다. 이를 바탕으로 이후 낙동강을 따라 상류지역에는 퇴계학, 하류 지역에는 남명학이 형성되면서 낙동강은 여러 프리즘이 흐르는 유학의 강이 되었다.

물론 퇴계학과 남명학의 양분은 그리 오래 가지 못하고, 인조반정 이후 남명학까지 범퇴계학파로 흡수된다. 낙동강 전체가 퇴계학 중심으로 이해된 이유이다. 그런데 근래 낙동강 유역을 퇴계학·남명학의 양분으로 보거나, 범퇴계학으로의 편입이라는 시각으로 보기보다는 좀 더 다양하게 나누어 볼 필요가 있다는 주장들이 제기되었다. '강안학江岸學'이나 '낙중학洛中學'관련 논의가 바로 그것이다. 이 둘은 내용에서 조금씩 차이를 보여주고는 있지만, 문제의식과 기본적인 입장은 뿌리가 같다.[1)]

강안학은 문학사조의 차별성에 주목하면서, 그 바탕에 깔려 있는 사상적 배경이 강우 및 강좌와 다르다는 인식으로부터 시작되었다.[2)] 시간적으로는 16세기 이후 정구鄭逑(寒岡, 1543~1620)와 장현광張顯光(旅軒, 1554~1637)으로부터 학문적 연원을 삼고, 지역적으로는 낙동강의 본류인 상주에서 창원까지를 영역으로 한다. 이에 비해 낙중학은 낙동강 중류 지역의 철학적 사조를 퇴계학이나 남명학과 분리시켜 이해하려는 시도로, 시간적으로는 사림의 형성기부터 한말 한주학파의 활동까지를 그 내용으로 한다. 공간적으로도 상주의

---

1) 홍원식. 2010.「영남 유학과 '낙중학'」.『한국학논집』. 계명대학교 한국학연구원. 11쪽.

2) 여기에 대해 자세한 내용은 정우락. 2008.「강안학과 고령 유학에 대한 시론」.『퇴계학과 한국문화』 43집. 경북대학교 퇴계연구소를 참조. 처음 강안학을 주창했던 인물은 박병련으로 그의 초기 문제 제기는 박병련. 2002.「'광해군 복립 모의' 사건으로 본 강안지역 남명학파」.『남명학연구논총』. 남명학연구원; 박병련. 2005.「남명학파와 영남 강안지역 사림의 혈연적 연대」.『남명학보』 4집. 남명학회 등을 참조.

서애학파에 대해서는 조심스럽게 접근함으로써, 주로 구미와 성주를 중심으로, 대구와 달성 정도까지 그 영역을 설정하고 있다. 퇴계학과 남명학의 변방이나 경계지역으로 지칭되었던 낙동강 중류지역의 철학을 독립적인 사상적 분화 과정으로 이해하려는 시도라고 말할 수 있다.[3] 그런데 이러한 시도는 낙동강 중류 지역의 학문이 퇴계학과 남명학의 단순 습합에서 벗어나, 충분한 차별성과 내재적인 전개를 가져야 한다는 사실을 보여주는 것이다. 이 과정에서 특히 주목을 받았던 인물들이 바로 초기 사림파와 그 맥을 잇는 정구·장현광, 그리고 한말 한주학파의 인물들이다.

이 글은 바로 이와 같은 이해의 기반 위에서 출발한다. 낙중학과 강안학 모두 정구와 장현광이 그 논의의 중심축에 놓이는 것은 분명하다. 실제 정구와 장현광의 철학은 일반적으로 퇴계학과 남명학의 영향을 동시에 받은 것으로 정리하는데, 구체적인 이론의 영역에서 이것이 타당한지는 재론되어야 할 영역이다. 다시 말해 퇴계학과 남명학의 영향을 모두 받았다고 하더라도, 그 자체를 퇴계학이나 남명학과 차별적 영역으로 정리하기가 이론적으로 더 수월한 영역이 있다. 물론 차별성의 '구체적 내용'은 시대별로 각기 다른 양상일 수 있겠지만, 적어도 퇴계학이나 남명학과 충분한 거리두기가 진행되고 있다는 사실에는 동의할 수 있는 말이다. 바로 이 영역을 낙중학으로 설정하고, 그 차별성의 흐름과 특징들을 파악할 수 있다면 우리

3) 홍원식, 앞의 논문 참조.

는 이를 통해 '낙중학'에 대한 실질적 근거지움이 가능하다.

따라서 낙중학의 성립을 위해서는 퇴계학과의 차별적 구조에 주목할 필요가 있고, 이후 이러한 차별성을 바탕으로 낙중 지역 자체의 전개 양상을 규명할 수 있어야 한다. 이 글은 이 같은 필요성에 의해 낙중지역의 대표적 성리학자인 장현광의 성리설을 퇴계학과의 비교 속에서 살펴봄으로써, 그 차별성을 드러내려고 한다. 실제 장현광의 성리설에 대한 평가는 다양하지만, 그 논의의 중심에는 여전히 퇴계학과의 차별적 특징이 자리를 차지하고 있다.[4] 이와 같은 차별적인 특징을 퇴계학과 지접적으로 비교함으로써, 낙중 지역 성리학이 범퇴계학의 영향 속에 있었던 주변 학문이 아니라, 독립적인 철학활동이 있었음을 드러내려는 것이다.[5]

이를 위해 이 글의 2장에서는 우선 퇴계학 성리설을 큰 틀에서 정리하려 한다. 이는 주로 사단칠정 및 리기 관계에 대한 퇴계학의 입장이며, 이를 통해 도출되는 퇴계학의 '리발理發'이 가진 의미를 살펴보는 것이 될 것이다. 이러한 두 가지 특징은 3장과 4장에서 장현광 성리설과 비교하는 기준이 된다. 3장에서는 장현광 성리설의 특징인 리기경위설理氣經緯說을 중심으로 사단칠정 및 리기관계를 확인해 볼

---

4) 김용헌은 장현광 성리설에 대한 평가를 네 가지 견해로 나누고, 그 주장들을 세밀하게 정리하였다. 그런데 이러한 논의의 핵심은 결국 퇴계학과의 차별적 성격에 맞추어져 있다고 해도 과언이 아니다. 여기에 대해 자세한 내용은 김용헌. 2010.「여헌 장현광 성리설 연구의 쟁점과 과제」.『韓國人物史硏究』제13호. 한국인물사연구소 참조.

5) 이 같은 시도는 김낙진. 2010.「조선 중기 寒旅學派의 철학사상」.『한국학논집』40집. 계명대학교 한국학연구원에서 잘 드러난다.

것이며, 4장에서는 장현광의 '리발'설이 가진 구체적 내용을 확인해봄으로써 퇴계학의 리발설과 어떠한 차이가 있는지를 확인해 보려고 한다.

2. 사단칠정론에 근거한 퇴계학의 성리설

퇴계학은 주자학 가운데 존덕성尊德性 공부를 중시했던 학파의 입장을 배경으로 하며, 그 구체적 특징은 조선초 형성된 실천 중시의 사림에 의해 만들어진다.[6] 이황 성리설이 마음 속의 선악을 명시적으로 구분한 후, 선함을 지속시키고 악함을 제거하는 데 초점이 맞추어진 이유이다. '선한 정감인 사단四端'과 '선과 악의 가능성을 모두 가지고 있는 칠정七情'을 철저하게 구분하고, 사단이 마음 속에서 능동적으로 활동할 수 있는 이론 구조를 만들려고 했던 것이다. 이처럼 퇴계학의 관심은 철저하게 '사람의 도덕적 행동'에 맞추어졌고, 이 과정에서 리기론은 심성론의 근거로서 요청될 뿐이었다.[7] 퇴계학의 이 같은 특징은 우주의 존재법칙을 먼저 설정하고 이를 기반으로 사람의 존재를 설명했던 주자학과 근원적 차이를 형성하게 된다.

---

6) 여기에 대해 자세한 내용은 이상호. 2012.「주자학으로서의 퇴계학, 그리고 '퇴계학'」.『안동학연구』제11집. 한국국학진흥원 참조.

7) 여기에 대해 자세한 것은 이상호. 2010.「퇴계학파의 리발 강조와 그 윤리적 함의」.『퇴계학논집』6권. 영남퇴계학연구원 및 이상호. 위의 논문 참조.

존재론 중심의 주희 주자학과 달리, 이황은 선과 악에 초점을 맞춘 가치론 중심의 주자학을 만들었던 것이다.[8)]

퇴계학의 성리설은 이렇게 가치론 중심의 철학으로 이행되는 과정에서 형성된다. 이것은 중국 주자학과는 다른 특징들을 보여주는데, 그 내용을 간단하게 살펴보면 다음과 같다. 첫째, 사단 · 칠정 및 그 근거가 되는 리와 기를 선과 악의 근거로 파악하면서, 사단 · 칠정 및 리기 관계를 대립적으로 설정한다. 존재의 측면에서 리와 기는 결코 떨어질 수 없지만, 선과 악의 근거라는 측면에서 리와 기는 분리되어야 한다는 입장이 적용된 것이다. 사단을 리에서 발한 것으로, 칠정을 기에서 발한 것으로 보는 기본 입장은 여기에서 도출된다. 이렇게 되면서 둘째, 리가 그대로 사단으로 드러나기 위해서는 악의 가능성을 가진 기와 별개로 직접 발發할 수 있거나 또는 기를 적극적으로 제어하고 통제할 수 있는 능동성을 가져야 한다. 리의 능동성이 주자학에 비해 이론적으로 한 층 더 강화될 수밖에 없으며, 이것은 퇴계학만의 특징인 '리발理發'로 드러난다. 이 장에서는 이 두 가지 특징을 중심으로 퇴계학을 큰 틀에서 정리해 보기로 한다.

이황의 사단칠정론은 그 스스로 말한 것처럼 "사단이 발한 것은

---

8) 홍원식은 이 같은 특징을 가지고 '퇴계 심학'이라고 말한다. 주자학과 대별되는 학문 체계로서의 '퇴계학'을 말할 때 가장 많이 언급되고 있는 내용이다. 자세한 입장은 홍원식. 2001. 「퇴계학, 그 존재를 묻는다」. 『오늘의 동양사상』 4호. 예문동양사상연구원을 참조.

순리純理이기 때문에 불선不善함이 없고, 칠정七情이 발한 것은 기氣를 겸하기 때문에 선도 있고 악도 있다"[9]라는 말을 논증하는 데 초점을 맞추고 있다. 사단을 '선함의 길'로, 칠정은 선과 악이 섞인 상태로 이해했기 때문인데, 이러한 이해의 바탕 위에서 사단이라는 선한 길을 확보하려 했던 것이다. 이러한 이유에서 이황은 자신의 사단칠정에 대한 기본 입장을 "리기와 사단칠정을 서로 근거지워 분명하게 말하고자 한 것"[10]으로 정리한다. 사단과 칠정이 비록 같은 정이라 하더라도, 구별해야 하는 이유이다.

> 무릇 사단은 정이고, 칠정 역시 정이오. 이 모두가 정이라면 무엇 때문에 사단이니 칠정이니 하는 다른 이름이 있는 것이겠소? 그대가 보내온 편지에서 말한 '가리켜 말한 것이 다르다'는 것, 바로 그 때문이오. 理는 氣에 대해 본래 서로를 기다리고서야 體가 되고 서로를 짝하고서야 用이 되는 것이오. 진실로 리 없는 기는 없으며, 기 없는 리도 없소. 그러한 까닭에 '가리켜 말한 것이 다르다'면 구별이 또한 없을 수 없는 것이리다. 옛날 성인과 현인들이 이 둘을 논할 때, 언제 이 둘을 뭉뚱그려 반드시 하나의 사물이라 하고서 구별하여 말하지 않았소이까?[11]

9) 李滉 · 奇大升, 『兩先生四七理氣往復書』(이 책은 『高峰集』속에 편집되어 있는 편인데, 여기에서는 『高峰集』을 달리 사용하지 않고 『兩先生四七理氣往復書』를 대표책명으로 표기한다.), 「退溪與高峰書」, "四端之發純理, 故無不善. 七情之發兼氣, 故有善惡."

10) 위의 책. 「退溪答高峰四端七情分理氣辯」. "往年, 鄭生之作圖也, 有四端發於理, 七情發於氣之說. 愚意亦恐其分別太甚, 或致爭端. 故改下純善兼氣等語. 盖欲相資以講明, 非謂其言之無疵也." 참조.

11) 위의 책. 「退溪答高峰四端七情分理氣辯」. "夫四端情也, 七情亦情也. 均是情也, 何以有四七之異名耶? 來喻所謂, 所就以言之者不同, 是也. 盖理之與氣, 本相須以爲體,

가리켜 말하는 것이 다른 이유는 '구별되는 게 있기 때문'이다. 사단과 칠정에 대해 "측은惻隱 · 수오羞惡 · 사양辭讓 · 시비是非의 마음은 어디에서 발하겠소? 인仁 · 의義 · 예禮 · 지智의 성性에서 발하는 것이오. 그럼 희喜 · 노怒 · 애哀 · 구懼 · 애愛 · 오惡 · 욕欲은 어디서 발하겠소? 바로 바깥 사물이 사람의 오관五官에 접하고 그것이 마음 가운데서 동하다가 환경에 따라 나오게 되는 것이오."[12]라고 말하는 것은 이러한 이유에서이다. 사단과 칠정이 형성되는 근거 자체에 차이가 있다는 말이다. 사단은 성이 직발直發한 것이라면, 칠정은 외부의 사물에 접해서 나오는 것이므로 여기에는 질석 차이가 있을 수밖에 없다. 이로 인해 사단은 순선하며, 칠정은 선과 악의 가능성을 모두 갖게 된다. 이황이 "그것이 각각 말미암아 나오는 바에 따라 주된 것과 중점을 둔 것을 가리켜 말한다면 어느 것은 리이고 어느 것은 기라 하니, 이를 어찌 있을 수 없는 것이라 하오?"[13]라고 말하면서 사단과 칠정을 나누어 보지 않는 기대승에 대해 비판했던 이유는 바로 여기에 있다.

이황의 이 같은 이해는 사단과 칠정의 근원이 되는 리기 관계로 직결된다. 우선 리기관계에 대한 이황의 기대승 입장 비판을 살펴보자.

相待以爲用. 固未有無理之氣, 亦未有無氣之理. 然而所就而言之不同, 則亦不容無別. 從古聖賢, 有論及二者, 何嘗必滾合爲一物, 而不分別言之耶?"

12) 위의 책. 같은 곳. "惻隱羞惡辭讓是非, 何從而發乎? 發於仁義禮智之性焉爾. 喜怒哀懼愛惡欲, 何從而發乎? 外物觸其形而動於中, 緣境而出焉爾."

13) 위의 책. 같은 곳. "而因其所從來, 各指其所主與所重而言之, 則謂之某爲理某爲氣, 何不可之有乎?"

보내온 편지글을 내 자세히 살펴보니, 理와 氣는 서로를 필요로 하기에 분리되지 않는다고 한 견해가 매우 많이 실려 있고, 또 그 설을 매우 강하게 주장하였소. 이런 까닭에 리 없는 기는 없고, 기 없는 리도 없다고 여겼고, 사단과 칠정은 다른 의미가 없다고 하셨더이다. 이는 비록 그럴 듯 한 것 같지만 성인과 현인이 말한 것에 비춰 살펴보면 부합되지 않은 점이 있을 듯 하오.[14]

리와 기의 관계를 불상리不相離 중심으로 파악하는 기대승에 대한 비판이다. 그는 사단과 칠정, 나아가 리와 기는 각기 다른 존재로 나누어 봐야 할 필요성을 역설하고 있는 것이다. 물론 이황 역시 리기의 관계에 대해 원론적으로 '불상잡不相離'이면서 '불상리不相雜'인 관계를 긍정한다.[15] 그러나 이황은 끝끝내 기대승이 "리와 기를 하나의 사물이라 하여 구별할 것이 없다고 여긴 것"[16]에 대해 비판적 시각을 감추지 않는다. '존재'를 설명하기 위해 리와 기를 '불상리' 중심으로 이해하고 있는 기대승 · 이이 등과 차이가 발생하는 지점이다.

이처럼 이황의 철학은 리인 성性이 사단으로 드러나는 '선함의 매커니즘'에 초점을 맞추고 있다. 이 때문에 리가 그대로 사단으로 드러나기 위해서는 리가 적극적으로 기를 제어하거나 통제할 수 있어

---

14) 위의 책. 같은 곳. "竊詳來喻之意, 深有見於理氣之相循不離, 而主張其說甚力. 故以爲未有無理之氣, 亦未有無氣之理, 而謂四端七情, 非有異義. 此雖近是, 而揆以聖賢之旨, 恐有所未合也."

15) 위의 책. 같은 곳. "虛心平氣, 徐觀其義趣, 就同中而知其有異, 就異中而見其有同, 分而爲二而不害其未嘗離, 合而爲一而實歸於不相雜, 乃爲周悉而無偏也." 참조.

16) 위의 책. 같은 곳. "是則遂以理氣爲一物, 而無所別矣."

야 하며, 한 단계 더 나아가 스스로 사단으로 드러날 수 있도록 해야 한다. 앞에서 언급한 퇴계학만의 중요 특징인 '리발理發'이 만들어지는 이유이다. 이를 위해 이황은 『주자어류朱子語類』의 말을 인용하여 "사단은 리가 발한 것이고, 칠정은 기가 발한 것이다"[17]라고 말함으로써, '리발'의 가능성을 드러낸다. 이황이 "사단에도 기가 없지 않지만 리가 발하는 것이라 말하고, 칠정에도 리가 없지 않지만 단지 기가 발하는 것이라고 말할 따름이오"[18]라고 말한 것은 이 같은 이유에서이다. 이와 같은 논의가 주자학적 리 개념에 따라 비판하는 기대승의 반박에 부딪치자 결국 "사단은 리가 발하매 기가 그 리를 따르는 것이고, 칠정은 기가 발하매 리가 그 기를 타는 것이다"[19]라고 물러서지만, '리가 발한다'는 사실 자체를 부정하지는 않는다. 이황이 사단칠정논쟁의 과정에서 마지막까지 포기하지 않았던 '리기호발설理氣互發說'은 이렇게 해서 만들어진다.

그렇다면 이황이 말하는 '리발'의 실질적 의미는 무엇일까? 그는 선함의 근거가 되는 리가 '살아 있는 리'여야 한다는 전제로부터 '리발'설을 출발시키고 있다. 이는 기존의 주자학적인 리가 '죽어 있는 리'로 이해될 수 있는 가능성이 있다는 염려이기도 하다.

---

17) 위의 책. 「退溪答高峰四端七情分理氣辯」. "四端是理之發, 七情是氣之發." 원래 이 말은 朱熹. 『朱子語類』. 卷53. "四端是理之發, 七情是氣之發."을 인용한 것임.

18) 위의 책. 「退溪答高峯非四端七情分理氣辯第二書」. "四端非無氣, 而但云理之發, 七情非無理, 而但云氣之發."

19) 위의 책. 같은 곳. "但四則理發而氣隨之, 七則氣發而理乘之耳."

> 情意와 造作이 없다는 것은 리가 본래부터 그러한 體이고 발현하는 곳을 따라서 이르지 않음이 없다는 것은 리가 지극히 신묘한 用이라는 사실을 알았습니다. 이전에는 오로지 본체가 無爲한다는 것에만 주목하면서 妙用이 드러나서 행할 수 있다는 사실은 몰랐습니다. 그런데 이것은 리를 죽은 존재(死物)로 여기는 것이니, 도에서 또한 심하게 벗어난 것이 아니겠습니까?[20)]

리가 동함이 없어서 무위한 존재라면, 그것은 리를 죽은 존재로 여기는 것이다. 리는 스스로 묘용을 드러내면서 행할 수 있다는 사실을 인정한 것으로, 이황은 여기에 대해 리의 체용구조를 가지고 설명한다. 물론 리는 이미 체[體]이기 때문에 그것을 다시 체용으로 나눈다는 것 자체가 범주의 오류이다. 그러나 이황은 리를 다시 체용으로 분리하여 적극적인 발현의 가능성을 강조한다. 리가 결코 사물[死物]이어서는 안 된다는 것을 강조하기 위한 것으로, 이러한 논의구조에서는 리의 용이 그대로 기[氣]인 상태로 치환되지는 않게 된다. 리가 능동적일 수 있는 이론적 토대가 마련되고 있는 대목이다.

그러면서 동시에 이황은 리발에 대해 앞의 인용문에서 보듯이 '사단에도 기가 없지 않지만 리가 발하는 것'이라고 말하면서, 그 이유에 대해 "하나는 리가 위주인 까닭에 리를 가지고 말했고, 하나는 기가 위주인 까닭에 기를 가지고 말했을 따름이오"[21)]라고 말한다. 리

---

20) 李滉. 『退溪集』. 卷18. 「答奇明彦別紙」. "是知無情意造作者, 此理本然之體也, 其隨寓發見而無不到者, 此理至神之用也. 向也但有見於本體之無爲, 而不知妙用之能顯行. 殆若認理爲死物, 其去道不亦遠甚矣乎."

21) 李滉 · 奇大升. 앞의 책. 「退溪答高峯非四端七情分理氣辯第二書」. "一則理爲主, 故就

발의 의미가 '리만 발하는 것'이 아니라, 리를 위주로 한 것임을 밝힌 대목이다. 이 때문에 이황은 기대승에게 "공은 리발에 대해서 말할 때는 오로지 순수한 리만이 발하는 것임은 바꿀 수 없는 정론이라 생각하면서, 기발에 대해서 말할 때는 오로지 기만을 가리켜 말한 것이 아니라고 생각하고 있으니, 이처럼 똑같은 하나의 말을 둘로 나누어 다르게 해석한 것은 무슨 까닭이오?"[22]라고 반문한다. 리가 중심이 되어 능동적으로 발현되고 기가 그 리에 의해서 드러나는 양상 역시 리발로 보고 있는 것이다. 따라서 이황에게서 리발은 리가 정말 움직이는 것이라기 보다 기를 제어하고 통제하여 자신의 의도대로 기를 움직여 낼 수 있는 능력을 의미하는 것으로 이해할 수 있다.

이처럼 이황은 주자학적인 일반론과 비교할 때 무리수가 따름에도 불구하고, '리발'을 적극적으로 옹호한다. 물론 이황에게 있어서 리발이 '직접적인 동정'을 의미하는 데까지 이르지는 않았지만, 리가 기를 능동적으로 제어하고 통제하여 리의 의도대로 기를 움직일 수 있는 영역이 있음을 분명히 한다. 사단은 이와 같은 리발에 의한 정감으로 규정하고 싶었던 것이다. 이황의 '리발'설은 이후 이현일李玄逸(葛庵, 1627~1704)에 이르면 리가 실제 동정할 수 있는 가능성으로 이어지기도 하며, 이상정李象靖(大山, 1710~1781) 역시 리를 활물活

理言, 一則氣爲主, 故就氣言."

22) 위의 책. 같은 곳. "公於理發, 則以爲不可易, 氣發則以爲非傳指氣, 將一樣語, 截作兩看, 何耶?"

物이라고 강조하면서 리의 주재성과 능동성은 강하게 긍정하는 입장으로 나아간다.[23] '퇴계학'을 규정할 때 '리발'의 인정 여부를 중요한 기준으로 삼는 이유이다.

지금까지의 논의를 바탕으로 퇴계학의 특징을 다시 정리해 보면 다음과 같다. 첫째, 사단과 칠정을 대대관계로 파악하고, 이러한 이론의 근거가 되는 리와 기의 관계 역시 불상잡 중심으로 파악한다는 사실이다. 이는 리기의 관계를 존재론 중심으로 파악했던 주자학의 일반적 이해와 달리, 가치론 중심으로 이행하면서 바뀐 퇴계학의 특수성이다. 이와 같은 기반 위에서 둘째 리가 기를 능동적으로 제어하고 활동성을 가진 존재로 설정되는 '리발'이 중요한 특징으로 부각된다. 이는 리와 기를 대대관계로 파악하면서, 리의 능동성과 주재성의 폭을 이론적으로 넓혀 준 것이다.

3. 장현광의 경위설과 리기 및 사단칠정의 관계

장현광의 성리설은 리와 기, 성과 정의 관계를 씨줄과 날줄의 결합으로 이해는 경위설經緯說로 대표된다. 리와 기의 관계를 씨줄과 날줄에 빗대어 이해하는 장현광의 기본 입장은 주자학 내에서 체용론體用論처럼 그의 철학 전체에 적용되고 있기 때문이다. 이를 위해 그

---

23) 여기에 대해 자세한 내용은 이상호, 「퇴계학파의 리발 강조와 그 윤리적 함의」를 참조.

는 경위설에 대한 방대한 양의 집필을 통해 그것이 가진 의미와 체계를 설명한다.[24] 이번 장은 이를 중심으로 장현광의 리기관계 및 사단·칠정의 관계를 확인해 보고, 이것이 퇴계학과 어떠한 차별성이 있는지 살펴볼 것이다.

리기 관계는 주자학 이론에서 가장 많은 논의를 낳은 곳이다. 어느 입장에서 보는가에 따라 각기 다른 관점을 형성할 수 있도록 하기 때문이다. 모든 존재를 리기 결합으로 설명했던 주자학 내에서 리와 기는 원론적으로 불상리不相離이면서 불상잡不相雜인 관계이다. 그러나 이 원론은 불상리 중심으로 불상잡을 받아들이는 입장과 불상잡 중심으로 불상리를 받아 들이는 입장에 따라 각기 다른 관점을 형성할 수밖에 없고, 이는 리기관계에 대한 많은 설명과 논쟁이 등장했던 이유가 되었다. 사람과 말, 달과 물 등의 비유들이 바로 그 실례들이다. 이같은 관점에서 보면 장현광의 경위설 역시 리기 관계에 대한 또 하나의 비유라고 말할 수 있다.

장현광은 리와 기의 관계를 사람과 말로 비유하여 설명했던 기존 입장에 대해 비판적 관점을 분명히 한다. 경위설은 여기에 대한 대안으로 제시된 내용이다. 그럼 그는 왜 사람과 말의 비유가 리기관

24) 경위설은 장현광의 단독 저서인『性理說』의 독립 장으로 제시되어 있다. 에서 하나의 단독 장으로 제시되어 있다. 그 장 속에서 경위설은 총 9개의 장으로 나누어 설명되고 있다. 자세한 것은 張顯光.『性理說』. 卷4~6.「經緯說」(이 책은 장현광의 단독 저술로,『旅軒先生全書』下(仁同張氏南山派宗親會. 1983년) 속에 들어 있다. 여기에서는『旅軒先生全書』下를 별도로 표기하지 않고,『性理說』을 대표책명으로 사용한다.) 참조.

계를 설명하는 데 적절하지 못하다고 생각했을까?

> 선유들이 사람과 말의 관계를 가지고 리와 기의 관계를 비유하였으니, 리는 사람에 비유하고 기는 말에 비유하였다. 그래서 리가 기를 타고 있는 것이 마치 사람이 말을 타고 있는 것과 같으며, 리는 스스로 운행할 수 없어서 기를 타고 운행하는 것이 마치 사람이 스스로 갈 수 없어서 말을 타고 가는 것과 같다고 하였다. 이 비유는 본래의 뜻에 가까워서 좋은 비유가 아닌 것은 아니지만, 사람과 말처럼 어떻게 두 개의 각기 다른 사물이 될 수 있을까라고 생각된다. 리와 기는 사람과 말이 서로 다른 두 존재인 것과는 같지 않다. 사람과 말의 귀함과 천함은 이미 다르니 사람은 사람이고 말은 말이어서 각각 단독적인 존재이다. 천한 존재를 기다려 귀한 존재가 사용하는 것이므로 사람이 말을 취하여 타는 것이 되니, 그 존재는 각기 다른 둘이 된다.[25)]

사람과 말로 리기 관계를 비유할 경우 대전제인 '불상리'에서 어긋난다는 의미이다. 사람과 말은 각기 다른 존재가 서로 필요에 의해 합쳐진 형태이므로, 리와 기도 그렇게 인식될 수 있다. "리와 기는 사람과 말이 서로 다른 두 개의 존재인 것과는 같지 않다"는 장현광의 비판은 이 지점을 정확하게 겨냥하고 있다. 주희 이후 이황까지

25) 위의 책. 卷5.「經緯說 · 經緯說總論」. "先儒以人馬喩理氣, 理比之人, 氣比之馬, 理之乘氣若人之乘馬, 理不能自行乘氣而行, 猶人不能自行乘馬而行也. 此喩近矣, 則莫不以爲善喩矣, 竊以爲人與馬奈是兩物耳. 若理氣則非如人與馬之爲兩物者也. 人與馬貴賤, 雖殊旣是人自人馬自馬, 各自爲一物, 待以賤者, 當爲貴者之所使用, 故人取馬, 以爲所乘之物焉, 其爲物則二焉矣."

내려오고 있는 사람과 말의 비유[26]에 대해 리와 기를 각기 다른 존재로 보기 때문에 문제가 있다는 입장을 분명히 하고 있는 것이다. 리기관계를 사람과 말로 설명하는 것이 매우 적절하다고 평가했던 이황[27]과는 다른 입장으로, 장현광의 성리설이 이황과 다른 입장으로 나아갈 가능성을 열고 있는 지점이다.

이같은 비판 위에서 장현광은 리기관계에 대해 씨줄과 날줄의 비유를 통해 이해할 것을 권한다. 리기는 사람이 말을 타고 있는 것과 같은 관계가 아니라 씨줄과 날줄이 직조되어 있는 것과 같은 관계로 이해해야 한다는 말이다. "리는 도道의 날실(經)이고 기는 도의 씨실(緯)이다"[28]라는 장현광의 말은 바로 여기에서 나온다.

> 씨실이 되고 날실이 되는 것이 비록 구분은 되지만 모두 같은 실이니, 그 근본을 둘로 나눌 수 있겠는가? 리가 되고 기가 되는 것도 비록 나눌 수는 있지만 모두 같은 도이니 그 근원을 둘로 나눌 수 있겠는가? 항상 되고 일관된 것을 가리켜서 리라 하고 그것이 변화하는 것을 가리켜 기라 하는 것이니, 리는 기에 대해 씨실(經)이고 기는 리에

---

26) 리기관계를 사람과 말로 비유하는 논의는 정상봉의 논문을 참조할 만하다. 정상봉, 2005,「旅軒의 성리학과 주지의 성리학」,『유교사상연구』제24집, 한국유교학회, 15쪽 이하를 참조.

27) 李滉 · 奇大升, 앞의 책,「退溪答高峰非四端七情分理氣第一書改本」. "古人以人乘馬出入, 譬理乘氣而行正好. 盖人非馬不出入, 馬非人失軌途, 人馬相須不相離. 人有指說此者, 或泛指而言其行, 則人馬皆在其中, 四七渾淪而言者是也. 或指言人行, 則不須並言馬, 而馬行在其中, 四端是也. 或指言馬行, 則不須並言人, 而人行在其中, 七情是也. 今見滉分別而言四七, 則每引渾淪言者以攻之, 是見人說"人行馬行", 而力言人馬一也, 不可分說也. 見滉以氣發言七情, 則力言理發, 是見人說"馬行", 而必曰人行也. 見滉以理發言四端, 則又力言氣發, 是見人說"人行", 而必曰馬行也." 참조

28) 장현광, 앞의 책, 卷4,「經緯說 · 論經緯可以喩理氣」. "理乃道之經也, 氣乃道之緯也."

> 대해 날실(緯)이다. 그러므로 어떻게 기에 관여하지 않는 리가 있겠으며, 리에 근본하지 않는 기가 있겠는가?[29)]

씨실과 날실은 모두 같은 실이어서 그 근본을 둘로 나눌 수 없는 것처럼, 리와 기 역시 모두 같은 도道이므로 그 근원을 둘로 나눌 수 없다는 말이다. 이를 기반으로 리와 기는 서로에게 씨실과 날실이 되어 결코 떨어질 수 없다는 사실을 말하기 위한 것이기도 하다. 이 때문에 장현광은 "리를 씨줄에 비유하고 기를 날줄에 비유하는 것은 씨줄과 날줄이 각기 다른 두 존재가 아니고 리와 기가 두 개의 각기 다른 도가 아니기 때문이다. 이것을 가지고 저것에 비유하니, 하나의 도에 체용體用과 본말本末이 들어 있다는 사실을 알 수 있다"[30)]라고 말한다. 리기를 경위관계로 파악하는 입장은 리기관계를 '불상리' 중심으로 파악하는 과정에서 나온 것임을 알게 하는 대목이다. 이와 같은 이유에서 그는 다음과 같이 말한다.

> 후대 학자들은 체용이 하나의 근원이라는 사실과 씨줄 · 날줄이 하나의 사물이라는 사실을 모르고 단지 리와 기라는 이름 때문에 리는 원래부터 리이고 기는 원래부터 기라고 생각하였다. 이렇게 되면서 리기가 하나의 도라는 사실과 어긋나게 되었을 뿐만 아니라 어느 것

---

29) 위의 책. 같은 곳. "爲經爲緯者雖別, 而同是絲也, 則其可以二其本乎? 爲理爲氣者雖分, 而同是道也, 則其可以二其源乎? 指其常一者而謂之理, 指其變化者而謂之氣, 則理固經於氣, 而氣固緯於理矣. 理豈有不管氣之理, 氣豈有不本理之氣哉?"

30) 위의 책. 卷4.「經緯說 · 申論理氣經緯」. "夫以理擬之於經, 以氣擬之於緯者, 經緯非二物也, 理氣非二道也. 以此喻彼可知其一道之有體用本末耳."

은 리에서 나오고 어느 것은 기에서 나온다고 말하는 데까지 이르게 되었다.[31]

장현광은 리와 기를 각기 다른 존재로 바라보는 것에 대한 강한 비판적 관점을 유지하고 있다. 리기는 하나의 도에 대한 각기 다른 측면에 불과한 것이지 서로 다른 존재가 아니라는 말이다.[32] 즉 리기 관계에 대해 불상잡에 무게 중심을 두고 있는 이황과 달리, 불상리 중심으로 리기 관계를 이해하고 있다는 말이다. 존재론의 측면에서 리와 기의 관계를 설정하고 있는 주지학이나 율곡학과 유사한 입장이라고 말할 수 있는 이유이다.[33]

이같은 장현광의 입장은 사단과 칠정의 관계에 대해서도 마찬가지이다. 이황의 사단칠정론이 리기관계를 불상잡에 무게를 두고 파악함으로써 나온 결론인 것처럼, 장현광 역시 리기 관계에 대한 자기 입장을 중심으로 사단칠정의 관계를 정리한다. 이러한 이유에서 장

---

31) 위의 책. 같은 곳. "後儒不知體用之一源經緯之一物, 只據曰理曰氣之名目, 便作理自理氣自氣, 殊不成理氣之爲一道焉, 至謂稟底出於理稟底出於氣, 是則道若有二本者."

32) 장현광의 이 같은 입장은 李玄逸이나 李栗 같은 인물에 의해 '理氣一物說'이라는 비판을 받는다. 자세한 내용은 김용헌. 2008.「퇴계학파의 여헌 장현광 비판에 관한 연구」.『퇴계학보』123집. 퇴계학연구원; 김용헌. 2006.「활재 이구의 장현광 성리설 비판」.『유교사상연구』제27집. 한국유교학회; 유권종. 2006.「갈암의 여헌 성리학에 대한 비판 고찰」.『유교사상연구』제27집. 한국유교학회 등을 참조.

33) 이와 같은 이유에서 김용헌은 "리기일도설 또는 리기일본설이라고 할 수 있는 경위설의 구체적인 내용은 율곡 리기설과 일정한 거리가 있으나 리기불상리를 강조하는 문제의식만큼은 공유되고 있다"고 말한다. 사실 퇴계학과 율곡학을 나누는 중요한 근거는 리기의 관계를 불상리 중심으로 파악하는가, 그렇지 않으면 불상잡 중심으로 파악하는가에 있다. 이 같은 입장에서 보면 장현광의 리기관계론은 원론적으로 율곡학과 닿아 있다고 말할 수 있다. 김용헌. 앞의 글. 18쪽.

현광은 '리기 불상리'에 무게 중심을 두고 사단칠정의 관계 역시 "칠정 이외에 다른 정은 없으니, 사단은 결코 칠정에서 벗어난 다른 정이 아니다"[34]라고 말한다. 기대승이 이황에게 칠정 이외에 다른 정이 없다는 사실을 주장하면서, 사단과 칠정을 각각 리와 기에 분속시키는 것에 반대하였던 것과 같은 맥락이다.[35] 이 때문에 장현광은 사단과 칠정의 관계에 대해 다음과 같은 입장을 분명히 한다.

> 사단은 칠정 이외에서 달리 사단으로 발출해 오는 길이 있지 않다. 惻隱之心은 칠정의 愛와 哀이며, 羞惡之心는 칠정의 怒와 惡이고, 辭讓之心은 喜怒哀樂愛惡의 사이에서 이루어지는 것이며, 시비를 구분할 수 있는 마음은 順逆과 輕重의 지경을 구분할 수 있는 것이니, 칠정 이외에 어디에 사단이 있겠는가?[36]

사단과 칠정을 두 개의 다른 정으로 이해한 이황과 달리, 장현광은 하나의 정으로 이해한다. 특히 그는 주희가 "희喜 · 노怒 · 애愛 · 오惡는 인의仁義이고 애哀와 구懼는 예禮를 주로 하며, 욕欲은 물과 같아서 지智

---

34) 장현광, 앞의 책, 卷4, 「經緯說 · 申論理氣經緯」. "七情之外, 無他情也. 四端斷不出七者之區域矣."

35) 李滉 · 奇大升, 앞의 책, 「高峰上退溪四端七情說」. "子思曰, '喜怒哀樂之未發, 謂之中, 發而皆中節, 謂之和.' 孟子曰, '惻隱之心, 仁之端也, 羞惡之心, 義之端也, 辭讓之心, 禮之端也, 是非之心, 智之端也.' 此性情之說也, 而先儒發明盡矣. 然竊嘗攷之, 子思之言, 所謂道其全也, 而孟子之論, 所謂剔撥出來者也. 蓋人心未發, 則謂之性, 已發謂之情. 而性則無不善, 情則有善惡, 此乃固然之理也. 但子思孟子所就以言之者不同. 故有四端七情之別耳, 非七情之外復有四端也." 참조.

36) 장현광, 앞의 책, 卷4, 「經緯說 · 申論理氣經緯」. "四端, 卽非七情之外別有四端之路脈也. 惻隱直是七情之愛與哀也, 羞惡直是七情之怒與惡也, 辭讓施於喜怒哀樂愛惡之際, 是非別於順逆輕重之境, 則其於七情之外有四端乎."

의 영역이다. 하지만 이것은 거칠게 말한 것일 뿐, 실제로 나누기 어렵다"[37]라고 한 말을 조금 더 세밀하게 정리하여 위와 같이 말하였다. 사단과 칠정이 결코 다른 정이 아니며, 사단은 칠정 가운데 선한 정만을 말했다는 의미이다. 다시 말해 사단과 칠정이 각기 다른 묘맥苗脈에서 발흥되는 것이 아니라, 같은 묘맥에서 발흥한 하나의 정이라는 말이다. 이러한 이유에서 장현광은 "후학 가운데 제대로 알지 못하는 자들이 두 가지 발發이라는 말로 인해 마침내 사단은 단연코 리에서 발한 것으로 기가 섞이지 않은 것이라 말하고, 칠정은 단연코 기에서 발한 것으로 리가 섞이지 않은 것이라고 말하니, 이는 사단과 칠정을 구분하여 반드시 그 근본을 두 개로 나누고자 하는 것이다. 그러므로 어떻게 성과 정의 이치를 아는 자라고 하겠는가?"[38]라고 말한다. 발發이라는 말을 통해 사단을 리로, 칠정을 기로만 연관시켜 해석할 수 없다는 의미이다.

이와 같은 장현광의 입장은 사단칠정논쟁 과정에서 드러난 기대승의 비판과 궤를 같이 하는 것으로, 장현광 역시 이러한 이유에서 이황에 대한 비판적 입장을 드러낸다.[39] 그래서 장현광은 사단과 칠정의 관계를 다음과 같이 좀 더 명시적으로 말한다.

---

37) 朱熹.『朱子語類』. 卷87.「禮四 · 禮運」. "喜怒愛惡是仁義, 哀懼主禮, 欲屬水, 則是智. 且粗恁地說, 但也難分."

38) 장현광. 앞의 책. 卷4.「經緯說 · 申論理氣經緯」. "然而後學之未達者, 因兩發之言, 遂以四端爲斷然從理而發, 謂不雜於氣, 七情爲斷然從氣而發, 謂不係於理, 界分四七, 必欲二其本. 此豈知性情之理者哉?"

39) 이 논의는 다음 장에서 다루고 있다.

> 그러므로 칠정은 사단 이외의 별개 존재가 (칠)정이 된 것은 아니며, 사단도 칠정 이외의 별개 존재가 '(사)단端'이 된 것은 아니다. 무릇 칠정 가운데에서 각각 그 본래의 덕을 좇아 막 발하기 시작하여 잘못됨이 없는 것을 가르킨 것이 바로 사단이다. 그러므로 사단과 칠정이 아직 형성되지 않고 발하지도 않은 그 이전에 반드시 존양함으로써 '(사)단'이 됨에 있어서 치우치거나 의존하지 않도록 해야 하며, 그것을 반드시 확충하여 그 (칠)정이 됨에 있어서 갇히거나 망하지 않도록 해야 하고, 그것을 반드시 절제하고 하나로 모아 어그러지거나 벗어나지 않도록 해야 하니, 이것이 바로 씨줄(經)을 주로 하면서 날줄(緯)을 다스려 가는 학문이다.[40)]

사단은 씨줄에 해당하는 성이 날줄인 정으로 발현하기 시작하는 시점으로, 성의 속성을 그대로 유지한 상태이다. 그리고 이것이 완전하게 사람의 정으로 발현된 것이 바로 칠정이다. 칠정이 되면 성의 속성이 그대로 유지될 수도 있고 사욕에 물들 수도 있기 때문에 선할 수도 있고 악할 수도 있다. 이처럼 장현광은 사단과 칠정을 선한 정감과 선악 미정의 일반 정감으로 나누어 보면서도, 그 속성을 시간적 개념으로 파악한다. 일반 정감을 칠정으로, 그 속에 선한 정감만을 사단으로 이해하는 기대승과 같지만, 그것을 시간상의 흐름으로 이해하는 독특한 모습을 보여주고 있는 대목이다. 이러한 이유에서 장현광은 사단이 올바르게 만들어지고 그것이 칠정 전체로 퍼

40) 장현광. 앞의 책. 卷4.「經緯說 · 申論理氣經緯」. "然則七情不是外四端而別爲情, 四端不是離七情而別爲端也. 就夫七情之中, 指其各從本德, 始發無僞者, 是四端也. 然則於其四七未形未發之前, 必有以存養之, 不使之偏倚於其爲端也. 必有以擴充之, 不使之牿亡於其爲情也, 必有以節約之, 不使之乖戾焉者, 乃所以主經治緯之學也."

질 수 있도록 하는 확충 공부가 필요한데, 이것이 바로 성인 씨줄(經)을 주로 삼고 그 위에서 날줄(緯)를 만들어 가는 공부이다.

이처럼 장현광은 퇴계학과 달리, 리기 관계를 불상리에 무게 중심을 두고 이해한다. 이것은 사단과 칠정의 관계 역시 '하나의 정'으로 이해하는 입장으로 이행된다. 물론 선한 정감과 선악 미정의 일반 정감으로 개념은 나뉘지만, 이 둘의 근원이 다르거나 정이라는 속성 자체를 달리하는 것은 결코 아니라는 말이다. 리기 및 사단칠정의 관계에 있어서 퇴계학과 다른 입장으로 나아가고 있는 대목이다.

4. 장현광의 '리발'설과 리의 능동성 문제

그렇다면 퇴계학의 가장 중요한 특징인 '리발'설에 근거한 리의 능동성 문제는 장현광에게 어떻게 받아들여질까? 사실 이황의 리발설은 리기관계를 '불상잡' 중심으로 설명할 때 논리적으로 도출되는 귀결점이다. 리와 기가 '불상리' 중심으로 설정되면 '발'함은 기에 맡겨지고 리는 원리로서의 역할만 주어진다. 이에 비해 '불상잡' 중심으로 리기관계가 설정되면, 리와 기의 구분이 강조되므로, 리는 단순한 원리에서 벗어나 적극적으로 기를 제어하고 통제해야만 한다. 리의 능동성이 강조되며, 여기에서 한 단계 더 나가면 기와 상관없이 리가 발현될 수도 있다는 논의까지 이르게 된다.

이와 같은 인식 위에서 우리는 장현광의 '리발'에 주목할 필요가 있다. 장현광의 사단칠정론을 평가할 때 많은 학자들은 그의 '리발설'에 주목한다.[41] 장현광의 철학을 퇴계학의 영향선상에서 파악할 수 있는 좋은 단초로 볼 수도 있기 때문이다. 리기호발 과정에서 리의 능동성을 '리발'로 정리했던 이황의 입장에서 한 발 더 나아가 사단과 칠정 모두를 '리발'로 본 것으로 이해할 수도 있다는 의미이다.

그런데 우리는 여기에서 '리발'이 가진 문제의 핵심을 명확히 할 필요가 있다. 이황은 사단의 근거를 리로 연결시키고 칠정의 근거를 기로 연결시키는 과정에서, 리의 능동적인 발현을 통해 사단이 만들어진다는 의미에서 '리발'을 인정한다.[42] 이에 비해 칠정은 기의 영향을 많이 받아 리가 능동성을 잘 발휘할 수 없다는 측면에서 '기발'이라고 했다. 따라서 '리발'은 '악의 가능성을 가지고 있는 기와 상관없거나 또는 기를 통제하고 제어함으로써 리의 적극적 의지가 발현된 선한 정감을 형성시킨다'는 의미를 가지며, 이러한 이유에서 리의 능동성이나 주재성을 가지고 '리발'이라고 말했던 것이다.

---

41) 이 점을 논의의 중요한 지점으로 삼은 대표적 논문으로 안영상의 논문이 있다. 그는 장현광과 이익의 성리설을 비교하면서, '리발'의 관점이 유지되고 있다는 사실에 주목한다. 자세한 것은 안영상. 2005.「여헌 장현광과 성호 이익의 성리설 비교 연구」. 『유교사상연구』 제24집. 한국유교학회. 40쪽 이하를 참조.

42) 李滉 · 奇大升. 앞의 책.「退溪答高峰非四端七情分理氣第一書改本」. "滉謂四端之發, 固曰非無氣. 然孟子之所指, 實不在發於氣處. 若曰兼指氣, 則已非復四端之謂矣. 而辯誨, 又何得以四端, 是理之發者, 爲不可易耶." 및 같은 책, 같은 곳, "若以七情對四端, 而各以其分言之, 七情之於氣, 猶四端之於理也, 其發各有血脉, 其名皆有所指, 故可隨其所主, 而分屬之耳. 雖滉亦非謂七情不干於理, 外物偶相湊著而感動也. 且四端感物而動, 固不異於七情. 但四則理發而氣隨之, 七則氣發而理乘之耳.", 같은 책, 같은 곳, "滉謂就同中, 而知實有理發氣發之分, 是以異名之耳. 若本無所異, 則安有異名乎? 故雖不可謂七情之外復有四端, 若遂以爲非有異義, 則恐不可也." 등을 참조.

이에 비해 기대승이나 이이李珥(栗谷, 1536~1584)가 사단칠정론에서 퇴계학의 리발을 인정하지 못하는 이유는 '발發'의 속성 자체가 리에 부여될 수 없다는 주자학의 일반론에 근거한다. 즉 리라는 원리에 의해 기가 발현된다는 사실은 인정하지만, 실제 발하는 것은 리가 아니라 기라는 말이다. 결국 정情인 사단이나 칠정 모두 기발인 이유이다. 발發을 포함한 모든 원리로서의 리는 인정하지만, 발하는 주체는 기이기 때문에 사단이나 칠정 모두 기의 발이라는 입장을 고수하고 있다. 리는 운동성을 비롯한 실질적 행위의 주체일 수 없다는 주자학의 일반론에 따르고 있는 대목이다.

이처럼 '리발'의 의미를 분명히 한 후 우리는 장현광의 '리발'을 살펴볼 필요가 있다. '리발'이라는 말이 중요한 게 아니라, 실제 그 의미가 이황이 말한 능동성 · 주재성 등을 갖는가 그렇지 않은가를 확인해 보아야 한다는 말이다. 이러한 전제 아래에서 우선 '리발'에 대한 장현광의 언급부터 확인해 보기로 하자.

> 칠정 이외에 다른 정은 없으니, 사단은 결코 칠정에서 벗어난 다른 정이 아니다. 이것을 합하여 말하면 사단과 <u>칠정은 모두 리가 발한 것이다. 왜냐하면 칠정은 성의 用이기 때문이나.</u> 사단과 칠정은 모두 기에 속한다. 왜냐하면 사단 또한 칠정처럼 已發의 영역이기 때문이다. 이른바 칠정이 리의 발이라는 것은 칠정의 응함이 순역의 두 영역을 벗어나지 않기 때문이다.[43]

---

43) 張顯光. 앞의 책. 卷4.「經緯說 · 申論理氣經緯」. "七情之外, 無他情也. 四端斷不出七者之區域矣, 合而言之, 四端七情, 皆理之發. 何則七情爲性之用也. 四端七情, 皆屬於氣也, 何則四端亦七情中已發也, 夫謂七情爲理發者, 七者之應, 旣不出順逆二境矣." 밑줄은 필자가 강조하기 위해 친 것임.

장현광은 리발을 언급하기에 앞서 '사단이 결코 칠정과 다른 별개의 정이 아님'을 전제한다. 사단과 칠정을 모두 리발로 규정하는 것은 이러한 전제 아래에서 나온다. 그는 이처럼 리발로 보는 이유에 대해 "칠정(인용문 첫 줄에 의해 여기에서 칠정은 사단을 포함한 하나의 정으로 보아야 한다)은 성의 용用이기 때문"이라고 말한다. 다시 말해 사단과 칠정은 모두 체體인 성(이것이 곧 理)이 용으로 발한 것이므로, 사단과 칠정은 모두 리발이라는 말이다. 사단과 칠정은 '하나의 기'이며 사단 또한 칠정처럼 이발已發의 영역이기 때문이다. 결국 '성이 발해서 정이 된다(性發爲情)'[44]는 주자학의 일반론과 다르지 않다. 이와 같은 장현광의 입장은 앞에서 본 것처럼 사단과 칠정을 시간적 속성으로 파악했기 때문인데, 그는 특히 사단과 칠정뿐만 아니라 성에서 정으로 이행 역시 하나의 과정으로 파악한다.

> 마음에 있어서 곡식의 씨앗과 같이 生의 理로서 본래부터 있는 것이 성이고, 그러한 생의 리로 인해서 발아하여 싹이 되는 것이 정이며, 자라나서 줄기나 잎, 꽃, 열매 등이 되는 것이 사람의 행동이나 일과 같은 것들이다.[45]

---

44) 주희의 직접 인용문은 朱熹.「朱子語類」. 卷59.「孟子9 · 告子上」. "情不是反於性, 乃性之發處." 및 朱熹.『孟子或問』. 卷11.「告子上」. "性之本體, 理而已. 情, 則性之動." 등을 참조. 이러한 논의를 통해 '성이 발해서 정이 된다'는 주자학의 일반적인 성정관계가 형성된다. 자세한 것은 陳來. 2002.『주희의 철학』. 이종란 외 옮김. 예문서원. 233쪽 및 오하마 아키라. 1997.『범주로 보는 주자학』. 이형성 옮김. 예문서원. 173~174쪽 등을 참조.

45) 장현광. 앞의 책. 卷4.「經緯說 · 申論理氣經緯」. "所謂心如穀種, 生之理固有者, 性也, 因其生之理而生爲芽苗者, 情也. 長爲莖葉花實者, 事業也."

씨앗처럼 나무나 생명이 될 수 있는 가능성을 가지고 있는 것이 성이고, 그것이 발아하여 싹이 되는 것이 바로 정이다. 그리고 이러한 정에 의해 사람의 행동이 만들어 진다. 따라서 성과 정 역시 원론적으로 가치론적 차별성을 갖지 않는다. 다만 성은 사람이 부여받은 본래 모습 그대로이기 때문에 선하며, 그것이 발아하여 싹이 되는 과정에서는 다양한 변수가 있어서 선과 악으로 나누어질 뿐이다. 사단과 칠정을 '하나의 정'으로 인정하며, 다만 성에서 막 발하기 시작하여 순수하게 선하기만 한 것을 사단으로 보고 그것이 마음 전체로 완전히 발한 상태를 칠정으로 보는 그의 입장은 바로 여기에 기인한다.

이러한 이유에서 장현광은 사단을 리발로, 칠정을 기발로 보는 이황의 입장에 대해 문제가 있다고 말한다. "사단을 리가 발한 것으로, 칠정을 기가 발한 것으로 여기는 것은 '근본 되는 바가 모두 리이고 발한 것은 모두 기'인 것과는 그 취지가 다르니, 여기가 의심 되는 점이다."[46]라는 장현광의 비판은 여기에 근거한다. 근원을 리로 보고 발한 것은 모두 기氣여야 하는 주자학의 일반론과 차이가 있기 때문이다. 리는 그 자체로 근원일 뿐, 운동성이나 능동성을 가질 수 없다는 일반론에 충실한 것이다. '발하는 것은 기'라는 장현광의 말은 이 점을 정확하게 드러내고 있다. 이러한 이유에서 그는 다음과 같이 말한다.

46) 위의 책. 卷7.「四端七情分合」. "其以四端爲理發七情爲氣發者, 乃與所本皆理所發皆氣者, 旨異矣, 此所以致疑之地也."

> 사단을 리가 발한 것이라고 생각하는 것은 어찌 사단의 발에 대해 性이 (외부사물에)접촉하여 感하여도 사욕과 거짓을 범하지 않아, 리가 발하는 바의 주가 되는 것이 아니겠는가? 칠정을 기가 발한 것이라고 생각하는 것은 어찌 칠정의 발에 대해 혹 사욕과 거짓이 개입하여 순선할 수 없게 됨으로써, 기가 발하는 바의 주가 되는 것이 아니겠는가? 저 설(퇴계의 설)은 순임금이 말한 도심과 인심의 구분을 祖述한 것 같다. 그러나 사단의 순선함을 가지고 리발로 여기고 칠정의 잡박함을 가지고 기발로 여기는 것은 이른바 '정이 근본하고 있는 것이 리이고 성이 발한 바가 모두 기라는 학설'이 바꿀 수 없는 종지가 되는 것만 못하다.[47)]

정은 성이 발한 것이고, 성은 정을 통해 드러난다는 주자학의 일반론에 따르면, 사단을 리발로, 칠정을 기발로 볼 수 없다는 비판이다. 장현광은 이와 같은 비판을 통해 '성발위정性發爲情'의 일반론을 적극적으로 옹호한다. 사단은 사욕과 인위가 개입되지 않은 상태의 정일 뿐 칠정과 사단을 따로 분리할 수는 없다는 말이다. 이 때문에 그는 위의 인용문 말미에 "만약 정밀하게 궁구하여 그 사실을 상세하게 알 수 있으면 사단은 진실로 칠정 가운데에서 벗어나지 않는다."[48)]라고 다시 한 번 강조한다. 장현광의 기본 의식은 사단과 칠정이 분리되지 않는다는 사실에 비중을 둔 것임을 알게 하는

47) 위의 책. 같은 곳. "蓋以四端爲理發者, 豈不以四端之發, 自是性觸便感, 不犯私僞, 故以理爲所發之主也. 以七情爲氣發者, 豈不以七情之發者, 或涉私僞, 不能純善, 故以氣爲所發之主也. 其說似乎祖述大舜道心人心之分也. 然而, 以四端純善而爲理發, 以七情有雜而爲氣發者, 不若所謂情之所本皆理性之所發皆氣之說, 爲不易之旨也."

48) 장현광. 앞의 책. 卷7. 「四端七情分合」. "苟能精究而祥認之, 則四端果不出七情之中也."

대목으로,[49] 그의 '리발'설은 바로 이와 같은 내용을 담보하기 위한 것이다.

이와 같은 시각에서 보면, 리의 발함이라는 것이 기와 상관없이 리 스스로 발현하거나 발동한다는 의미로 사용되지 않았음을 알 수 있다. 즉 리의 능동성이나 주재성을 의미하는 개념으로 볼 수 없다는 말이다. 이것은 장현광이 '발'의 의미를 어떻게 생각하는지를 통해 좀 더 명확하게 드러난다.

> 이른바 '發'은 動함만이 발이 아니라 靜함 역시 發 가운데 있는 정함이다. 또 감응(感)하는 것만 발이 아니라 寂然 역시 발함 가운데 있는 적연이다. 왜냐하면, 元氣가 천지가 되고 흐르는 기가 사람과 사물이 됨에 있어서 태극의 발 아닌 것이 없기 때문이다. 無形을 따라 有形이 되고 無爲를 따라 有爲가 되는 것이 이른바 '발' 아니겠는가? 이미 天地가 되었으면 천지에는 동함과 정함이 있고, 이미 사람과 사물이 되었으면 사람 마음에는 寂然과 감응이 있으니, 이것은 리발 가운데의 동정이 아닐 수 없으며 性發 가운데의 적연과 감응이 아닐 수 없다.[50]

안영상은 위의 인용문에 대해 "태극의 발이라는 것은 태극이 가지고 있는 내용이 현실화 된나(드러남)는 뜻이다"[51]라고 말한다. 다시

49) 안영상. 앞의 논문. 47쪽 참조.

50) 장현광. 앞의 책. 卷4.「經緯說 · 經緯說總論」. 所謂發者, 不獨動者爲發, 靜亦發中之靜也. 不獨感者爲發, 寂亦發中之寂也. 何則, 以元氣而爲天地, 以遊氣而爲人物者, 無非太極之發也. 從無形而爲有形, 從無爲而爲有爲者, 非所謂發耶. 旣爲天地, 則天地有動靜, 旣爲人物, 則人心有寂感, 此無非理發中之動靜, 性發中之寂感也.

51) 안영상. 앞의 논문. 42쪽.

말해 '발'이라는 것은 태극, 즉 리가 기를 통해 구체화 되는 방식, 또는 사람의 성이 정을 통해 구체화 되는 방식을 의미한다. 따라서 장현광이 말하는 리발은 '리라는 원리가 기를 통해 드러나는 것'을 의미하는 것으로 이해할 수 있다. 이것은 실제 주희가 "미발未發은 태극의 정靜함이고, 이발已發은 태극의 동動함(太極之動)이다"[52]라고 말했을 때의 '태극지동太極之動'과 같은 의미이다.

이러한 입장에서 보면 장현광이 '발'한다고 했을 때의 '발'은 '시작한다'거나 혹은 '~로부터 발출한다'라는 의미에서의 발發임을 알 수 있다. '리'에 따라 기가 발하기 때문에 이것은 '리발'로 보아야 한다는 말이다.[53] 발하는 운동의 주체는 기이지만, 그러한 기가 리에 의해서 발하기 때문에 '리발'인 것이다. 또한 리가 적극적으로 주재하거나 능동적이라는 의미에서 '리발'이 아니라 리가 기의 움직임에 하나의 기준이나 원리가 된다는 측면에서의 '리발'이다. 이러한 리발은 결국 주자학 내에서 '리가 논리적으로 앞선다'는 기본 입장을 좀 더 적극적으로 해석한 정도라고 말할 수 있다.

이렇게 보면 장현광이 말하는 리발은 기와 별개의 존재인 리가 직접 동정하거나 또는 리가 기를 제어하거나 주재하는 능동성을 의미한다고 볼 수는 없다. 이것은 리기를 경위 관계로 파악하면서, 리기

---

52) 朱熹. 『朱文公文集』. 卷48. 「答呂子約第四十五」. "未發者, 太極之靜. 已發者, 太極之動也."

53) 자세한 것은 이희평. 2006. 『여헌 장현광의 철학사상』. 도서출판 월인. 191~195쪽 참조.

관계를 불상리 중심으로 이해하는 시각이 그대로 투영되어 있는 것이다. 명목상 리와 기를 나누어 말할 수는 있지만, 그것이 씨줄과 날줄처럼 직조되어 있기 리가 직접 동정하거나 기를 제어할 필요는 없다. 이렇게 되면서 장현광은 동정動靜문제에 있어서 "이른바 리는 동정으로 말할 수 없다. 동정이라고 말했다면 그것은 바로 기이다"[54] 라고 말한다. 리의 동정은 그대로 기를 통해 드러난다는 의미이다. 리와 기의 속성을 분명히 한 것으로 "동할 수 있고 정할 수 있는 기틀이 기이고, 정함이 있고 동함이 있게 하는 '항상됨'이 리이다"[55]라는 장현광의 말 역시 이러한 기반 위에서 이해할 수 있다.

지금까지의 논의를 통해 우리는 장현광의 리발 역시 퇴계학의 연장선에서 논의될 수 없다는 사실을 알 수 있다. 하지만 동시에 이와 같은 '리발'을 통해 그가 율곡학과의 연장선에 서 있지 않음도 분명히 드러내고 있다. '성발위정'이나 '태극의 동정' 문제를 논함에 있어서 율곡학은 '발'의 주체를 기에 맡기고 있는 것에 비해, 장현광은 '발현하게 하는 것'에 '발'의 속성을 부여하고 있다. 이러한 이유에서 우리는 장현광의 '리발'이 주자학에 대한 자기 이해로부터 나온 해석으로 이해할 수 있으며, 동시에 주자학에 대한 자기 이해의 한 단면이라고 말할 수 있다.

---

54) 張顯光, 앞의 책, 卷3, 「太極說 · 太極說附錄」. "夫所謂理也者, 不可以動靜言也. 旣曰動靜, 則便是氣也."

55) 위의 책, 卷5, 「經緯說 · 經緯說總論」. "能動能靜之機, 卽氣也, 有靜有動之常, 卽理也."

5. 맺음말

지금까지 우리는 장현광의 성리설을 퇴계학과의 비교관점에서 살펴보았다. 지금까지의 논의를 요약하면서 이를 바탕으로 장현광 성리설의 특징을 정리해 보기로 한다.

이미 충분하게 논의가 되었던 것처럼 퇴계학의 특징은 큰 틀에서 두 가지로 설정할 수 있다. 하나는 사단과 칠정의 소종래所從來를 분리해서 봄으로써 이 둘을 대대관계로 파악하고, 이로 인해 리와 기의 관계 역시 불상잡 중심으로 이해한다는 사실이다. 이는 사단과 칠정, 리와 기를 선과 악의 가능성으로 파악하는 과정에서 나온 것으로, 리에서 사단으로의 '하이패스 차선'을 별도로 설정하여 선함을 길을 확보하려는 의도가 분명하다. 이러한 논의는 퇴계학의 또 다른 특징인 '리발'설로 이어지게 하는 논리적 근거가 된다. 리와 기를 별개 존재로 파악하려는 시도는 리가 기와 상관없이 동정할 수 있거나, 그렇지 않으면 최소한 기를 적극적으로 제어하거나 통제할 수 있어야 하기 때문이다. 정도의 차이는 있지만, 리발로 설정되는 리의 능동성이 퇴계학파 전체의 중심 이론으로 자리잡은 이유는 바로 여기에 있다.

이 글에서는 장현광의 성리설을 앞에서 본 퇴계학파 성리설의 두 가지 특징과 비교하는 방법으로 논의가 진행되었다. 첫 번째 리기 및 사단칠정의 관계에 있어서 장현광은 이황의 입장에 대한 부정적 시각을 분명히 한다. 그는 사람과 말로 비유되었던 리기의 관계는 리와 기를 각기 다른 존재로 파악하는 문제가 있다고 비판하면서, 씨줄과 날줄의 관계로 파악할 것을 주장한다. '불상리' 중심으로 리기 관계를 파악해야 한다는 입장이 잘 드러나 있는 대목이다.

이와 같은 리기관계론은 사단과 칠정의 관계에 대한 이해에 있어서도 그대로 드러난다. 퇴계학은 사단을 칠정과 분리시키는 것으로부터 사단칠정론을 전개하고 있는 데 반해, 장현광은 사단과 칠정이 '같은 하나의 정'임을 논증하는 데 논의를 집중한다. 사실 주희는 리기론에 따라 심성론의 영역에서 성과 정을 리와 기의 결합으로 바라보면서, 성정관계에 주목하지 사단과 칠정의 관계에 논의의 초점을 맞추고 있지는 않다.[56] 장현광 역시 성과 정을 씨줄과 날줄로 파악하고, 사단과 칠정은 날줄이 되는 정의 단면들로 파악한다. 성이 막 발하는 시점을 사단으로, 그리고 전체 정으로 퍼져나간 상태를 칠정으로 보면서 사단이 선한 정감이고 칠정이 일반 정감인 이유를 설명한다. 사단과 칠정을 대대관계로 보는 것이 아니라, 하나의 정情이 가진 두 단면으로 생각하고 있는 것이다. 리기 및 사단칠정의 관계에 있어서 퇴계학과 기본적인 접근 시각이 다르다고 말할 수 있는 이유이다.

이와 같은 장현광의 입장은 두 번째 리발설에 있어서도 퇴계학과

56) 실제 주희의 『朱子語類』 전체에서 사단과 칠정을 병렬적으로 놓고 논의를 전개하는 경우는 채 10번이 되지 않는다. 대부분의 논의가 성과 정의 관계를 논의하는 과정에서 사단이나 칠정이 등장한다. 이상호. 2011. 『사단칠정 자세히 읽기』. 글항아리. 147쪽 이하 참조.

다른 관점을 유지한다. 앞에서도 밝혔던 것처럼 '리발'이라는 말 자체로 인해 장현광의 성리설이 퇴계학과의 연장선에서 논의되는 경우가 많다. 하지만 퇴계학의 리발은 앞에서도 말했던 것처럼 기와 별개로 갖는 리의 능동성이나 주재적인 능력을 의미한다. 그러나 장현광의 리발은 '시작한다'거나 혹은 '~로부터 발출한다'라는 의미에서의 발發일 뿐, 리의 능동성을 긍정하기 위함이 아니다. 이황의 리발설은 리기 불상잡의 논리적 근거 위에서 제기되는 것이라면, 장현광의 리발설은 리기 불상리가 전제된 상태에서 나오는 것이기 때문이다. 발의 주체는 기氣에 주어져 있고, 리는 그러한 발함의 원리를 가지고 있다는 정도의 의미로 이해할 수 있다. 따라서 장현광의 리발설은 주자학 일반론인 '성발위정性發爲情'을 논리적으로 치환시키는 과정에서 나온 것일 뿐, 퇴계학의 리발설과는 차별성을 갖고 있다.

이러한 입장에서 보면 장현광의 성리설은 주자학의 존재론적 원칙을 충실하게 받아들이면서 나온 결과라고 말할 수 있다. 그 스스로도 '천하의 제일 사업'을 "우주의 사업"으로 지칭하고 있는 것처럼,[57] 그가 관심을 가졌던 것은 우주의 운행원리와 그에 따른 사람의 삶이었다. 형이상학적인 리기론을 먼저 설정하고 그것을 통해 사람을 규명하려고 했던 주자학의 학문 방법과 유사한 길을 걷고 있는 것이다. 존재론 중심의 주자학을 정확하게 이해하고, 그것을 바탕으로 자신의 성리학을 구성하고 있는 것이다. 이는 가치론 중심으로

57) 이희평, 앞의 책, 43쪽.

주자학을 재해석하고 있는 퇴계학과는 분명한 차별성이 있는 영역이다.

다만 그가 말한 '리발'의 논의를 통해 우리는 장현광의 성리설에 퇴계학이 거의 영향을 주지 못했던 것처럼, 율곡학의 영향도 없었음을 알 수 있다. 이이와 동일한 이론적 입장에 서 있으면서도 이이는 그것을 '기발'로 말한 것에 비해, 장현광은 그것이야말로 '리발'이라고 말하고 있기 때문이다. 이같은 입장에서 보면 장현광의 성리설은 퇴계학이나 율곡학과의 연관성 속에서 논의되기 보다, 주자학에 대한 자기 해석의 결과물로 보아야 할 필요가 있다. 이 지점에서 우리는 장현광 성리설을 통해 낙중학의 차별적 영역을 읽어 낼 수 있다.

"역유태극易有太極"의 해석을 통해 본 여헌 장현광의 역학 사상

정 병 석

"역유태극易有太極"의 해석을 통해 본 여헌 장현광의 역학 사상

정병석 | 영남대학교 철학과

1. 머리말

여헌旅軒 장현광張顯光(1554~1637)은 주역 해석과 성리학의 관점에서 매우 독자적인 영역을 개척한 철학자로 평가된다. 여헌의 태극설太極說, 이기경위설理氣經緯說, 우주론, 「역괘총설易卦總說」이나 『역학도설易學圖說』에 보이는 그의 성리설이나 주역에 대한 관점 등은 다른 유학자들에서 볼 수 없는 독특한 해석 내용을 보여주고 있다. 이런 여헌의 독창적인 성리학 체계 역시 대부분 역학적 사유와 관련이 있다. 주지하다시피 여헌의 성리학의 연원이 어디에 있는지 또는 그가 이야기하려는 철학적 주장이 무엇인가에 대한 논의는 지금까지도 학계에서 많은 논란과 쟁점으로 남아 있는 것이 사실이다.

여헌 역학의 연원과 성격에 대한 평가 역시 다양하지만, 대체적으로 젊은 시절에는 소강절의 영향이 가장 큰 것으로 보인다. 얼핏 보아도 여헌 스스로 선천도先天圖나 후천도後天圖 등의 도설을 즐겨 사용하여 『역학도설』 등을 저작하거나, 상수를 강조하고, 천도天道를 통하여 인도人道를 해석하는 관점 등은 분명히 소강절의 영향이 있는 것으로 보아도 무방할 것이다. 이런 입장들은 여헌이 14세 때에 문장門長인 상사上舍 장순張峋에게 수학하였고, 『성리대전』의 「황극편皇極篇」을 읽고 해독이 가능하자 16세 이후로는 다른 스승에게는 나아가지 않았다는 「연보」의 기록이나, 「관물부觀物賦」 등의 문장에서도 분명히 나타난다. 그러나 이런 사실들이 소강절의 역학적 관점을 여헌이 무비판적으로 수용하였다는 의미는 절대 아니다. 우리가 여헌의 철학에 관심을 가지고, 가장 높게 평가하는 이유는 바로 주역에 대한 그의 독창적인 해석 때문이다.

여헌은 「녹의사질錄疑竢質」이라는 글에서 대표적인 주역 주석서인 정이천의 『역정전易程傳』과 주자의 『주역본의』의 경우를 예로 들어서 말하고 있다. 주자만큼 정이천을 높이고 숭상하는 사람도 드물지만, 『주역본의』를 보면 『역정전』의 말은 그대로 따르지 않거나, 심지어 반反하는 의견을 제시하는 부분이 적지 않은 것은 선유先儒와 달리하기를 좋아해서가 아니라, 공의公義가 있는 곳에는 이렇게 하지 않을 수 없기 때문이라고 말한다.[1] 여기에서 여헌은 권위에 굴복하여 올바른 진리를 차마 말하지 못하는 것은 자신의 본분을 다

1) 『旅軒先生續集』 卷5. 「錄疑竢質」. "嘗觀周易一書, 傳文出於伊川, 本義出於晦庵, 同是發明經旨也, 而本義之言, 亦不盡從傳說, 或有別用己見處。夫尊尙伊川, 孰如晦庵. 而臨文異, 同有如是焉, 則非所以好異於先儒, 以公義所在, 有不得不爾者也. 況所異者, 文義間微細曲折耳, 道理之大頭腦處, 未嘗不一也."

하지 못한 것이라고 말한다. 중요한 것은 성현을 존중하는 것이 아니라, 올바른 진리에 대한 존경과 받아들임이 더욱 중요하다는 사실이다. 즉 "공공의 의리에 있어서 자신의 견해를 바로 밝히는 것이야 말로 자신이 하여야 하는 분수이고 도리이기 때문이다"[2]라고 하였다. 여기에서 말하는 '공의'는 누구나가 받아들일 수 있는 보편적 관점이나 견해를 의미하는 것으로 보인다. 아무리 학문적 권위와 영향력을 가지고 있는 대학자의 견해라고 하여도 객관성과 보편성을 지닌 주장이 아니라면 받아들일 수 없고, 더 나아가 비판하는 것이야 말로 학자의 본분이라는 것이 여헌의 학문에 대한 기본적인 태도이다.

여헌의 학문적 태도가 창의적이고 독창적이라는 의미는 결코 기존의 관점들을 전혀 받아들이지 않는다는 것도 아니고, 오직 자신만의 생각만으로 자득한 관점을 일방적으로 주장하는 것은 더욱 아니다. 그 보다는 그의 학문 체계는 오히려 기존 학문을 비판적으로 계승하여 창조적으로 해석한 것으로 보아야 옳을 것이다. 구체적으로 여헌은 주역 연구에 있어서 당연히 기존의 관점들. 예를 들면 주돈이, 소강절, 정이천이나 주자의 관점을 비판적인 측면에서 수용하여 창조적으로 해석한 자신만의 독특한 체계를 보여주고 있다.

이 글은 여헌이 행한 주역 해석의 독창성을 역괘易卦의 형성 문제를 전문적으로 다루고 있는 「역괘총설易卦總說」에 보이는 "역유태극易

2) 같은 책. "公共義理, 各發其所見, 乃亦分內事也."

有太極"장[3)]에 관한 해석을 중심으로 살펴보려고 한다. 이 문장은 그렇게 길지 않지만 그의 역학적 관점의 특징을 고스란히 보여주고 있다. 여기에서 말하는 "역유태극"장은 주역 「계사전」에 보이는 "이러한 까닭에 역에는 태극이 있으니, 이것이 양의를 내고, 양의는 사상을 내고, 사상은 팔괘를 내니, 팔괘는 길흉을 정하고, 길흉은 큰 사업을 만든다(역유태극易有太極, 시생양의是生兩儀, 양의생사상兩儀生四象, 사상생팔괘四象生八卦, 팔괘정길흉八卦定吉凶, 길흉생대업吉凶生大業)"는 구절을 말한다. 여기에서는 비록 「역괘총설」의 관점을 중심으로 논의를 전개하지만, 아울러 『여헌선생문집』 중 「사물론事物論」과 「역학도설서」, 『성리설』 중 「태극설」, 「도서발휘편제圖書發揮篇題」 및 『역학도설』 등의 역학 관련 저작들을 함께 분석하여 그가 가지고 있는 주역 해석의 특징들에 대해 논의하려고 한다.

구체적으로 여헌 역학에 영향을 끼친 소강절 역학을 소개하여, 여헌과 강절의 역학적 해석 범주의 차이를 간단하게 소개하고, 여헌이 말하는 태극과 역의 관계, 태극의 성격, 양의, 사상과 팔괘의 형성 문제 등을 살펴보고, 아울러 삼재지도三才之道와 인간의 도덕사업道德事業 등의 문제들에 대해 분석하려고 한다.

3) 일반적으로 '易有太極章'이라는 말을 사용하지만, 정확하게 말하면 절(節)이라고 말해야 정확할 것 같다. 『주역절중(周易折中)』에서도 "易有太極 一節"이라고 말한다.

2. 소강절의 사편설을 넘어서

장현광 역학의 특징을 도상역圖象易으로 규정하고, 그 역학의 연원을 소강절에서 찾는 것이 일반적이다. 이런 견해 혹은 규정이 결코 틀린 말은 아니다. 이런 이유에서 여헌 역학의 원류 혹은 연원에 해당하는 강절 역학의 몇 가지 문제의 분석을 통해 여헌 역학의 성격과의 차이를 살펴보는 방식도 이 글의 이해에 도움을 줄 수 있을 것으로 본다. 이런 문제 제기는 결코 여헌의 역학을 강절 역학의 영향 아래 묶어두려는 시도라기보다는 오히려 그것을 넘어선 여헌만이 가지고 있는 독창적인 주역 해석의 관점을 잘 드러내 줄 수 있기 때문이다. 여기에서는 소강절과 여헌이 우주와 만물을 해석하는 주요한 역학적 범주의 차이에 대해서 간단하게 이야기해 보려 한다.

강절은 태극을 일체의 상象과 수數를 낳는 근원이고, 천지 만물의 시작으로 본다. 그는 "천지의 시작을 낳는 것이 있으니 태극이다"[4] 라고 하여 '천지의 시작'을 태극으로 본다. 그는 "도는 천지의 근본이고, 천지는 만물의 근본이다"[5] "만물을 만들 수 있는 것은 천지이고, 천지를 만들 수 있는 것은 태극이다. 태극은 이름붙일 수 있는가? 억지로 이름을 붙여 태극이라 한다"[6]고 하여 도와 태극을 같은

---

4) 『皇極經世』. 「觀物外篇」. "有生天地之始者, 太極也."

5) 같은 책. "道爲天地之本, 天地爲萬物之本."

6) 『邵子全書』 卷七. 「無名公傳」. "能造萬物者, 天地也；能造天地者, 太極也。太極其可得而名乎?故強名之曰太極."

개념으로 본다. 또 태극을 도道의 극極으로 보아[7] 태극을 도보다 한 단계 더 높은 개념으로 보기도 한다. 강절 철학에서 도나 태극보다 더욱 궁극적인 우주 만물의 본원은 보이지 않는다. 여기에서 말하는 도는 『역전易傳』의 "한번 음하고 한번 양하는 것을 도라고 한다(일음일양위지위도一陰一陽之謂道)"의 도에 해당한다. 그는 "한번 음하고 한번 양하는 것을 도라고 한다. 도는 소리도 없고 볼 수가 없는 것이다. 그러므로 도로의 도자를 빌려서 이름을 지은 것이니, 사람이 가려면 반드시 도로를 따라가야 하는 것이고, 한번 음하고 한번 양하는 것은 천지의 도니, 만물이 이를 따라 생겨나고 이를 따라서 이루어지는 것이다"[8]라고 말한다. 즉 도는 소리도 없고 형체도 없는 것으로, 만물은 모두 이것을 따라 생성되는 것으로, 사람을 포함한 만물의 생성법칙으로 보고 있다.

강절은 "태극은 일로 움직이지 않으나, 이를 낳는데 이는 신神이니, 신은 수를 낳고, 수는 상象을 낳고 상은 기器를 낳는다[9]고 하였다. 그는 태극을 '일'로 보아 태극과 일을 동의어로 본다. 그러나 강절은 태극의 일을 수로 보지 않는다. 그는 "일이라는 것은 수의 시작이지만 수는 아니다"[10]라고 하였는데 일을 부동不動의 상태로 보기

---

7) 『皇極經世』「觀物外篇」. "太極, 道之極也."

8) 같은 책. "一陰一陽之謂道. 道無聲無形, 不可得而見者也. 故假道路之道爲名. 人之有行, 必有乎道, 一陰一陽, 天地之道, 物由是而生, 由是而成者也."

9) 같은 책. "太極一也不動, 生二, 二則神也, 神生數, 數生象, 象生器."

10) 같은 책. "一者, 數之始而非數也."

때문이다. 여기에서 말하는 신은 "음양불측지위신陰陽不測之謂神"의 신으로 음양이 분화하는 변화를 의미하는 것으로 보인다. 그런데 태극은 부동하다고 하면서 어떻게 이를 낳는다고 말하는가? 여기에서 강절은 태극의 변화불측한 내재적 본성을 신으로 표현한다.

강절은 "태극이 움직이지 않는 것은 성이다. 발동하면 신하고, 신하면 수가 생기고, 수가 생기면 상이 생기고, 상이 생기면 기器가 생기고, 기의 변화가 다시 신으로 돌아간다"[11]고 하여 태극이 본래 부동하나 발동의 계기인 신을 가지고 있어서 수와 상을 드러낸다고 말한다. 즉 변화불측한 음양의 이가 있기 때문에 음양, 강유 등의 효상爻象과 괘상卦象이 생기고 구체적인 사물이 출현한다는 것이다. 이런 관점에서 출발하여 소강절은 본격적인 우주와 만물에 대한 상수적 해석을 전개해 나간다.

> 천은 동에서 생하고, 땅은 정에서 생하고, 한 번 움직이고 한 번 고요함이 교차하면서 천지의 도가 다한다. 움직임이 시작하는 것에서 양이 생기고, 움직임의 끝에서 음이 생겨나니 한 번 음하고 한 번 양하는 것이 교차하여 천의 작용이 다한다. 정이 시작하는 것에서 유가 나오고 정의 끝에 강이 나오니, 한 번 강하고 한 번 유하는 것이 교차하여 지의 작용이 다하게 된다.[12]

11) 같은 책. "太極不動, 性也. 發則神, 神則發, 發則象, 象則器, 器則變, 復歸於神也.

12) 『皇極經世』. 「觀物內篇」. "天生於動者也, 地生於靜者也, 一動一靜交, 而天地之道盡之矣. 動之始則陽生焉, 動之極則陰生焉, 一陰一陽交而天之用盡之矣. 靜之始則柔生焉, 靜之極則剛生焉, 一柔一剛交而地之用盡之矣."

강절은 동정을 신화神化의 시작으로 보고, 그것을 천지를 낳는 계기로 본다. 즉 천지의 도는 일동일정一動一靜의 작용이라는 것이다. 천지의 도를 일음일양一陰一陽과 관련시키는 것은 이해가 되지만, 의외로 강절은 일동일정을 매우 중요하게 여긴다. 강절 역학에서 음양과 동정 및 강유는 매우 중요한 해석 범주이다. 이것은 그의『경세연역도經世衍易圖』[13]를 보면 더욱 분명해진다.

太柔	太剛	少柔	少剛	少陰	少陽	太陰	太陽
--	一	--	一	--	一	--	一

柔	剛	陰	陽
--	一	--	一

靜	一動一靜之間	動
--		一

『經世衍易圖』

13) 여헌은『旅軒先生全書』下.「易學圖說」卷七;「祖述」편에『경세연역도』를 소개하고 있으며,「經世天地四象圖說」에서 邵伯溫의 말을 인용하여 "一動一靜之間"이 태극을 의미함을 수록하고 있다.

『경세연역도』에서 강절은 양의를 동정으로, 사상을 음양강유로, 8괘는 음양강유의 태太와 소少로 나누고, 태극을 동정의 사이라고 말한다. 소강절은 "무릇 한번 움직이고 한번 고요함은 하늘과 땅의 지극히 오묘함이구나! 한번 움직이고 한번 고요함의 사이(一動一靜之間)는 천지인의 오묘함이구나![14)]"라고 하였다. "일동일정지간一動一靜之間"에 대해 채원정蔡元定은 "한번 움직이고 한번 고요함의 사이는 주역에서 말하는 태극이다. 동정이라는 것은 주역에서 말하는 양의이다. 음양강유라는 것은 주역의 사상이다. 태양, 태음, 소양, 소음, 소강, 소유, 태강, 태유라는 것은 주역의 팔괘이다[15)]"고 하였다. 강절의 선천역학 체계에서 가장 큰 특징은 음양강유의 사상에 있다고 할 수 있다.[16)] 그는 주역에서 말하는 양의, 사상, 팔괘의 이름을 사용하지 않는다. 그러므로 시간과 공간 역시 음양강유를 통해서 설명한다.

> 물(物) 중에서 천지보다 큰 것은 없으나 그러나 (천지) 또한 다하는 바가 있다. 천의 큼은 음양으로 다할 수 있고, 지의 큼은 강유로 다할 수 있으니. 음양의 도를 다하면 사시가 이루어지고, 강유의 도리를 다하면 사유(四維)가 이루어진다. 사시와 사유는 천지의 지극함을 말한 것이다.[17)]

---

14) 『皇極經世』. 「觀物內篇」. "夫一動一靜者, 天地之至妙者歟? 夫一動一靜之間者, 天地人之妙者歟!"

15) 『性理大全』. 「纂圖指要下」. "一動一靜之間者, 易所謂太極也。動靜者, 易所謂兩儀。陰陽剛柔者, 易所謂四象也。太陽太陰, 少陽少陰, 少剛少柔, 太剛太柔者, 易所謂八卦也."

16) 唐明邦 著. 1998. 『邵雍評傳』. 南京大學出版社. 135쪽.

17) 『皇極經世』. 「觀物內篇」. "物之大者無若天地, 然而亦有所盡也. 天之大, 陰陽盡之矣, 地之大, 剛柔盡之矣. 陰陽盡而四時成焉, 剛柔盡而四維成焉. 夫四時四維者, 天地至大之謂也."

대체적으로 사시의 개념은 시간을, 사유는 공간 개념을 의미하는 것으로 보인다. 이처럼 음양과 강유는 우주 만물의 통일성과 다양성을 설명하는 주요한 해석의 범주이다. 이 때문에 강절의 철학체계에서 모든 변화는 음양강유가 교류하여서 형성된 시공의 변화이다. 그러므로 강절이 강조하는 수는 사, 즉 음양강유의 사상에 있다고 말한다. 그의 관심은 어떤 점에서 8괘에 있지 않고, 천의 사시(태양太陽, 태음太陰, 소양少陽, 소음少陰)와 지의 사유(태강太剛, 태유太柔, 소강少剛, 소유少柔)에 있다. 그는 다시 천의 사상을 일월성신日月星辰으로, 지의 사상을 수화토석水火土石으로 나눈다.[18]

강절이 사상을 음양강유로, 8괘를 일,월,성,신,수,화,토,석으로 규정하는 방식은 역전의 관점과는 상당한 거리가 있을 수밖에 없다. 강절이 수에서 4를 강조하는 것에 대해 주자 역시 강절이 음양강유의 사자四者를 근거로 하여 그의 선천역학을 전개하고 있음을 말한다.[19] 주자는 강절이 4라는 수로부터 출발하여, 그것을 활용하여 모든 것을 설명하여, 그가 천하 사물을 바라보는 방식은 모두 네 조각 즉 사편四片으로 만들어 버린다고 말한다.[20] 강절이 만물을 해석하는 근거를 사시와 사유에서 찾기 때문이다. 강절이 음양강유, 사시, 사

---

18) 이 관점은 강절의 「經世天地四象圖」에 보인다. 여헌 역시 이 도를 수록하고 있으며, 아울러 『성리대전』과 『황극경세』의 문장을 대부분 인용한 「經世天地四象圖說」에서 이 문제를 소개하고 있다.

19) 『朱子語類』 卷67. "其數以陰陽剛柔四者爲準, 四分爲八, 八分爲十六, 只管推之無窮."

20) 같은 책. 卷100. "康節以四起數, 疊疊推去, 自易以後, 無人做得一物如此整齊, 包括得盡. 想他每見一物, 便成四片了.

유의 사편설을 통하여 우주와 만물을 해석하는 것에 대해 여헌은 어떤 관점을 가지고 있는가?

강절 역학이 여헌의 역학 체계를 형성하는 데 많은 영향을 준 것은 여러 기록들로 미루어 충분히 짐작할 수 있고, 실제로 많은 부분에서 그것을 비판적으로 계승하고 있는 것으로 보인다. 여헌은 정주역程朱易을 따르지 않고 "별도의 의견을 내는"[21] 것에 치중하였지만, 점차적으로 상수역에 회의를 느끼고 주역의 원의와 정주역에 관심을 가졌다는 여헌 본인의 술회도 있다.[22]

만약 강절의 선천역이 주로 태극, 동정, 음양강유, 사시, 사유 및 체사용삼體四用三[23]의 사편설의 관점을 통하여 우주와 만물을 해석하는데 진력한다면, 여헌은 500년 이상의 철학적, 역사적 발전에 의한 것이기는 하지만, 태극을 "일음일양지위도"의 도, 심心, 동정으로 해

21) 『旅軒先生續集』 卷之十. 「附錄」「景遠錄」. "나는 주역을 읽을 적에 대부분 程子의 易傳과 朱子의 周易本義를 따르지 않고 별도로 의견을 내었다(吾讀易. 多不由程傳朱義. 別出意見)."

22) 같은 책. "나는 젊었을 때에 자못 상수학에 뜻을 두어 헛되이 마음과 힘을 허비하였다. 근래에 생각해 보니, 유익함이 없어서 돌아올 줄 몰랐다는 후회가 있었다. 그리하여 다시 四子와 정자・주자 등의 책을 취하여 읽어보니, 다시 친절함을 느껴서 정신이 절로 배가하였다(吾少也, 頗有意於象數之學, 枉費心力矣. 近思無益, 有迷復之悔, 復取四子程朱等書而讀之, 更覺親切, 精神自倍)."

23) 『皇極經世』. 「觀物外篇」의 제일 첫 머리의 "天以一而變四, 地以一而變四, 四者有體也, 而其一者無體也, 是謂有無之極也. 天之體數四而用者三, 不用者一也. 地之體數四而用者三, 不用者一也. 是故無體之一以況自然也, 不用之一以況道也, 用之者三以況天地人也"에서 나오는 말로 『旅軒先生全書』 下, 「易學圖說」 卷七, 邵子皇極經世書에도 수록되어 있다. 體四는 天의 體數와 地의 體數가 각각 四이고, 用三이라는 것은 실제 사용되는 것은 三이라는 것이다. 예를 들면, 1년은 4계절로 한 계절은 당연히 4個月이고, 한 달은 40일이지만, 실제 사용되는 것은 한 계절에 3개월, 한 달은 30일이라는 것이다. 쓰지 않는 하나는 보이지 않는 본체인 태극으로 말한다.

석하는 강절에 비해 리理로 해석하거나, 강절의 사시, 사유의 시공관을 우주로, 일,월,성,신,수,화,토,석의 8괘를 통하여 우주 속의 물류物類들의 감응感應을 말하는 관점을 사事와 물物이라는 관점으로 전환시켜 놓고 있다. 그러나 여기에서 역시 가장 큰 차이점은 강절의 선천역학이 강조하는 사자四者 중심의 이른바 사편설을 여헌은 천지인의 삼자로 구성되는 삼재와 삼획三劃으로 구성되는 팔괘 중심의 역전 본래의 관점을 더욱 중요하게 여긴다는 것에 있다. 여헌은 강절의 선천도식이 전통적인 역전의 관점과는 일정 부분 이탈하고 있음을 인정하고, 주희의 태극즉리太極卽理와 주돈이의 『태극도설』의 관점을 적극적으로 수용하여 자신만의 독특한 역학적 체계를 만들어내고 있다.

3. "역유태극"에 대한 여헌의 관점

태극이 가장 먼저 출현하는 문헌을 언급할 경우 대부분 『장자莊子』의 「대종사大宗師」 편을 예로 든다.[24] 여기에서 '태극'은 공간의 가장 높은 극한을 가리키는 것으로 말하지만, 생성의 근본석인 본원인 도道보다는 한 단계 낮은 것으로 설명되고 있다. 『장자』 이후 태극이 출현하는 곳이 바로 주역의 「계사전」이다. 바로 "그러므로 역에는 태극

24) "태극에 앞서지만 높지 않고 육극의 아래에 있지만 깊지 않다(在太極之先而不爲高, 在六極之下而不爲深)."

이 있으니, 이것이 양의를 생하고, 양의는 사상을 생하며, 사상은 팔괘를 생한다"는 말이다.

비록 「계사전」이 '태극'에 대해 말하고 있지만, 이에 대한 구체적인 설명이 보이지 않기 때문에 '태극'은 여러 다양한 해석들을 양산하게 된다. 「계사전」에서 '태극'은 주로 서법筮法의 범주로 보이지만, 태극에서 팔괘의 형성은 일종의 생화生化 과정 혹은 분화分化 과정을 상징하는 우주 형성의 가장 중요한 이론으로 간주된다. 「계사전」의 태극 개념은 후대의 철학자들에게 우주 형성에 관한 사유에 직접적인 영향을 끼치게 되면서 중요한 문제로 대두된다. 태극은 주로 기(정현鄭玄, 유목劉牧, 양만리楊萬里), 태초(공영달孔穎達, 양만리楊萬里), 태일(太一 : 우번虞翻, 공영달孔穎達, 항안세項安世), 무(왕필王弼, 한강백韓康伯), 리(주자朱子, 오징吳澄) 등으로 해석된다.[25)]

「계사전」에서 태극 개념이 유가철학사에서 출현한 이후 가장 중요한 논점을 제공해 주는 사건은 역시 주돈이가 '태극도'와 『태극도설』을 지어 우주 만물의 생성과정과 인간이 지켜야 할 인도의 표준을 제시한 것과 또 주자가 '태극즉리'로 해석한 것을 들 수 있을 것이다. 여헌의 태극에 대한 관점 역시 역사적, 철학적 조건의 제한으로 말미암아 주돈이와 주자의 영향을 완전히 벗어나기란 어려웠을 것이다. 이럼에도 불구하고 여헌의 관점은 결코 그런 관점을 일방적으로

---

25) 정병석. 2006. 「太極 개념 형성의 淵源的 배경과 해석: 太極 개념의 原生的 의미와 해석을 중심으로」. 『철학』 제88집. 16쪽 참조 바람.

수용하는데 그치지 않는다.

먼저 여헌은 「계사전」의 "역유태극易有太極"이란 말이 가지기 쉬운 오해에 대해 말한다. 표면적으로 보면, 마치 역易속에 태극이 있는 것으로 오인하여 역이 태극보다 개념적으로 우선적이거나 논리적으로 선재先在하는 것으로 보아서는 안 된다고 말한다. 즉 역에 태극이 있다고 하는 것은 역이 태극으로부터 나왔음을 말하는 것이지, 결코 태극이 역으로부터 나왔음을 말하는 것이 아니라는 것이다. 역이라는 것은 그 아래에서 말하는 태극이 양의를 생하고, 양의가 사상을 생하며, 사상이 팔괘를 생한다는 것을 가리킨다[26]고 말한다. 여기에서 여헌이 말하려는 것은 태극이 역으로 표현되는 천지만물의 생성변화에 대해 논리적으로 우선하는 어떤 근원적인 개념임을 강조하는데 있다. 그렇다고 하여 역이 가지는 중요성을 간과한 것은 결코 아니다. 오히려 태극이라는 이법을 담고 있는 것이 바로 역임을 역설적으로 강조하기 때문이다.

그러면 "역유태극"에서 말하는 역의 개념은 무엇을 말하는가? 물론 앞에서 여헌이 역을 "태극이 양의를 생하고 양의가 사상을 생하며 사상이 팔괘를 생한다"는 변화 즉 변역이라는 입장를 통하여 말하고 있지만, 동시에 "지금 이른바 역이라는 것은 역이라는 책을 가지고 지칭하는 것이다. 역이라는 책이 그 역의 이름이 있게 된 것은

26) 『旅軒先生全書』 下. 「性理說」 卷一. 「易卦總說」. "易有太極, 謂易之爲易出於太極, 非謂太極出於易也. 其下所謂是生兩儀兩儀生四象四象生八卦者, 卽易也."

복희씨가 팔괘를 그린 연후에 시작되었다"[27]고 하여 역을 주역으로 지칭하고 있다. 위의 말을 종합하면, 천지 만물의 변화와 태극의 이치를 담고 있는 매체가 바로 주역이라는 것이다. 주역이 이런 이치를 만들어 낸 것은 아니니다. 왜냐하면 괘효를 그리기 이전에도 그 도리는 저절로 존재하고 있었고,[28] 천지만물이 존재하기 이전에도 주역의 리理나 도道는 항상 존재하고 항상 행해졌기 때문이다.[29] 바로 획전유역畫前有易이다. 여기에서 한 걸음 더 나아가 여헌은 역의 성서成書 과정을 천지와 관련하여 말하고 있다.

> 역은 바로 천지이니, 천지가 있음으로 말미암아 만변만화萬變萬化와 만사만물이 그 가운데에 있게 되었다. 역이 어찌 이것을 벗어나 별도로 딴 도리가 있겠는가. 그렇다면 천지는 진실로 스스로 천지가 있고, 만변 만화는 진실로 스스로 만변 만화가 있고 만사 만물은 진실로 스스로 만사 만물이 있는 것이니, 이것이 바로 천지가 자연히 역이 되는 것이다. 고유한 천지와 고유한 변화와 고유한 사물을 보면 여기에 역이 있는 것이니, 역을 굳이 다시 책을 만들 필요가 없다. 그런데도 성인이 반드시 역의 책을 만든 것은 어째서인가? 이는 바로 우리 인간을 위하여 만든 것이다.[30]

27) 같은 책. "今之所謂易者卽是易之爲書者名之也, 其所以爲易之書而有易之名者, 伏羲畫八卦然後始作也."

28) 같은 책. "卦爻未畫之前, 其道理已自具矣"

29) 같은 책. "天地萬物未及爲天地萬物之前, 易之理易之道固有常存常行也."

30) 『旅軒先生文集』 卷八. 「易學圖說序」. "夫易, 卽天地也. 天地焉而萬變萬化萬事萬物, 在其中矣. 易豈外此而別自有道理者乎. 然則天地固自有天地矣, 萬變萬化, 固自有萬變萬化矣, 萬事萬物, 固自有萬事萬物矣, 是乃天地自是易也. 觀固有之天地, 固有之變化, 固有之事物, 則易斯有矣, 易不必復作爲書也, 而聖人所以必有易之書, 何也. 乃爲吾人作之也

여헌은 "역은 바로 천지이다"라는 말을 하고 있다. 언뜻 이 말은 마치 객관적 실재로서의 우주를 있는 그대로 모사하고 있는 것으로 보일지도 모른다. 역 속에는 분명히 음양, 동정, 강유, 진퇴, 변화와 생생 등 천지의 생성변화에 대한 말들로 가득 차 있다. 이것들은 모두 객관적 실재로서의 천지 변화의 이법들을 묘사한 개념들이다. 주역은 이런 천지의 실상을 드러내고 있다. 그러나 주역이 괘효를 통하여 드러내려는 것은 단순히 천지의 외형을 모사한 것이 아니라, 괘효의 상수를 이용하여 그것의 이치를 상징하고 있다. 이런 점에서 역의 이치와 천지의 실상은 일치한다. 여기에서 여헌은 본래 있는 천지와 그 변화를 보면 바로 그곳에 역이 있기 때문에 굳이 역을 지을 필요가 없지만, 작역자作易者로서의 성인이 역을 지은 이유가 인간을 위해서라는 의미심장한 말을 던지고 있다.

성인이 역을 지은 이유는 우선적으로 역의 이용에 있는 것으로 보인다. 여헌은 성인이 부득불 작역作易하여 만세에 전하려는 목적은 바로 용역用易에 있음을 말한다.[31] 이어서 그는 「역괘총설」에서 개물성무開物成務하기 위해서 변화하는 현실에 대응하기 위해서 참으로 필요한 것이 주역이라는 점을 강조한다.[32] 그러면 어떻게 주역의 요령을 잡아서 도리를 다 하겠는가 라는 문제를 던지고, 주역의 핵심적인 도리가 바로 태극에 있음을 말한다.[33] 여기에서 그는 주역

31) 같은 책. "此不過用易而已. 此內古之神聖不得不作易以傳於萬世者也."

32) 같은 책. "先天下而開其物, 後天下而成其務, 不有易書而能之哉."

33) 같은 책. "易之原曰一太極也."

의 근원이 바로 태극에 있다고 말한다. 우선 여헌은 태극을 리로 보고 있다.[34] 여헌은 태극과 리를 동일한 것으로 본다. 그러므로 "리는 태극이고, 태극은 리이다. 태극의 실제 내용을 리라하고 리를 특별히 칭하여 태극이라 하니 이 리 바깥에 달리 태극이 있는 것이 아니다"[35] 또 "태극은 바로 문자가 생긴 이후로 리에 대한 지극함을 더 할 수 없이 다한 표현이다."[36] "태극이란 리의 존칭이며 휘호이다."[37] "리란 태극의 실명實名이고, 태극은 리의 별칭別稱으로 처음부터 다른 두 가지가 아니다"[38]라고 하여 태극이 바로 리라는 관점을 분명히 말하고 있다.

여헌은 태극이 리라는 관점은 영원하다고 보아 "설령 현재의 우주 이전에 이미 무한히 지나가 버린 과거의 우주가 있었고, 현재의 우주 이후에 또 다시 무궁한 우주가 다시 온다하여도 이 리가 태극이 되는 것은 또한 마찬가지일 것이다"[39]고 말한다. 아울러 태극은 지금의 우주는 물론이고 전우주前宇宙나 다가올 후우주後宇宙까지도 성립 가능하게 하는 이치를 가지고 있고,[40] "리라는 글자가 생기기 전에

---

34) 같은 책. "太極是理之謂也."

35) 『旅軒先生全書』 下. 「性理說」 卷二. 「太極說」. "理卽太極, 太極卽理也. 太極之實曰理, 理之特稱曰太極, 不是此理之外, 別有太極也."

36) 같은 책. "太極乃是有文字以來, 名得此理之至矣盡矣者也."

37) 같은 책. "太極者乃此理之尊稱也徽號也."

38) 같은 책. "理者太極之實名也, 太極者理之別稱也, 理與太極初非二種也."

39) 같은 책. "設令此宇宙之前, 積有已過之宇宙, 此宇宙之後, 復有無窮之宇宙, 此理之爲太極則 其亦一而已矣."

40) 「易卦總說」. "其在宇宙之前而使之爲宇宙之前者, 固此太極之理也, 其在此宇宙之中而使之爲此宇宙者, 亦此理也, 其在此宇宙之後使之有後宇宙復如此宇宙者, 非有他理,

도 이 이치가 존재하지 않은 적이 없다"[41]고 하여 '태극즉리'라는 관점의 초시간적 보편성에 대해 강조하고 있다. 여헌은 또 우주를 성립시키는 것을 태극지리太極之理라고 말한다. 천지와 우주가 되게 된 것, 우주의 안과 바깥, 우주의 이전과 우주의 이후가 되게 하는 소이연所以然을 태극지리로 보고 있다.[42] 소이연을 리 또는 태극지리로 보는 관점은 성리학, 특히 주자학의 일반적인 견해로 천지인물이 천지인물이 되는 까닭이 된다고 여헌은 말한다.

그러면 이런 천지인물과 우주를 성립시키는 무한한 존재로서의 태극은 전지의 사물과 단열斷裂되거나 격절되어 있는 어떤 초월적인 존재인가?[43] 이 문제에 대해 여헌은 태극의 상관상포적相貫相包的 일원一原의 성격을 통하여 이야기하고 있다.

4. 여헌의 "태극생양의"의 해석을 통해 본 태극의 상관상포적 성격

천지와 우주가 천지와 우주로 될 수 있는 것은 태극지리 때문이지만, 현상계의 사문 세계는 변역의 기틀이 없으면 생성변화를 설명할

卽此一太極之理也."

41) 『旅軒先生全書』 下. 「性理說」 卷二. 「諸說會通」. "理之爲字未之造焉, 理未嘗不在矣."

42) 『旅軒先生全書』 下. 「性理說」 卷八. 「宇宙說」. "夫其所以有天有地, 爲之宇爲之宙, 爲之宇宙之內, 爲之宇宙之外, 爲之宇宙之前, 爲之宇宙之後, 孰有以總領之, 孰有以包圍之歟, 此卽所謂太極之理."

43) 이 문제에 대한 더 자세한 논의는 김인철. 「여헌과 다산의 역학관」. 『유교사상연구』 제24집. 74~77쪽을 참조 바람.

수 없게 된다. 여기에서 그러한 변역을 가능하게 하는 기틀이 요청되는데 그것이 바로 '일음일양一陰一陽'이다. 이것을 부호로 형상화한 것이 바로 양효(⚊)와 음효(⚋)이다. 이에 대해 여헌은 다음과 같이 말한다.

> 만약 변역의 기틀이 없다면, 그것은 어떻게 추뉴樞紐가 되고, 근저根底가 되어 천지 양간兩間의 사事를 다하고, 물物을 다 갖출 수 있겠는가? 이것이 바로 일음일양이 도가 되는 까닭으로, 이 음양을 형상화한 것이 바로 역서易書의 기우奇耦이다. …… 역도易道는 어찌하여 음양에서 나왔는가? 역에서 태극은 양의를 낳는다고 말하는데 양의가 곧 이 음양이다.[44]

우주의 변화에 해당하는 변역은 음양이라는 이단二端에 의해서 가능하다고 말한다. 그러면 '상대가 없는 일자(無對之一)'[45] 또는 '상대가 없는 이름(無對之名)'[46]으로서의 절대적인 태극이 어떻게 음양의 변화를 생하는가? 이 문제를 「계사전」의 "역유태극"장에 대한 여헌의 해석을 통해 살펴보기로 하자.

> 주역의 대전大傳에 이르기를 "역에 태극이 있으니, 이것이 양의를

---

44) 「易卦總說」. "若不有變易之機, 其何以爲之樞紐, 爲之根柢, 而盡兩間之事, 備兩間之物哉. 此乃一陰一陽之所以爲道也, 形此陰陽者卽易書之奇耦也. …… 夫易道豈出於陰陽二者哉. 其曰太極生兩儀者, 兩儀卽此陰陽也."

45) 같은 책. "無對之一是太極也."

46) 같은 책. "太極者無對之名也."

생하고 양의가 사상을 생하고 사상이 팔괘를 생한다" 하였으니, 여기에 이른바 '생한다'는 것은 괘를 긋는 초기에 다만 곱절을 더하는 법을 따라 하나가 둘이 되고, 둘이 넷이 되고, 넷이 여덟이 되어서 세 효를 이룬 것을 말한다. 여덟은 넷을 가지고 나누어 여덟이 된 것이요, 넷은 둘을 가지고 나누어 넷이 된 것이요, 둘은 하나를 가지고 나누어 둘이 된 것이니, 여덟은 곧 넷이요 넷은 곧 둘이요, 둘은 곧 하나이다. 아버지가 자식을 낳고 자식이 손자를 낳아 서로 대를 이어가는 것과는 같지 않으니, 이 때문에 무궁하게 변화하는 묘함이 있는 것이다.[47]

여헌은 태극에서 팔괘에 이르는 '생生'의 의미를 아버지가 자식을 낳고, 자식이 손자를 낳는 식의 시간적 생성 서열로 보고 있지 않다. 그렇다고 하여서 여헌이 가일배법加一倍法을 부정하는 것은 아니지만, 태극이 있으면 이미 그 속에 양의 · 사상 · 팔괘를 포함하고 있다고 말한다. 그는 「역괘총설」에서 "가일배의 생겨나오는 순서로 배열하면, 부득불 위열位列의 선후가 있지만 사실은 하나의 태극이 양의 · 사상 · 팔괘의 수를 포함하지 않음이 없다. 양의가 생하는 때에 이미 사상과 팔괘의 리가 있고, 사상이 생하는 때에는 이미 팔괘의 리가 있다. 이제 태극을 말한다면 양의 · 사상 · 필괘가 그 안에 있다"[48]고

---

47) 『旅軒先生續集』 卷六. 「雜著」. 「平說」. "易大傳曰, 易有太極, 是生兩儀. 兩儀生四象. 四象生八卦. 其所謂生者, 言其畫卦之初, 只因加倍之法, 而自一爲兩, 爲四爲八, 以成三爻也. 八則就四而分爲八也, 四則就兩而分爲四也, 兩則就一而分爲兩也, 八則四也, 四則兩也, 兩則一也. 非若父生子子生孫之相禪代也, 此其所以有變化無窮之妙也."

48) 「易卦總說」. "以加倍生出之序排之, 雖不得不有位列之先後, 而其實則一太極無不包儀象卦之數, 而在生兩儀時已自有象卦之理, 在生四象時已自有八卦之理焉. 方言太極而儀象卦在其中矣."

말한다. 여기에서 여헌이 말하려고 하는 것은 가일배법의 관점에서 보면 태극 → 양의 → 사상 → 팔괘의 순서가 있지만, 양의가 생하는 때에 이미 사상과 팔괘의 리가 포함되어 있고, 사상이 생하는 때에는 이미 팔괘의 리가 그 속에 있다는 것이다. 즉 태극을 말하면 양의, 사상, 팔괘가 그 속에 포함되어 있다는 상관상포에 대해 말하고 있다. 태극의 상관상포의 의미에 대해 여헌은 「역괘총설」에서 보다 더 상세하게 말한다.

> 태극으로부터 양의로 나누어지고, 양의로부터 사상으로 나누어지며. 사상으로부터 팔괘로 나누어진다. 팔괘는 바로 사상이고, 사상은 바로 양의이고, 양의는 바로 하나의 태극이다. 삼획의 괘를 가지고 말하면, 초획이 양의이고, 중획이 사상이며, 상획이 괘가 된다. 이것이 이른바 그 상관되고 상포되는 뜻이다. 16이 되고, 32가 되고, 64가 되어 384효가 되는데 이런 것은 양의 · 사상 · 팔괘가 곱해진 것이지만 하나의 태극에 의해 통섭統攝되지 않음이 없다. 이른바 생이라는 것은 조부가 부를 낳고, 부가 자를 낳고, 자가 손을 낳아서 각각 일대가 되고 각각의 사업이 있는 것과는 다르다.[49)]

여헌은 양의 · 사상 · 8괘와 64괘에 이르는 과정을 어떤 시간적 단계와 선후를 가지고 발생된 과정으로 보지 않고, 서로 관통되고, 서

49) 같은 책. "自太極而分之爲兩儀, 自兩儀而分之爲四象, 自四象而分之爲八卦. 八卦卽四象也, 四象卽兩儀也, 兩儀一太極也. 就三畫卦而言之, 日初畫爲儀, 中畫爲象, 上畫成卦. 此所謂其相貫相包之義也. 至於爲十六爲三十二爲六十四而三百八十四爻者, 莫非二四八之積而統于一太極也. 所謂生者非若祖生父父生子子生孫之各爲一代各有事業也."

로 포함하는 관계로 본다. 이것을 삼획의 8괘를 예로 들어 말하면, 초획이 양의이고, 중획이 사상이며, 상획이 8괘가 된다고 말한다. 즉 8괘 속에 이미 양의와 사상이 들어있고, 양의에 이미 태극이 포함되어 있기 때문에 모든 괘는 태극에 의해 통섭된다는 것이다. 태극에서 64괘에 이르는 전 과정은 바로 태극에서 모두 나누어진 것으로 본다. 여기에서 여헌이 낳는다(生)고 하지 않고, 나누어진다(分)라고 말하는 의도는 모두 태극의 상관적相貫的이고, 상포적相包的인 성격을 말하기 위함이다. 즉 양의나 팔괘의 나누어짐은 결국 선후의 구분이 없기 때문에 그것을 일시에 갖추어진 것(一時皆備)으로 본다.[50] 여기에서 말하는 "태극생팔괘"의 '생'을 무엇으로 볼 것인가 하는 논의는 가장 논란이 되는 문제라고 할 수 있다.

"태극생팔괘"의 "생"에 대해 주자는 선후의 단계가 있는 '생'으로 보고, 이것과 상대되는 포包의 관점과 비교하고 있다. 『주자어류朱子語類』에서는 다음과 같이 말하고 있다.

> 임황중林黃中이 선생을 찾아뵙고 '易有太極, 是生兩儆 兩儀生四象, 四象生八卦'를 논하게 되었다. (임황중은) 하나의 괘의 전체가 태극이고, 내괘와 외괘가 양의며, 내괘와 외괘의 호체괘互體卦를 사상으로 삼고, 다시 전도시킨 괘로 팔괘를 취한다고 하였다. 선생께서 말씀하기를, '그와 같이 말하면 이것은 생이 아니라 오히려 포包가 된다. 처음 괘를 그을 때는 다만 음양기우로 일이 양兩을 생하고 양이 사를 생하고 사

50) 같은 책. "豈可以生出之有序, 而致疑於儀象卦之名其排位, 而乾坤六子必生於兩儀四象之後哉 以一一時皆備, … ."

가 팔을 생할 뿐이다. 이제 태극이 되었을 경우에는 아직 양의는 없는 것이다. 태극으로 말미암은 후에 양의가 생한다. 이제 양의가 되었을 경우에는 아직 사상은 없는 것이다. 양의로 말미암은 후에 사상이 생한다. 이제 사상이 되었을 경우에는 아직 팔괘는 없는 것이다. 사상에 근거한 뒤에 팔괘가 생한다. 이것을 생이라고 한다'고 하였다. 만약 포로 본다면 아직 태극이 없는데도 이미 먼저 양의가 있는 것이고, 아직 양의가 없는 데도 이미 먼저 사상이 있는 것이고, 아직 사상이 없는데 이미 먼저 팔괘가 있는 것이다.[51)]

임황중이 하나의 괘 속에 태극, 양의, 팔괘가 모두 들어있는 것으로 보는 관점에 대해 주자는 그것은 '생'이 아니라 '포'로 보는 것이라고 말한다. 주자가 생을 통하여 강조하려는 것은 태극이 가지고 있는 생성의 근원을 분명하게 밝히려는데 초점이 있는 것으로 보인다. "태극생양의"의 생을 어머니가 자식을 낳는 시간적 선후가 있는 단계적 의미의 생으로 볼 것인지 그렇지 않으면 포의 관점으로 볼 것인가의 문제는 많은 논란을 일으키는 논점 중의 하나이다. 임황중의 물음에 대한 주자의 대답을 청대의 호위胡渭는『역도명변易圖明辨』에서 "주자가 말하기를 포는 어머니가 자식을 품에 안고 있는 것과 같은 것으로, 자식은 어머니에게 있는 것이고, 생은 어머니가 자식

51) 『朱子語類』卷67. "林黃中來見, 論易有太極,, 是生兩儀, 兩儀生四象, 四象生八卦. 就一卦言之, 全體爲太極, 內外爲兩儀, 內外及互體爲四象, 又顚倒取爲八卦. 先生曰: 如此則不是生, 卻是包也. 始畫卦時, 只是箇陰陽奇耦, 一生兩, 兩生四, 四生八而已. 方其爲太極, 未有兩儀也, 由太極而後生兩儀. 方其爲兩儀, 未有四象也, 由兩儀而後生四象. 方其爲四象, 未有八卦也, 由四象而後生八卦. 此之謂生. 若以爲包, 則是未有太極, 已先有兩儀, 未有兩儀, 已先有四象, 未有四象, 已先有八卦矣."『朱子語類』67.

을 낳는 것과 같은 것으로 자식이 어머니의 바깥에 있는 것이다"[52] 고 하였다. 이 문장에 이어서 호위는 태극에서 팔괘에 이르는 과정을 선후의 단계가 있는 생으로 보는 관점은 강절의 횡도橫圖에 의해서 나타나는데 이는 모두 "자식이 어머니의 바깥에 있는 것"으로 보는 관점이라고 비판한다.[53] 이 비판은 호위가 주자의 말을 인용하면서 주자를 비판하여야 함에도 불구하고, 강절을 비판하는 것으로 마무리되는 이유는 그가 『역도명변』을 지은 이유 중의 하나가 주자가 소강절의 잘못을 독신篤信하는 점에 불만이 있었던 것과 무관하지 않기 때문이다.[54]

위의 인용을 통해 보면 주자는 시간적 선후의 단계에서만 생을 해석하는 것으로 보인다. 그러나 주자는 『주자어류』에서 "태극에서 만물의 화생에 이르는 것은 다만 하나의 도리가 포괄하고 있을 뿐이다. 먼저 이것이 있고 난 뒤에 저것이 있는 것이 아니라, 다만 모두 다 하나의 대원大源일뿐이다"[55]라고 하여 선후의 단계가 아닌 포包에 대해서도 말하고 있다.[56] 여헌은 "태극생양의"의 생이라는 개념이

52) 胡渭.『易圖明辨』卷六. 廣文書局. 1977. 348쪽. "朱子曰, 包如母之懷子, 子在母中, 生如母之産子, 子在母外."

53) 같은 책. 348~9쪽. "至康節變爲橫圖, 則兩儀四象八卦皆子在母外"

54) 같은 책.「易圖明辨序」. "因歎朱子篤信邵子之過"

55)『朱子語類』卷94. "自太極至萬物化生, 只是一箇道理包括, 非是先有此而後有彼. 但統是一箇大源."

56) 주자의 이 구절의 말은 정확하게 말하면, 계사전의 "易有太極" 장에 대한 언급이라기보다는 주돈이의 태극도설에 관한 논의에서 나온 말이라고 할 수 있다. 그러나 주역의 관점과 혼재되어 있어서, "易有太極"장과 전혀 관련이 없는 말이라고는 할 수 없다.

가지고 있는 이런 논란에 대해 분명한 관점을 제시하고 있다.

> 생이라는 말은 한 글자이지만 두 가지 의미가 있다. 기의 갈마듦과 형체의 바꿈 등은 비록 생이라고 하지만 생의 거친 것이니, 혹 저것이 이것을 낳고 아니면 이것이 저것을 낳으니 그 생에는 자취가 있다. 그런데 리로서 기를 작위作爲하는 것에 있어서도 비록 역시 생이라고 할 수 있으나, 이는 생의 정精한 것이니, 리는 먼저 있고 기는 뒤에 응하니 그 생은 자취가 없다. …… 이른바 태극이 양의를 생함은 그 양의의 리가 있기 때문에 양의가 생하고 동정의 리가 있기 때문에 동정이 나누어지는 것이다. 과연 기의 갈마듦과 형체의 바꿈의 생함과 같다고 생각한다면 태극도 또한 일물一物이니 어찌 리라고 할 수 있는가?[57]

여헌은 "태극생양의"의 생은 분명히 현상 세계에서 볼 수 있는 자취가 보이는 그런 생이 아니라고 분명히 말한다. 구체적으로 말하면 "태극생양의"의 생은 형이상자의 생함으로 이치의 나누어짐(分)이다. 이것은 단계적 선후의 순서가 있는 생이 아니라, 태극이 있음으로 양의가 있고 또 양의가 있음으로 태극이 있다는 것이다. 태극은 이미 양의 · 사상 · 팔괘를 포함하고 있다. 말하자면 태극은 이미 양의를 포함하고 있기 때문에 태극의 단계에서부터 리기는 불상리不

---

57) 『旅軒先生全書』 下. 「性理說」 卷三. 「太極說附錄」. 蓋生雖一字而義有精粗. 如以氣而相遞, 以形以相禪者, 雖謂之生矣, 而乃生之粗者也, 或以彼生此, 以此生彼, 其生也有迹. 若以理而爲氣者, 雖亦可謂生焉, 而乃生之精者也, 理有於先, 氣應於後, 其生也無迹. …… 所謂太極之生兩儀陰陽者, 以其有兩儀之理, 故兩儀於是乎生也, 有動靜之理, 故動靜於是乎分也. 果是同於氣遞形禪之生焉, 則是太極亦一物爾, 豈可謂之理乎."

相離[58]한다. 즉 태극을 말하면 양의 · 사상 · 팔괘가 그 속에 포함된다는 것이다. 이 문제를 여헌은 특유의 역수易數를 통하여 해석한다. "그러므로 64는 32의 분分이고, 32는 16의 분이고, 16은 8괘의 분이고, 8괘는 바로 사상의 분이고, 사상은 바로 양의의 분이고, 양의는 바로 태극의 분이다. 이는 본래 태극은 스스로 양의를 포함하고 있고, 양의는 스스로 사상을 갖추고 있다. …… ."[59] 포함되어 있는 측면(含과 具)에서 보자면 이것과 저것의 구분이 없고, 나뉘어져(分) 이루어지는 측면으로 보아도 전후가 없다.

비록 태극에서 시작하여 대성괘大成卦에 이르는 1 → 2 → 4 → 8 → 16 → 32 → 64의 가배적加倍的 층위層位는 각각 서로 포함하고 관통하여 궁극적으로는 하나의 태극에 의해 통섭된다. 이들 양의 · 사상 · 소성괘 · 대성괘 등은 각각 독립적으로 분절되어져 있는 것이 아니라, 서로 상포상관한다. 이런 관점을 여헌은 우주 속의 사물에 적용시킨다.

> 이 리理가 사事에 있는 것을 도道라 하고, 이 리가 물物에 있는 것을 성性이라고 한다. 그 형이하形而下의 것을 일러 사라 하고 물이라 하며, 그 형이상形而上의 것을 일러 도라 하고, 성이라고 하니, 진실로 사 바깥에 도가 없고 도 바깥에 사가 없으며, 물 바깥에 성이 없고 성 바깥

58) 「易卦總說」. "此固太極自含兩儀"

59) 같은 책. "然則六十四卽三十二之分也, 三十二卽十六之分也, 十六卽八卦之分也, 八卦卽四象之分也, 四象卽兩儀之分也, 兩儀卽太極之分也. 此固太極自含兩儀, 自具四象, …… ."

> 에 물이 없는 것이다. 진실로 이 태극의 리가 있는 까닭에 이러한 도가 되고 이러한 성이 되는 것이며, 진실로 이러한 도와 이러한 성이 있는 까닭에 이러한 사가 되고 이러한 물이 되는 것이다. 이미 우주가 있다 하면 어찌 사와 물이 없는 우주가 있으며, 이미 사와 물이 있다 하면 또 어찌 도와 성이 없는 사와 물이 있으며, 이미 도와 성이 있으면, 또 어찌 태극이 없는 도와 성이 있을 것인가![60]

여헌에게 있어서 태극은 현상세계와 단열되거나 분리되어 있는 초월적 존재가 아니라, 만사만물 속에 내재하며 그것들에 조화의 이치와 존재의 도리를 부여하여 일원적 우주관을 형성하게 해 준다. 여기에서 여헌은 우주와 사물이 하나의 전체적 질서 속에서 자신의 이치와 본성에 따라 존재할 수 있는 근거를 태극의 리에서 찾고 있다. 이른바 태극지리太極之理는 현상세계 속의 만사만물 속에 내재하고 있는데, 이를 도道와 성이라고 칭한다.

5. "양의생사상, 사상생팔괘, 팔괘정길흉, 길흉생대업"에 대한 여헌의 해석

앞에서 우리는 "역유태극"과 "태극생양의"에 대한 여헌의 해석을

60) 같은 책. "此理之在事曰道, 此理之在物曰性, 以其形而下者, 謂之事謂之物, 以其形而上者, 謂之道謂之性. 固是事外無道而道外無事也, 物外無性而性外無物也. 固有此太極之理, 故爲是道, 爲是性, 固有此道此性, 故爲是事, 爲是物. 旣有宇宙焉, 則豈有所無事與物之宇宙乎, 旣由事物焉, 則又豈有所無道與性之事物乎, 旣有道與性焉, 則又豈有所無太極之道與性乎."

살펴보았다. 이를 통하여 여헌의 독창적인 태극관이 가지고 있는 구조와 체계들을 추론해 볼 수 있었다. 그런데 "역유태극"이라는 일절一節의 원문에서 말하는 사상에 대한 논의는 많은 학자들에 의해서 논의되어졌고 각기 다른 견해를 가지고 있다. 예를 들면, 후과候果는 신물神物 · 변화 · 수상垂象 · 도서圖書 등으로,[61] 정현鄭玄은 6,7,8,9의 수로 보기도 한다. 또 소강절은 사상을 음양강유로 보고 있다.[62] 이에 비해 여헌은 사상을 "대소음양大小陰陽이 뚜렷하게 드러난 것"[63] 즉 태소음양太少陰陽이라는 주자나 정통 유가의 일반적인 관점에 따르고 있다.

"팔괘정길흉八卦定吉凶"의 문제는 서법과 관련이 있는 것으로 보이는데, 「계사전」의 이 문장은 결코 우주론을 확실하게 정립하려는 의도에서 나온 것으로는 보이지 않는다.[64] 정현의 경우, 6,7,8,9는 분명히 대연서법의 설시揲蓍 과정에서 관건이 되는 수라는 입장은 이 점을 더욱 분명하게 말해주고 있다. 그러나 강절이 사상을 음양강유로 보고 "음양이 있고 난 후 천을 생할 수 있고, 강유가 있고 난 후 지를 생할 수 있다"[65]고 말한 것은 세계 해석 혹은 우주론적인 관점에

---

61) 孫星衍. 1998.『周易集解』卷六 참조 바람.

62)『邵子全書』.「·漁樵問對」. "四象謂陰陽剛柔, 有陰陽然後可以生天, 有剛柔然後可以生地."

63)『旅軒先生全書』下.「性理說」卷一.「易卦總說」. "四象者大小陰陽之著見也."

64) 勞思光 著. 1986.『중국철학사』(송명편). 정인재 역. 탐구당. 111쪽 참조바람.

65)『邵子全書』.「·漁樵問對」. "四象謂陰陽剛柔, 有陰陽然後可以生天, 有剛柔然後可以生地."

서 접근하고 있다는 점에서 의미가 있다. 주자학의 대표적인 우주 해석 역시 주돈이의 『태극도설』의 관점과 "역유태극"의 이 절이 결합되어 형성된 것이라는 점에서 더욱 그러하다. 여헌 역시 사상이 무엇인가에 대한 규정에서는 소강절, 주돈이와 주자의 입장을 수용하여 세계 해석 혹은 우주론적인 관점으로 접근하는 방법에서는 동일한 것으로 보인다. 이런 관점은 여헌이 "팔괘정길흉"을 보는 관점에서도 그대로 적용되는 것으로 보인다.

여헌은 팔괘가 가진 의미성에 특별히 주목하면서, "팔괘정길흉"이라는 구절에 대한 분명한 해석을 하고 있다. "팔괘정길흉"에 대해서는 다양한 논란이 있다. 왜냐하면 역학적 논리로 본다면 길과 흉은 분명히 현상계의 변화 즉, 64괘의 형성 이후에 가능한 것이기 때문이다. 그러므로 "팔괘정길흉"이란 말은 많은 논란을 불러일으킨다. 이 때문에 현대의 어떤 학자들은 아예 "팔괘가 길흉을 정하고(八卦定吉凶)"라는 말은 실제로는 64괘가 길흉을 정하는 것이라고 말하여 복잡한 이 논란을 비껴가 버리기도 한다. 왜냐하면 8괘는 다만 64괘의 기초로, 소성괘 자체에는 변화 현상이 나타나지 않아서 길흉을 정할 수 없기 때문이다.[66] 8괘를 중첩을 통한 대대對待와 유행流行이 있은 이후, 즉 64괘의 출현 이후에 천하의 만사 만물의 변화를 말할 수 있고, 여기에서 비로소 길과 흉은 정해진다.

여헌의 역학 저작 속에서 길흉에 대한 본격적인 논의는 『역학도설』

---

66) 金景芳, 呂紹綱, 1998, 『周易全解』의 경우.

의 「반길편의反吉篇義」에 보인다. 여기에서 여헌은 길흉의 유래를 상변常變의 관점으로 이해한다. 「반길편의」에서 그는 다음과 같이 말한다.

> 내가 천하의 이치를 궁구해보니, 그 최초에는 상常이 있었을 뿐, 변變이 있지 않았고, 순順이 있었을 뿐 역逆이 있지 않았으며, 선이 있었을 뿐 악이 있지 않았고, 정正이 있었을 뿐 사邪가 있지 않았고, 치治가 있었을 뿐 란亂이 있지 않았다. …… 역의 경괘經卦가 길하면서도 그 반대가 되는 것을 함께 갖출 수 없고, 길의 괘효가 길하면서도 반길反吉의 효를 함께 갖출 수 없음을 보고난 다음에야 흉은 반드시 길을 따라 나온다는 것을 알게 되었는데 이는 이치에 피할 수 없는 것이다. 이것이 성인이 역괘를 지음에 반드시 64개가 있고, 효爻에는 반드시 384효를 두어 이로써 천하의 변을 다하고, 천하의 사람으로 하여금 추피趨避를 변별하고 동정할 바를 알게 하여 곧 길이 흉을 이길 수 있게 하고 양이 음을 제압할 수 있게 하는 이치가 여기에서 드러나게 된 것이다. 네 성인이 역을 지은 뜻이 이것이 아니겠는가![67]

논리적으로 길흉은 태극에서 음양이 생함과 동시에 드러나는 현상이다. 이미 일음일양의 차원이 전개되면 상변의 논리에 따라 길흉은 자연히 따라다닌다는 의미이다.[68] 여헌의 관점을 통해보면, 길흉은

---

67) 『旅軒先生全書』 下. 「易學圖說」 卷九. 「反吉篇義」. "竊究天下之理, 其初有常而已, 非有變也, 有順而已, 非有逆也, 有善而已 非有惡也 有正而已 非有邪也, 有治而已 非有亂也. …… 及觀易經卦, 不能俱吉而有反, 吉之卦爻不能俱吉而有反吉之爻, 然後知夫凶必隨於吉者, 有理之所不免也. 此聖人作易卦必有六十四, 爻必有三百八十四, 以盡天下之變, 使天下之人辨所趨避, 知所動靜, 則吉可勝凶, 陽可制陰 之理於是乎著矣. 四聖做易之意, 其以是歟."

68) 최정준. 「旅軒의 反吉思想」. 『韓國思想史學』 제26집. 102쪽 참조 바람.

완전하게 선인 태극의 상태에서는 출현하기 어렵다. 그러므로 여헌은 「태극설」의 첫 머리에 “태극은 완벽하게 하나의 선을 가지고 있는데, 만약 384효 중에서 선도 있고, 악도 있는 것은 음양의 변화 이후에 비로소 있는 것이다”[69]라는 주자의 말을 인용하여 길흉과 선악은 음양의 본격적인 변화 이후에 출현함을 분명히 인정하고 있다. 이런 관점에서 “팔괘정길흉”이란 문제를 여헌은 어떻게 해석하고 있는가?

> 괘는 삼효에 이르러 역도易道가 갖추어 졌다고 할 수 있다. 그러므로 팔괘가 길흉을 정하고, 길흉은 큰 사업을 만든다고 하는 것이다. 그러나 도는 반드시 체용이 서로 갖추어지고 난 후에 변화가 이루어지고 사업이 크게 이루어진다. 태극이 양의를 생하면 태극이 체가 되고 양의가 용이 되고, 양의가 사상을 낳으면 양의가 체가 되고 사상이 용이 되고, 사상이 팔괘를 낳으면 사상이 체가 되고 팔괘가 용이 된다. 괘는 8에 이르러 소성괘가 되지만, 팔괘는 자체로 체는 되었으나 여전히 팔괘의 용이 없는데 또 어떻게 사물의 무궁한 변화를 다할 수 있겠는가? 성인은 이 이치를 매우 확실하게 밝혀 가배법에 의해 마침내 팔괘 중의 모든 괘 위에 팔괘를 더하여 효는 6획이 되고 괘는 64괘가 되었다.[70]

---

69) 「太極說」. “太極十全是具一箇善, 若六十四卦三百八十四爻中, 有善有惡, 皆陰陽變化後方有.”

70) 「易卦總說」. “卦至三爻而易道可謂備矣, 故曰八卦定吉凶, 吉凶生大業. 然而道必體用相備, 然後變化成而事業大矣. 太極生兩儀, 則太極爲體, 兩儀爲用, 兩儀生四象, 則兩儀爲體, 四象爲用, 四象生八卦, 則四象爲體, 八卦爲用矣. 卦雖至八而小成, 八卦旣自爲體, 則猶無八卦之用焉, 又何可以盡事物無窮之變哉? 聖人明盡此理, 故依前加倍之法, 遂以八卦又加之於八卦中 各卦之上, 則爻爲六畫而卦爲六十四矣.”

여헌의 "팔괘가 길흉을 정한다"는 말에 대한 해석은 기본적으로 삼획괘가 이루어지면 이미 역도易道는 모두 완비된 것으로 보는 관점이다.[71] 물론 천지인 삼재라는 의미적 구조에 대해서는 다른 논의가 필요하지만, 역괘의 구성이라는 측면에서 이 문제를 분석할 경우, 여헌은 리의 상관상포하는 성격에다 체용의 논리를 부가하여 해석한다. 삼획괘가 이루어지면 역도는 모두 완비되었다는 근거는 체體로서의 팔괘는 대성괘인 64괘라는 용用을 전제하고 있다는 말이다. 즉 현상세계의 변화가 발생하는 64괘의 영역에 속하는 길과 흉도 팔괘라는 체에서 이미 정해진다는 관점이다. 특히 여헌은 태극에서 시작하여 대성괘에 이르는 1 → 2 → 4 → 8 → 16 → 32 → 64의 층위를 기본적으로 태극지리가 어렴풋함(微)에서 뚜렷함(顯)으로 점차 분명하게 드러나는 전개 과정으로 보기 때문에[72] 현상 이전의 변화를 가능하게 하는 이치의 현상화 전개 과정에 주목하면 "팔괘가 길흉을 정한다"는 말은 충분히 이해 가능한 것으로 보인다,

이에 비해 "길흉은 큰 사업을 만든다(吉凶生大業)"는 말은 우리가 쉽게 유추할 수 있다. 길과 흉이 정해지면 취길피흉趣吉避凶할 수 있고, 여기에서 대업을 성취하는 것이 가능하기 때문이나. 여헌은 "길흉생대업"이란 문제에서 큰 사업 즉 대업의 문제에 대해서는 본격적인 논의를 하고 있는 것으로 보인다. 「역괘총설」에서 여헌은 삼재의

---

71) 이에 비해 소강절은 8괘를 중첩한 64괘의 단계가 되어야 역도가 비로소 완비된다고 말한다. 『邵子全書』. 「漁樵問對」. "因而重之, 則六十四由是而生也, 而易之道始備矣."

72) 「易卦總說」. "無非一太極之理自微而至顯也."

도가 온전히 갖추어짐으로 인해서 우주는 의미를 담고 있는 그릇으로 변하여 사와 물이 질서와 본분을 가지게 되는 의미 있는 시공간으로 변화하게 된다고 말한다.[73] 이어서 여헌은 인간의 주역의 활용이라는 측면을 강조한다.

> 이 역괘가 육획에서 크게 이루어진 후에 만물을 열고 일을 이루게 하는 업이 바로 서게 된다. 그러므로 5와 6의 두 효爻는 천의 음양 두 기를 상징하고, 3과 4의 두 효는 인간의 인과 의 두 덕을 상징하고, 초와 2의 두 효는 지의 강유 두 질質을 상징한다. 비록 이것은 육획이 괘를 이루게 되는 이유에 의거하여 말하는 것이다. 만약 그 괘가 이루어진 후 상을 취하는 경우라면 모두 인간사에 나아가 역을 이용하는 도리를 밝힌 것으로 음양강유의 이치는 실은 모두 그 속에 있다.[74]

위의 문장에서 여헌은 주역에서 삼재가 가진 의미성에 집중하고, 개물성무의 사업(業)을 강조한다. 특히 64괘가 이루어진 후에 중요한 것은 그 속에 담긴 상징의 의미를 어떻게 해석할 것인가의 취상取象과 이를 통한 주역의 활용 문제이다. 기본적으로 주역이란 책에는 삼재지도가 있고 각기 그것이 실천하여야 할 본분이 있다는 것이다. 우주를 구성하는 존재에게는 각기 주어진 몫 즉 분分이 있다. "분이

73) 같은 책. "三才之道備盡然後, 宇宙不爲之空器, 而事得其序, 物得其所矣."

74) 같은 책. "此易卦大成於六畫而開物成務之業所以立也. 然則五六二爻象天之陰陽二氣也, 三四二爻象人之仁義二德也, 初二二爻象地之剛柔二質也, 雖然此據六畫成卦之由而言也. 若其卦成後取象, 則皆就人事明其用易之道也, 陰陽剛柔之理則實在其中矣."

란 일종의 천지간에 거처하는 모든 존재의 분담된 역할"[75]이다. 이런 분담된 역할을 행하는 것이 바로 사업이다. 그러면 구체적으로 여헌은 삼재가 행하여야 할 사업, 특히 인간이 행하여야 할 사업을 무엇으로 보고 있는가?

> 그렇다면 하늘은 하늘의 사업이 있고 땅은 땅의 사업이 있고 사람은 사람의 사업이 있으니, 삼재 중에 한 재才가 없으면 우주가 우주다운 우주가 되지 못한다. 그러므로 하늘과 땅이 비록 하늘에 있고 땅에 있는 사업을 다한다 하더라도 반드시 우리 인간이 사람에게 있는 사업을 다한 뒤에야 하늘과 땅의 사업이 그 사업을 이루고 우주가 우주다운 우주가 될 수 있는 것이니, …… 이른바 우리 인간의 사업이란 것은 곧 본성을 다하고 천명에 이르며, 천지의 마땅함을 재성裁成하고 천지의 도를 보상輔相하며, 천지의 위육位育에 참여하여 돕는 도이다.[76]

인간이 행하여야 할 사업을 다한 뒤에야 천지의 사업이 이루어지고 우주가 우주다운 우주가 될 수 있다고 말한다. 이 말은 일면 목적론적인 성격을 지닌 우주관을 이야기하는 것으로 보이기도 하지만, 중요한 것은 모든 존재가 자기의 본분을 나하여야 하고, 특히 중요

---

75) 유권종. 1999.「여헌 장현광의 易學과 성리학의 철학적 연관성에 관한 연구」.『동양학』제29집. 단국대학교 동양학연구소. 234쪽.

76)『旅軒先生文集』卷七.「雜著」「孔聖」. "然則天有天之事業, 地有地之事業, 人有人之事業矣, 而三才闕一才, 則宇宙不宇宙矣. 故天地雖盡其在天在地之事業, 而必待吾人能盡其在人之事業, 然後天地事業, 得成其事業, …… 所謂吾人事業者, 便是盡性至命, 裁成輔相, 參贊位育之道也."

한 것은 인간의 역할이다. 달리 말하면 우주 내에서의 인간의 지위와 역할이 무엇인가라는 인간학적인 관점을 강조하고 있는 것으로 보인다. 이 점을 강조한 결과, 사물의 차별을 말하던 존재론은 당위론으로 갑작스럽게 비약하여, 그가 말하는 사업은 주로 도덕적 사업이 되어 버린다.[77] 이로부터 여헌은 주역의 성격을 만사만물의 근저나 추뉴로서의 존재론적인 근거를 제공할 뿐만 아니라, 도덕적 지평을 전개할 수 있는 가능성을 분명하게 마련해 주고 있다.

6. 맺음말

일반적으로 역학사에서 나름대로 지위를 가진 역학자의 경우, 주역 경전 자체의 전주傳注 방식을 통해서 이름을 이룬 경우가 대부분이다. 여헌의 경우는 이와는 달리 도설을 이용하거나 총설總說을 통해서 주역의 문제들을 전달하고 있다. 도설을 이용하는 목적을 여헌은 스스로의 체계적인 이해를 위해서 정리하다가 초학자들에게 도움을 주기 위래 책으로 엮었음을 말하고 있다. 그러나 도설 역시 경전 해석의 중요한 한 방법이라고 할 수 있다.

도설 즉 그림을 그리고 해설을 붙이는 방식은 사실상 경전의 의미를 몇 장의 도圖와 해설만으로도 충분히 전달 가능하다. 구체적으로

77) 金洛眞. 2000.「장현광의 易學과 세계이해」.『퇴계학보』제105집. 40쪽 참조 바람.

도상을 통한 주역 해석이 가지고 있는 특징과 가치는 간명화, 부호화, 체계화에 있다. 동시에 도설이 가진 난점 혹은 단점은 합당한 근거 없이 쉽게 주관적, 독단적, 신비적인 해석을 할 가능성이 있다.

여헌의 역학에서 도설식의 방식 외에 우리가 주목할 만한 자료는 바로 여헌의 「역괘총설」이다. 「역괘총설」은 한 마디로 역괘에 대한 전체적인 해석이지만, 더 구체적으로 말하면 “시고역유태극是故易有太極, 시생양의是生兩儀, 양의생사상兩儀生四象, 사상생팔괘四象生八卦, 팔괘정길흉八卦定吉凶, 길흉생대업吉凶生大業”에 대한 총체적 해석이다. 「역괘총설」을 통해서 여헌이 이야기하려는 것은 우선 태극에서 64괘에 이르는 역괘의 형성 과정을 해석하면서 동시에 중요한 철학적, 성리학적 문제들이 풀이되고 있다는 점이다. 엄밀히 말하면 당시의 성리학적인 개념들이나 사유체계를 통하여 역괘의 형성 과정을 풀이하고 있다고 말하는 것이 더 옳을 것이다.

「역괘총설」에서 나타난 여헌의 해석 중에서 주목할 몇 가지 사항은 태극이 가진 상관상포적 성격이다. 이를 통해 그는 우주를 일원으로 만들어 천지인과 만사만물을 하나로 연속시키고 있다. 여기에서 하나의 연속체로서의 우주가 제대로 기능하기 위해서 필요한 분합적 질서의 문제 역시 태극즉리와 역괘의 상포와 상관이라는 관점을 통해서 해석하고 있다. 아울러 여헌의 독창적인 이기론인 이기경위론의 문제 역시 태극과 양의의 관계를 통해서 설명가능 하게 된다.

또 하나 주목할 만한 해석은 앞에서 분석하였지만 “팔괘정길흉”이라는 매우 해석하기 어려운 구절에 대한 명쾌한 해석이다. 물론 이것 역시 좀 더 상론할 여지는 있으나, 여헌은 태극의 상관상포하는 성격과 체용의 논리를 적절히 부가하여 잘 해석한 견해로 보인다. 아울러 삼획괘가 이루어지면 역도는 모두 완비되기 때문에 소성괘로서의 8괘가 체가 되고, 대성괘인 64괘는 용用이라는 관점 역시 역학사의 각도에서도 분명히 탁견이다. 왜냐하면 8괘의 단독체單獨體로서의 독립이 없이는 주역은 결코 점서占書를 벗어나서 철학서의 단계로 들어설 수가 없었을 것이기 때문이다.

무엇보다도 「역괘총설」의 "역유태극"에 대한 해석의 결말은 역시 인간의 주역 활용의 문제이다. 작역作易에 있어서 중요한 것이 물상物象의 도리를 해석하는 것이 관건이라면, 64괘가 형성된 이후 독역讀易할 경우, 주역에서 무엇을 취상取象할 것인가가 가장 중요하다는 여헌의 주장은 분명히 의미가 있다. 여기에서 주역은 천지만물의 이치를 반영하고 있다는 점에서 '이경理鏡'으로, 모든 행동의 모범이라는 점에서 '도범道範'으로, 곡식을 생산하는 밭처럼 덕을 만들어준다는 의미에서 '덕전德田'이라는 별명을 붙일 수 있다고 여헌은 말한다.

여헌 장현광의 예학

유 권 종

여헌 장현광의 예학

유권종 | 중앙대학교 철학과

1. 머리말

여헌旅軒 장현광張顯光(1554~1637)의 유학은 조선시대 성리학의 맥락의 형성과 전개 과정에서 매우 완성도 높은 유학의 경지를 보여준다. 그의 학문적 완성도는 주로 성리학과 역학에 관한 연구들을 통해서 입증된 것인데, 이와 관련된 많은 연구결과들이 발표되었다. 그러나 예학禮學에 관해서는 아직 손가락을 꼽을 정도의 연구가 발표되었고,[1] 예학에 관한 연구 자체만으로는 그의 예학의 성취 여부 혹은 그 가치에 대해서 논하기는 이른 상태이다. 예학보다는 성리학이

---

1) 유권종. 2003.「여헌의 예학사상」.『東洋哲學』제20집. 한국동양철학회; 2009.「여헌 장현광 예학사상의 성찰과 전망」.『韓國人物史研究』제13호. 한국인물사연구회; 2012.「旅軒의『易學圖說』의 禮관념」.『東洋古典研究』제45집. 東洋古典研究會; 장동우. 2005.「여헌 장현광이 예설과 예학적 문제의식」.『유교사상연구』제24집. 한국유교학회.

나 역학에 대한 연구가 많은 것은 여헌이 자신의 유학 공부에서 주력했던 영역이 성리학과 역학이기 때문에 당연한 현상이다. 그럼에도 불구하고 여헌의 유학에 대해서 더 포괄적이고 균형적인 이해를 하기 위해서는 그의 예학을 고찰하는 것은 필수적이다. 왜냐하면 예禮는 성리학이나 역학이 생활세계로 실현되기 위해서는 피해갈 수 없는 수단이자 통로이며, 여헌 역시 예禮를 인문人文의 중요한 영역으로 설정하고 있기 때문이다.[2] 또 그는 예禮에 관한 문목問目에 답을 하고 또 관례와 혼례 및 제례의 의절儀節을 정립하였고, 나아가서 정원군定遠君의 추숭追崇, 계운궁상啓運宮喪의 복제服制 등 왕조례王朝禮에 관한 입장을 밝혔다. 이 사실들은 그의 예학적 견지가 확고하게 구축되어 있었음을 보여준다. 이는 개인적 삶의 영역이든 국가의 공적 의례의 영역이든 그가 매우 깊은 관심을 가졌으며 또 그것을 구현하거나 교정하기 위해서 필요한 예禮의 정립과 실천에 관한 정밀한 지식 체계를 구축하였음을 시사한다.

그러나 그러한 예설이나 예학적 식견이 정밀하다고 하더라도 예학禮學이라는 학문 범주로써 여헌의 유학儒學에 관하여 연구한다고 한다면 조심스럽게 다루어야 할 점이 있다. 그 이유는 그의 예학 연구가 단지 그의 예설을 분석하고 그가 제시한 의식儀式의 특성을 논의하는 것으로 완성된다고 볼 수 없기 때문이다. 달리 말하면 여헌이 자신

2) 유권종. 2012. 「旅軒의『易學圖說』의 禮관념」. 『東洋古典研究』 제45집. 東洋古典研究會. 61~63쪽.

의 학문 세계를 구성하는 방식에 독특한 점이 있다. 즉 그에게서 예禮는 하나의 독립된 연구 분야로 이해되기 보다는 역학易學의 한 요소나 영역으로 이해되었다는 고찰도 가능하고,[3] 또는 목적 지향적이며 유기적으로 긴밀하고 복잡하게 구성된 그의 유학을 성취하는 방법론의 한 축으로서 설정된 것이라는 고찰도 가능하다. 이렇게 되면 그의 예설의 제시나 의식의 정립은 그가 목표로 삼아서 성취하고자 했던 유학적 진실의 세계를 구축해가는 과정이자 내용이고, 그것을 예학禮學이라는 이름으로써 포착할 때에는 유학적儒學的 진실眞實로서의 가치가 예禮의 형태로 드러나는 점, 혹은 예禮와의 관련을 통해서 구현되는 실질을 포착하여야 하는 것이다.

이와 더불어 주목하여야 할 점은 그의 유학의 전반적인 지향성과 그 이념이 위기지학爲己之學의 성취에 맞추어져 있다는 점이다.[4] 그가 17세에 작성한 「우주요괄첩宇宙要括帖」에서 비로소 확실해진 그의 '천하의 으뜸가는 사업事業'이라는 개념은 우주사업宇宙事業과 노년사업老年事業으로 연결됨으로써 그의 인생 전반에 걸친 유학적 실천의 가장 중추적인 코드가 된다. 이 사업事業의 성취과정에 예禮는 필수적이다. 따라서 이러한 사업의 성취와 예禮의 관계를 설명해야 하는 것이 그의 예학 연구의 중요한 과제가 된다고 할 수 있다. 그 점을 고려하여 본 연구에서는 '의례장치儀禮裝置'와 '의례적儀禮的 실천實踐'의 개념

3) 위의 논문이 그러한 취지를 밝히기 위하여 제작된 것임.

4) 유권종. 2012. 「旅軒 張顯光의 實學的 設計-『易學圖說』과 爲己之學」. 『東洋古典研究』 제49집. 동양고전연구회 참조.

을 도입하여 그의 예학의 구조에 접근하는 새로운 방법을 제시하고자 한다.

이 글의 결론 부분에서 다루고자 하는 내용은 과연 낙중학洛中學이라고 하는 범주가 성립될 수 있는가, 그 주요 인물들 가운데 하나인 여헌의 학문세계를 안동을 중심으로 하는 퇴계학맥退溪學脈, 그리고 진주를 중심으로 하는 남명학맥南冥學脈과 구별되는 제3의 학맥을 구축한 인물로 볼 수 있는가라는 의문에 답하는 일이다. 또 그에 대한 답이 부정적이든 긍정적이든 그렇게 보는 이유는 무엇인가 하는 점에 대해서도 답을 구하고자 한다.

이 글은 이와 같은 이해에 입각하여 다음과 같은 순서로 여헌의 예학에 관한 고찰을 진행하고자 한다. 우선 관점 조정을 위한 논의, 여헌旅軒 역학易學의 구도와 예禮, 의례장치儀禮裝置와 의례적儀禮的 실천實踐의 순서로 고찰하도록 한다. 다만 이 글은 필자의 연구 역량이 남명南冥(曺植, 1501~1572)과 그의 문인들의 예학에 대한 연구는 하지 못했기 때문에 퇴계 학맥과의 연관성을 위주로 살피고자 한다.

2. 관점 조정을 위한 논의

이 장에서는 낙중학洛中學 기획에 따른 연구과제에 접근하기 위한 관점 형성과 관련된 기본적 논의를 한다. 기획에 따른 연구과제는 일차적으로 여헌의 학맥이 과연 퇴계退溪의 학맥이나 남명南冥의 학맥과 어떠한 연관성 혹은 차별성을 지니는 것인가, 그리고 한강寒岡과는 어떠한 친연성이나 학파적 연관성을 부여할 수 있는가를 논의하는 것이고, 그러한 논의를 예학禮學의 영역에 집중해서 하는 것이다. 달리 말하면 예학의 영역에서 여헌의 학문이 퇴계나 남명 혹은 한강의 그것과 어떠한 연관성을 지니는 것인지 논의하여야 하는 것이다. 그런데 사실 이러한 과제에 대해 유의미한 답을 구하기 위해서는 예설의 분석과 예서의 제작 방식에 초점을 맞추는 현재의 예학 연구의 방식을 탈피해서 여헌을 비롯한 당대 학자들이 추구한 예학적 진실에 기초하여 관점을 조정할 필요가 있다. 그것은 예학을 평가하는 관점 뿐 아니라 근본적으로는 조선 유학의 맥락과 그 특성을 평가하는 기준을 조선 유학의 실제에 가깝도록 조정하는 것을 의미한다.

기존의 연구들은 학연과 지연, 그리고 학설의 계승과 전수를 위주로 학문적 연원이나 연관을 따지고 있다. 예학禮學에서 여헌은 퇴계의 학설과 한강의 학설을 많이 수용하지만 그렇다고 사계의 학설과 전적으로 다른 것은 아니다. 정원군定遠君 추숭追崇을 반대하는 예송禮訟에서 우복愚伏(정경세鄭經世, 1563~1633), 사계沙溪(김장생金長生, 1548~1631)와 동일하게 추숭을 반대하였고 다만 생부인 정원군에 대한 인조仁祖의 호칭에서 견해가 엇갈렸던 사실이 그것이다. 이 경우 여헌의 예설은 사계와 같은 방향을 지향하여 반정공신들의 추숭을 억제하려는 태도를 취한 점에서 대의大義는 똑같은 것이었다. 다만 인조仁祖의 사가私家 제사祭祀에 관한 방식 즉 소절에서는 차이를 보였다는 평가도 가능하다. 성리학설에 관해서도 이기론理氣論이나 수양修養과 관련된 공부론(일종의 방법론)에서 핵심적인 원리나 개념을 중요한 단서로 삼아서 연결하는 방법이 일반화되어 있다. 그런데 여헌은 갈암葛菴(이현일李玄逸, 1627~1704)이 변척하였듯이[5] 퇴계의 이기설理氣說과는 전혀 다른 구조의 이기설理氣說을 세웠음에도 불구하고 뒤에서 언급하듯이 성호星湖(이익李瀷, 1681~1763)나 정조正祖(1752~1800)에 의하여 퇴계를 이어서 영남의 유풍을 흥성케 한 인물로 간주되고, 양자간의 모종의 맥락까지도 이룩한 것으로 간주된다. 그렇다면 성호나 정조가 지녔던 평가의 기준은 무엇이었을까?

더 심각한 것은 만약 여헌처럼 예학禮學을 자신의 학문적 영역으로 특화시키지 않은(혹은 않으려는 입장이 두드러져 보이는) 경우, 그리고 예학에 관한 접근 방식에서 차이를 보이는 학자에 대해서는 과연 예학의 학파적 분류 혹은 연관성을 굳이 따져야 옳은가라는 의문도 던질 수 있다. 필자의 선행연구에서도 언급한 부분이지만,[6] 여헌은 다만 한강寒岡의 학문을 예학禮學으로 지칭하였을 뿐이고, 자신이 추구하는 학문에 대해서 예학禮學이라는 명칭을 쓰지 않고 오히려 역학易學으로 일관하려는 태도를 취한 것으로 파악된다. 또 사계沙溪에게 보낸 서신에서 자신은 예학禮學을 제대로 연구한 사람이 못된다

---

5) 유권종. 2006. 「葛菴의 旅軒 性理學에 대한 비판 고찰」. 『유교사상연구』 제27집. 한국유교학회.

6) 유권종. 2009. 「여헌 장현광 예학사상의 성찰과 전망」. 『韓國人物史硏究』 제13호. 한국인물사연구회.

고 언급하기까지 한다.[7] 그의 생각을 따라서 본다면, 이른바 한강寒岡이나 사계沙溪가 성취한 예학禮學이란 예경禮經과 예서禮書에 기초하여 예문禮文을 정립하고 예설禮說을 전문적으로 다루는 학문분야이다. 그 역시 「오선생예설발문五先生禮說跋文」에서 그것의 중요성을 잘 설명하고 있다. 그리고 그도 「관의冠儀」, 「혼의婚儀」, 「분찬중사망의략奔竄中事亡儀略」, 「상제수록喪制手錄」과 같은 의식儀式을 정립하였고, 정원군 추숭을 반대하는 소疏를 올리기도 하였다. 그러나 그는 예를 중심으로 한 실천이나 수양(공부)의 중요성을 강조하였고, 그 자신도 자신의 공부에 예禮가 중요하다는 인식을 여러 저술에서 보여준다.[8] 만약 예禮에 관련된 유학적 공부의 전체적인 내용과 방법을 예학禮學이라고 부른다고 한다면, 그의 예학은 그러한 예설의 제시에 국한되지 않는 것이고 오히려 그의 역학易學의 구도와의 관계를 통해서 봄으로써 그 본질이 해명된다고 할 수 있다. 바로 이점이 본 연구에서 관점을 조정해야 하는 중요한 이유가 된다. 즉 역학적 구도와 밀접한 관련을 맺는데서 그 입지가 확립되는 것이 그의 예학이라는 점이 중요하다.

게다가 여헌의 역학의 구도는 타 학자들의 역학의 구도와는 구별

---

7) 『여헌선생속집』 제2권. 「김사계에게 줌」. "이 곳의 늙고 잔약한 저는 반평생 동안 종사한 것이 비록 학문에 뜻을 두었으나, 망녕되이 象數의 학문을 탐구하고자 하여 일용하는 콩과 곡식과 같은 맛에 대해서는 심상하게 여기고 깊이 생각하지 않았습니다. 그러다가 근년에서야 길을 잃었다는 후회가 있어 절실하고 가까운 곳에 머리를 돌리고 다리를 멈추고는 비로소 「小學」과 「家禮」를 깊이 연구하지 않을 수 없다는 것을 알았습니다. 그러나 나이가 노쇠하고 힘이 부족하여 自得하지 못하고, 또 세 가지 유익한 벗의 지도가 없으니, 한갓 스스로 방황할 뿐입니다. 다만 高明은 덕에 나아가기를 더욱 높게 하여 구구한 소망에 부응해 주시기를 바랍니다."(번역, 고전번역원).

8) 유권종. 2003. 「여헌의 예학사상」. 『東洋哲學』 제20집. 한국동양철학회 참조.

되는 특이한 사항이 있다. 그 사항은 우주사업宇宙事業의 성취成就라는 목적 지향의 위기지학爲己之學 방법론方法論의 체계體系로 역학을 재구성했다는 점이 필자의 소견이다.[9] 따라서 그의 예학禮學도 실은 우주사업의 성취라는 목적 하에서 그 진실성이 확보되고 의의를 지니게 되는 학문 영역인 것이다. 위기지학은 단지 성리학자들의 여러 가지 공부 방법들 가운데 하나가 아니라 오히려 성리학자들에게 그들의 유학 전체를 표상하는 학문명칭이다. 즉 위기지학이란 유학자로서 유교의 이상을 성취한다는 목적을 세우고 인생 전체의 긴 시간 동안 부단히 그리고 꾸준하게 진실을 축적함으로써 성취할 수 있는 학문방법을 의미한다. 경학經學과 예학禮學이 이 공부의 중요한 기초가 되는 것이지만, 단지 경서 연구나 예서禮書 연구에 의한 지식의 축적이나 확장을 중시하는 것이 아니라 그 속에 담긴 진실의 체화 혹은 체득을 통한 유교적 이상의 성취가 더 중시된다는 점에 유의해야 한다. 바로 여기서 예에 관한 분석이나 예설의 제시와 더불어 예禮를 체행體行하고 예禮라는 인문人文을 반복하여 실행함으로써 자신에게 축적되는 진실의 내용에 깊은 관심을 지니게 되는 것이 바로 위기지학적爲己之學的 태도이다.

주희朱熹(회암晦庵, 1130~1200)에게서 정립된 위기지학의 특성은 당사자當事者 방법론方法論에 입각한 장기長期 과정課程의 설계, 유학儒學 공부工夫의 통합적統合的 체계화體系化, 체인體認과 실효實效를 추구하는

9) 유권종. 2012.「爲己之學의 개념화 과정」.『철학탐구』제32집. 중앙철학연구소; 2013.「朱熹의 爲己之學 고찰」.『철학탐구』제33집. 중앙철학연구소 참조.

학문學問 등으로 그 성격을 규정할 수 있는데,[10] 여헌의 역학도 실은 이 성격을 그대로 지니는 가운데 우주사업의 성취를 목표로 세우고 가장 핵심이 되는 원리를 이간易簡이라고 제시한 점이 독특하다. 이易와 간簡은 각각 천天과 지地의 작용의 본질을 관찰해서 얻은 원리이지만 그것을 이간易簡이라고 합하여 부를 때에는 인간이 체득해야 하는 원리를 가리킨다.[11] 이간易簡의 체득體得을 강조한다는 것은 예禮를 포함한 각종 인문人文의 체득體得을 중시한다는 의미이다. 그러므로 그의 예학에 관한 연구는 그가 타인에게 보낸 문목問目이나 타인의 문목問目에 답한 글, 그리고 학문적 실천의 결과물로 편찬된 각종 의식儀式 등에 관한 연구가 중요할 터이나, 그러한 일체의 결과물을 낳게 된 이면의 실천적 행위들의 부면에 대한 심도있는 고찰은 그의 예학적 세계를 이해하기 위해서 매우 중요하다. 후자의 경우 단지 예서의 연구나 예학을 통한 학술교류 뿐 아니라 유교의 예와 도덕의 체행體行에 의한 적진積眞의 측면까지도 포괄할 수 있는 연구가 필요할 것이다.

여헌의 예학을 고찰하기에 앞서서 후대의 평가를 보면 그의 유학이나 예학에 관한 평가의 시각을 어떻게 지녀야 하는지를 고민하도록 한다. 다시 말하면 현대의 연구자들이 사용하는 방식, 예설 분석 위주의 방법만으로는 도달하기 어려운 평가를 조선 후기의 인물들

10) 유권종. 2013.「朱熹의 爲己之學 고찰」.『철학탐구』제33집. 중앙철학연구소 참조.
11) 유권종. 2012.「旅軒의『易學圖說』의 禮관념」. 47~48쪽 참조.

은 하고 있기 때문이다. 예를 들면 성호星湖는 "서울의 동남쪽에 위치한 영남 지방은 우리나라 유학의 본산으로, 퇴계 이 선생이 처음 창도倡道하고 여헌旅軒 장선생張先生에 이르러 가장 두각을 나타냈다."[12] 고 영남지역에서 여헌의 유학을 가장 성취도가 높았던 것으로 평가하고 있다. 또 정조正祖는 친히 지은 제문祭文에서 다음과 같이 여헌旅軒을 추모하였다.

> 드높으신 문강이여 / 卓乎文康
> 인리에서 우뚝이 탄생하였네 / 挺生仁里
> 산림에서 본성을 기르고 / 養性林樊
> 經傳의 요지에 마음을 쏟았다오 / 潛心經旨
> 연원이 유래가 있으니 / 淵源有自
> 도산의 退溪였네 / 陶山退水
> 이에 한강에 이르러 / 爰暨寒岡
> 도가 합하고 뜻이 같았도다 / 契道同志
> 기가 위이고 이가 경이라고 / 氣緯理經
> 글을 지어 후세에 남겨 보였네 / 立言垂示
> 도서의 뜻을 발휘하여 / 發揮圖書
> 관건을 열고 숨겨진 뜻 밝혔다오 / 啓鍵抽祕
> 염옹의 깨끗한 흉중이요 / 濂翁胸次
> 면재의 착실한 마음이었네 / 勉齋心地
> 시골의 풍속 후덕하고 질박하였으며 / 鄕俗敦朴
> 사림이 흥기하였다오 / 士林興起[13]

12) 『星湖全集』 第58卷. 碑銘 「文館副提學贈吏曹判書聽天堂張公神道碑銘 并序」 (번역은 고전번역원).

13) 『여헌선생속집』 제10권. 祭文 正宗朝 賜祭文 (번역은 고전번역원).

'산림에서 본성을 기르고', '경전의 요지에 마음을 쏟음', '도가 합하고 뜻이 같았다' 등의 평가는 퇴계退溪와 한강寒岡의 여헌旅軒과의 관계를 단지 지연적地緣的 범주나 성리학설 혹은 예설의 연관성에서 보는 것이 아니다. '염옹의 깨끗한 흉중', '면재의 착실한 마음', '시골의 풍속 후덕하고 질박함', '사림의 흥기' 등의 평가는 단지 이기설理氣說이나 예설禮說의 성과에 한정하여 보는 경우 가능하지 않다. 퇴계와 한강 그리고 여헌으로 이어지는 맥락의 핵심을 도道라고 부르기도 하지만, 더 나아가서는 궁극적인 유학의 이념의 성취와 관련된 진실한 노력과 성취가 있었다고 보기 때문은 아닐까?

3. 역학의 위기지학적 구도와 예

1) 이간易簡과 예禮의 체행體行

여헌旅軒의 학문세계를 포괄하는 최상의 학문범주가 곧 역학이라고 할 수 있지만, 그의 역학에 관한 연구는 쉽지 않으므로 그의 역학의 성격 역시 단언하기 어렵다. 현재까지의 연구들은 대체로 그의 역학이 상수역과 의리역의 종합이라고 보는 관점을 바탕으로 그의 역학이 중국의 역학적 전통을 재해석하고 독자적인 영역을 어떻게 확보했는가에 관심을 집중하고 있다. 그러나 아직까지는 『역학도설』에 대한 체계적인 분석과 평가는 시기상조로 보인다. 그럼에도 불구하고 그의 「역학도설서易學圖說序」의 내용에 기대어 본다면, 그의 역학의 궁극적 목적은 단지 천지의 도리에 대한 역학적 풀이나 그에 대한 이해, 지식의 축적에 두지 않고 인간으로서 추구해야 할 사업事業의 성취에 둔 것으로 이해된다.

> 무릇 宇宙 사이의 이른바 만변 만화와 만사 만물이 모두 이 易의 포함하는 바와 덮는 바가 되어 古今의 구별이 없고 幽明의 차이가 없으며 멀고 가까움의 구별이 없고 크고 작음의 차이가 없이 모두 도망할 수 없으니, 이는 진실로 역이란 책이 과연 위대하고 지극하다는 실제에 걸맞는 것이다. 사람들은 이에 비로소 책 속에 있는 역을 가지고 천지의 역을 알고 模像한 天地를 가지고 固有한 天地를 알아 우리 인간의 事業이 이로부터 정해지게 되었다. 그렇다면 人文이 易을 얻어 밝게 드러나고 사물의 법이 역을 얻어 다해지고 彝倫이 역을 얻어 펴지는 것이니, 이에 이르면 이 易의 功用을 어찌 다 측량할 수 있겠는가. 마땅히 천지가 남아 있으면 이 책이 천지와 더불어 함께 보존되어 천지와 더불어 始終을 함께할 것이다.[14)]

이와 더불어서 주목해야 할 그의 관념은 『성리설性理說』 「만학요회晩學要會」에서 언급하는 이간易簡이다. 이미 필자의 선행연구에서 이것을 여헌의 예관념 논의에 근거로 삼은 바 있듯이,[15)] 이간易簡의 태도에서 그가 예禮를 중시하고 필수로 하는 근본적 이유를 파악할 수 있다.

> 하물며 사람은 천지를 대신하여 만물을 총괄하고 우주내의 사업을 담

14) 『국역여헌집』 제8권. 「易學圖說序」 (번역은 고전번역원).

15) 유권종. 2012. 「旅軒의 『易學圖說』의 禮관념」. 『東洋古典研究』.

> 당하는 자이기 때문에 易簡을 사용하지 않고도 이루는 것이 있겠는가? 易簡하니 천하의 이치를 얻는 것이며, 그러므로 그것으로써 마음을 다스려서 마음이 그 이치를 얻고, 그것으로써 몸을 다스려서 몸이 그 이치를 얻고 그것으로써 家를 다스리고 나라를 다스리고 천하를 다스려서 家와 나라와 천하의 이치를 얻지 못함이 없는 것이다. 진실로 易簡하지 못하면 비록 하나의 마음과 하나의 몸이라도 오히려 마음이 되지 못하고 몸이 되지 못하니 하물며 家와 나라와 천하에 있어서랴.[16]

그에 의하면 이간易簡이란 천도天道의 이易, 지도地道의 간簡을 인간이 본받아서 자신의 삶과 사업의 원리로 삼는 것인데,[17] 이간易簡의 오해가능성에 대한 경고를 보면 인문人文과 사물事物 이륜彝倫의 공부와 축적이 필요한 이유를 이해할 수 있다. “만약 이易하는 이치를 잘못 알아서 단지 쉽게 하는 데만 뜻을 두면 오히려 거칠고 얕으며 급하게 서두르는 병통[조천급촉지병粗淺急促之病]으로 빠져서 도를 실행하기에 부족함이 있고, 간簡하는 이치를 잘못 알아서 단지 간단하게 하는 데만 뜻을 다하면 오히려 구차하고 질러가고 생략하는 병통[구차경약지병苟且徑約之病]에 걸려서 도리어 도를 해치게 됨이 있는 것이다.”[18] 달리 말하면, 매우 다양한 존재와 현상이 복잡하게 얽혀서 전개되는 세상에서 사람이 우주사업을 원만하게 추구하고 성취할 수

---

16) 『性理說』 권7. 4장 後. 況以吾人代天地總萬物而責宇宙內事業者 不用易簡而能有爲耶 易簡而天下之理得焉 故以之治心而心得其理 以之治身而身得其理 以之治家治國治天下而家國天下之理無不得矣 苟不能易簡 雖其一心一身尙不能爲心爲身 況於家國天下乎.

17) 유권종. 2011.「旅軒의『易學圖說』의 禮관념」.『東洋古典研究』.

18) 『性理說』 권7. 5장. 如或不明於爲易之理 而徒有意於易 則無乃或涉於粗淺急促之病 而不足以爲道焉 不明於爲簡之理 而徒致意於簡 則無乃有涉於苟且徑約之病 而反傷於道也.

있는 방법으로서 역학에서 강조하는 것이 바로 이간易簡인 것이다.

여헌이 이간易簡이 가능함 혹은 그것이 필수적임을 강조하는 사유의 배경에는 강절康節(소옹邵雍, 1011~1077)의 관물觀物의 방법 내지 송대 유학의 일원적 사유의 근원에 대한 신뢰가 작용한다. 이를 신뢰라고 부르는 이유는 그에게는 그것이 단지 하나의 학설로서 선택 가능한 선택지의 하나가 아니라 그의 학문과 삶을 우주사업으로 향해 나아가도록 해주는 것으로서 선유들이 공부를 통해서 터득한 경지이며, 그가 자신의 공부에 의해서 똑같이 터득해야만 하고 또 터득할 수 있는 것이라는 확신이 보이기 때문이다. 따라서 이 내용을 통해서 그의 이간易簡공부 내지는 역학 방법론의 핵심을 지식의 확장이나 축적에 두지 않고 오히려 공부하는 당사자 존재의 식견과 안목을 높이는 질적 변화를 추구하는 것으로 논할 수 있다.

> 줄어들고 자라나는 것은 하늘의 도이고 / 消而長者天道
> 인습하고 개혁하는 것은 인간의 일이다 / 因而革者人事
> 그 사이에 권도가 있으니 / 曰有權存乎其間
> 성인과 신인이 아니면 누가 이것을 다하겠는가 / 非聖神其孰盡
> 이것으로 관찰하니 / 于以觀之
> 비록 작은 물건이라도 어찌 도망하겠는가 / 物雖微而孰遁
> 크게는 천지로부터 / 大自天地
> 작게는 호홀에 이르며 / 小至毫忽
> 가까이는 내몸으로부터 / 近自吾身
> 멀리는 육합에 이르기까지 / 遠至六合
> 물건 아닌 것이 없는데 / 無非物兮
> 이치가 내 몸에 있어 빠짐이 없다 / 理在我而無闕

통합하여 말하면 도이고 / 統言之而曰道
나누어 말하면 이치이며 / 散言之而曰理
형기로 구분하면 물건이고 / 形器之則物也
미루어 헤아려 보자면 수이다 / 推步之則數耳
모여서 나의 한 마음에 있고 / 會在我而此心
하나로 꿰어 포괄된다 / 一以貫兮包括
이는 요부가 물건을 관찰함이 / 是堯夫之觀物
일반인의 눈과 달라서 / 其諸異乎衆目
마음과 몸 / 心與身兮
물건과 세상을 모두 포함한 것이다 / 物與世擧
만 가지가 한 이치임을 보니 / 觀萬之以一
어찌 다만 맑은 물과 거울 같을 뿐이며 / 豈特水鑑
물건의 형체를 하나로 꿰뚫으니 / 能一乎物形
물건의 실정을 통일시킬 수 있는 것이다 / 玆可以物情之能一
이에 어느 것이 하늘이고 어느 것이 땅인가? 한 마음에 들어 있고 / 於是孰天孰地一方寸兮
어느 것이 옛날이고 어느 것이 지금인가? 한 가슴 속에 있다 / 何古何今一胸中兮
높고 깊은 것을 연구하지 못함이 없으니 / 無高深其不致
어찌 세미한 것을 상고하지 못하겠는가 / 寧微細而未稽
이것을 보려면 어찌하여야 하는가 / 觀之兮何爲
돌이켜서 내몸에 모이게 할 뿐이다 / 反而會諸吾身
성을 다하여 천명에 순종하고 / 性可盡兮命可順
마음이 인(仁)하여 물건이 모두 봄이 된다 / 心而仁兮物皆春[19](밑줄 필자)

위에서 밑줄 친 부분에 주목하면 그의 공부의 방법은 다음과 같은

19) 『여헌선생문집』 제1권. 賦 觀物賦 (고전번역원 번역).

내용을 추구한다고 할 수 있다. 일차적으로 마음과 몸 그리고 물건과 세상을 모두 하나로 포괄해서 관찰하는 방법, 또 물건과 형체를 하나로 꿰뚫어서 물건의 실정을 통일시키는 방법, 그 방법을 공간적 범위로 극대화하고(천지天地)와 시간적 범위로 극대화(고금古今)하는 동시에 평범한 이치는 물론 심오하고 고원한 이치 및 거친 내용은 물론 세미한 내용까지도 모두 포괄하는 방법이다. 마치 온 세상의 존재와 현상 또 그들의 고심高深하고 세미細微한 이치들까지 빠짐없이 뭉뚱그려서 포괄하는 드넓으면서도 촘촘한 그물을 만들어가는 것이다. 중요한 점은 그것이 다름아닌 자신의 일신상一身上에 건립되어야 함을 그가 강조한다는 사실이다.

여기서 일신상一身上에 건립한다는 것은 과연 무엇을 의미하는지 생각해볼 일이다. 여헌이 위에 인용한 글에서 모든 것을 망라하여 하나로 통합하는 사고방식을 보인다는 점은 어찌 보면 서구철학에서 선호하는 형이상학形而上學 특히 일원적一元的 실재론實在論의 지식체계를 건립하는 것으로 보일 수 있다. 사실 그의 이론 역시 일원론적 실재론의 형태를 지니는 점을 부인할 수는 없지만, 그런 이론의 구축이 궁극적 목표였다고 할 수는 없다. 왜냐하면 그는 자신의 이해나 지식이 실은 오래 전에 강절康節과 같은 선유들이 얻은 내용의 재확인에 해당하는 것이기 때문이고, 자신이 그러한 이해에 도달하는 방법에 더 깊은 관심을 기울이기 때문이다. 그는 「공중누각부空中樓閣賦」의 말미에서 "나와 같이 몽매한 사람은/ 또 누각을 공중으로 칭한 것을 의심하니/ 평지에 있는 사람들이/ 사다리를 타지 않으면 올라가기 어려움을 어찌 하겠는가."[20]라고 한다. 여기서 공중누각空中樓閣은 이천伊川(정이程頤, 1033~1107)이 강절康節을 칭한 명칭으로서[21] 강절이 도달한 공부의 수준이 일반인들에게는 공중에 떠있는 거대한 집과 같다고 하여 비유한 것이다. 여헌은 이러한 공중누각에 '사다리' 비유를 통해서 그 경지에 오를 수 있음을 시사한다. 이 사다리 비유는 하학상달下學上達의 방법을 말하는 것이라고 추정되는데, 공중누각에 도달한다는 비유는 공부를 통한 자신의 견지見地를 제고한다는 의미로서 견지가 다르면 보이는 것도 다르게 됨을 비유한다. 그것이 공부하는 당사자의 질적 고양을 가리키는 것이기도 하다. 그러한 당사자의 질적 고양은 지식을 확장하는 방법만으로 가능한 것은 아니고 선유가 언급한 도리를 체득하고 체화함으로써 비로소 가능한 것이다. 마치 사다리를 타고 공중에 오르면 지상에서 볼 때와는 다른 경지가 전개되듯이 변하는 것이 바로 질적 고양의 의미이다. 그렇다면 질적고양의 귀결은 무엇일까? 그가 강조하는 체행體行, 체회體會 등 숙달을 지향하는 방법,[22] 혹은 '자연의 이치에 순順하여서 그것을 천하와 만세에 행하더라도 마땅히 폐단이 없는 상태'[23]가 그에 해당한다. 그래서 윗글에서 그는 시간 공간의 모든 것, 고심高深한 이치 세미細微한 이치를 모두 그 자신에게로 모이게 하여야 한다고 강조한

---

20) 『여헌선생문집』 제1권. 「空中樓閣賦」 (고전번역원 번역).

21) 『二程遺書』 卷7. 邵堯夫猶空中樓閣.

22) 이는 그의 「萬活賦 并序」(『여헌선생문집』 제1권)에서 강조되는 개념.

23) 『性理說』 권7. 6장 前.

것이다.

이렇게 그 자신에게로 모든 이치를 끌어모아서 자신의 견지를 높인다는 언급은 결국 우주사업에 긴요한 원리를 자신의 몸과 마음에서 더이상 떠나지 않도록 확고하게 붙들어 매둔다는 의미, 즉 체화體化(embodiment)로도 이해된다. 또 그것을 숙달한다고 한다면 그 원리를 수행할 때에 서투름이나 어색함 없이 자연스럽고 또 자신의 인생관에서 전개되는 점 상황변화에 자동적(자발적)으로 대응하는 것이 이루어지는 수준에 이르러야 함을 의미한다. 그 자세한 내용을 다음 글에서 확인할 수 있다.

> 이른바 易簡이란 이미 順理라고 말했으므로 깊게 할 곳은 깊게 하고, 정밀하게 할 곳은 정밀하게 하고 重하게 할 곳은 重하게 하는 것이 이치 아닌 것이 없다. 그 깊게 하는 것을 이치로써 하고 그 정밀하게 하는 것을 이치로써 하고 그 중요하게 할 것을 이치로써 하는 것은 그 자체가 易簡의 도이다. 만약 반드시 깊게 할 것을 버리고 얕게 할 것만을 취하며 정밀하게 할 것을 버리고 거칠게 할 것만을 취하며 중요하게 할 것을 버리고 가볍게 할 것을 취하는 것은 이치의 자연이 아니니 어찌 그것을 易라고 말할 수 있겠는가? 하나의 이치를 궁구하지 못하고 하나이 善을 채우지 못하면 未成의 學이 되며, 經禮는 삼백 가지이고 曲禮 삼천 가지인데 어쩌다 그 가운데 하나라도 폐기하면 未備의 禮가 되며, 萬目가운데 一目을 들지 못하고 만물 가운데 一物을 기르지 못하면 未盡한 政이 된다. 성취해야 하는데 성취하지 못하고 갖추어야 하는데 갖추지 못하고 빠짐없게 해야 하는데 빠짐이 있다면 어찌 簡의 도가 되겠는가? 성취하지 못하는 바가 없고 갖추지 못하는 바가 없고 다하지 못하는 바가 없게 한 다음에 자연의 이치에 順하여서

> 그것을 천하와 만세에 행하더라도 마땅히 폐단이 없을 것이다. 이것이 易簡의 도가 아니겠는가?[24]

여헌은 이 글에서 예禮를 삼백三百의 경례經禮와 삼천三千의 곡례曲禮로 구분한다. 이러한 조목을 모두 갖추고 있으면 이간의 도를 실행할 수 있게 되는 것으로 이해될 수 있는데, 중요한 것은 그것을 어디에 설비設備하는가 하는 문제이다. 물론 그 장소는 다름 아닌 개인의 몸이다. 이에 대해서 이미 선행고찰에서 언급한 예禮의 사상한과 건극建極의 관계를 재론하지 않을 수 없다.

2) 예禮의 사상한四象限

여헌旅軒이 사용하는 예禮 관념은 용어는 하나라고 할지라도 실은 적어도 네 가지 부면으로 나눌 만한 의미군意味群을 지닌다. 여헌을 비롯한 많은 동시대 유학자들은 이에 대한 구분을 하지 않고 혼용하였던 것이 사실이지만, 이제 논의를 진전시키기 위해서는 똑같은 예禮라는 용어로 지칭된 것이라도 내용과 성격이 다른 것은 나누어서 논의를 진행하는 것이 바람직하다. 이미 이에 대한 선행고찰이 있

---

24) 『性理說』 권7. 5장後~6장前. 所謂易簡者 旣曰順理焉 則當深而深 當精而精 當重而重者 無非理也 其深以理 其精以理 其重以理者 自是易簡之道也 若必欲舍深取淺 舍精取粗 舍重取輕 則非理之自然也 豈可謂之易乎 至於一理不窮 一善不足 爲未成之學也 經禮三百曲禮三千 而或廢其一 爲未備之禮也 萬目中一目不擧 萬物中一物不育 爲未盡之政也 當成而不成 當備而不備 當盡而不盡 豈得爲簡之道乎 無所不成 無所不備 無所不盡 然後爲順乎自然之理 行之天下萬世 而當無弊也 此非易簡之道耶

으므로[25] 여기서는 사상한四象限의 예禮가 우주사업宇宙事業에 관여되는 방식이나 그 실질을 건극建極이라고 보고 거기에 초점을 맞추어서 논의를 진행하기로 한다. 먼저 여헌의 예관념의 사상한을 표상하는 개념도는 〈그림 1〉[26]에서 확인하도록 한다.

외적(Exterior)	내적(Interior)	
ㅇ실재하는 易의 이치: 천지의 道 하늘의 德 理: 禮 관념의 근거－天理之節文 左上	ㅇ禮: 인간의 품성으로 부여된 五常의 하나로서의 禮 • 性: 性(德) 개념으로서의 예 • 근본적인 禮 • 마음의 分數 • 확장성 · 발전성 右上	形而上道
左下 ㅇ禮: 객관세계의 규범으로서의 物則 · 儀則 • 儀章度數 • 人事 · 儀則의 전 영역 • 여러 사람의 情을 절제하고 만 가지 일을 재단하여 中으로 귀결하게 함: 一端의 中 • 儀 · 數의 규범: 일의 객관적 형식 · 참여하는 사람의 행위의 일정한 양식 · 복식 · 기물 · 건물의 양태와 그 사용법 포함	右下 ㅇ禮: 몸으로 표상되는 일체의 언행에 대한 禮 • 상황과 맥락에 따라 변하고 절목에 따라 구분되어야 하는 신체 · 언행의 합례적 표상 • 몸(形氣)의 分數 • 절제 · 제약 · 수렴	形而下器

〈그림 1〉 여헌의 예 관념의 사상한

회암晦庵이 예禮를 천리天理의 절문節文이자 인사人事의 의칙儀則으로

25) 유권종. 2009.「여헌 장현광 예학사상의 성찰과 전망」.『韓國人物史硏究』 제13호. 한국인물사연구회.

26) 위 논문. 134쪽에서 전재함.

정의하고[27] 조선의 성리학자들이 예禮를 천리天理와 인사人事의 대응관계로 사고하는 방식이 현대의 연구자들에게는 예의 속성을 파악해 들어가는 매우 중요한 단서가 된다. 그 대응관계는 객관세계(혹은 주체의 외부세계)의 실재하는 이치와 규범체계의 대응관계로 볼 수 있다. 비록 현재의 예학 연구는 대체로 객관세계의 규범과 그들이 종합되어서 보이는 의례儀禮체계에 초점을 맞추고 있지만, 예禮의 다의성多義性에 주목한다면 이러한 연구 경향은 변화할 필요가 있다. 예의 다의성이란 위의 사상한의 각 부면에 해당하는 예의 속성 혹은 내용들을 가리키며, 이들이 실은 예학과 관련된 다양한 학문적 행위의 연결망을 보여준다고 할 수 있기 때문이다. 즉 그러한 연결망을 한 가지 그려보면 다음과 같다.

問: 『의절』에 또 마전한 관과 칡으로 만든 띠와 노끈으로 만든 신이라는 글이 있으니, 지금 사람들이 또한 이것을 행합니까?

答: ㉠상복을 이미 마전하였으면 관을 반드시 마전한 베를 사용함은 의심할 바가 아니오. 띠와 신을 칡과 노끈으로 바꾸는 것은 예에도 또한 그러하나 다만 지금 사람들이 사용하는 것을 보지 못하였으니, 아마도 사용하는 자가 있는데 내가 아직 보지 못하였는가 보오. 나는 본래 禮書를 널리보지 못하였고, 이제 마침 江齋에 나와 있어서 상고할 만한 책이 없으며, 또 늙고 어두워서 옛날 본 것을 기억할 수 없으므로 다만 금일에 생각이 미치는 것만 가지고 받들어 답하니, 감히 반

27) 『論語集註』, 「學而」, 集註.

> 드시 옳다고 여겨 행해도 되는 것이 아니오. 엎드려 바라오니 정밀하고 박식한 사람에게 널리 물어서 그것을 따라 스스로 지극히 하는 데에 유감이 없도록 하면 다행일 것이오. 우리 나라의 상례는 진실로 소략함이 많은바, 혹 세속에 익어서 스스로 각별히 하지 못하고 혹 가난하여 마련하지 못하므로 으레 ㉠우선 옛날 하던 것을 그대로 따르고 있소. 오직 여러 孝侍들이 하는 대로 때에 따라 마땅함을 참작하여 세속을 따라서 심히 ㉡의리에 해롭지 않으면 그대로 따르는 것이 또한 어찌 불가하겠소. 또 여러 사람들이 행하지 않는 것을 행하여 ㉢세속을 놀라게 하는 것도 두려운 일이니, 이것 또한 생각하지 않으면 안 되오. 지난번 孝侍의 질문을 받았을 적에 일찍이 變禮의 글을 보지 못하고 단지 잘못된 소견으로 받들어 답하였으니, 매우 죄송하오. 다만 다시 생각하니 이미 참최에 눌려서 모든 일을 한결같이 중한 초상을 앞세우는 뜻으로 행한다면 이제 먼저의 朞日에 신위를 별도로 설치하지 않고 ㉢오직 함께 성대한 제수를 진설하여 평상시와 같이 제사하면서 애통해하는 정을 다할 뿐이며, ㉣옷을 갈아입는 절차를 행하지 않고 그대로 지나갔다가 무거운 상의 朞日을 기다려 참최복을 입고 練禮의 節目을 갖추 행한다면 이것이 혹시 세속을 따라 간편함을 쓰는 것이 아니겠소. 이와 같다면 먼저의 기일에 연례의 절목이 빠지는바, 또 미안할지 모르겠소. 바라건대 앞에 받들어 답한 말과 참작함이 어떻겠소.[28]

위의 밑줄친 내용들은 복합적 요소로 설명될 수 있지만 거칠게 일의적인 것을 중심으로 구별하면 다음과 같다. 윗글에서 ㉠은 사상한의 좌하면左下面, ㉡은 좌상면左上面, ㉢은 우상면右上面, ㉣은 우하면右下面으로 각각 구분해볼 수 있다. 예를 사상한의 의미군으로 나누어보

28) 『여헌선생문집』 제5권. 「문목에 답함」. 「申晳甫에게 답함」(번역은 고전번역원).

는 것은 예가 예로서 인정되는 것은 학문적 분석과 더불어서 실천과 검증의 작용들이 함께 결부된다는 점을 확인하기 위한 것도 있다.

이 문목을 보더라도 예학이란 예학자 자신의 끊임없는 학문적 행위(예서 분석이나 담론 뿐 아니라 자신의 위기지학적 실천을 통한 예의 검증과 확신 등) 속에서 확인되는 타당성의 측면들이 모여서 예설(예서)로도 결실을 맺는 것이지만 동시에 소통과 교화 내지 타학자들에 의한 재검증과 확산 과정을 이어지도록 한다. 이를 통해서 예학적禮學的 내지 유학적儒學的 진실의 재생산과 전승으로 나아가도록 하고 나아가 하나의 거대한 맥락을 형성하도록 하는 것이다. 그러므로 예설 자체에 대한 고찰 뿐 아니라 그것을 낳게 된 유학자의 학문적 행위에 관하여 연구를 확장해가는 노력이 필요하다. 그것이 바로 유학 내의 예禮 영역과 기타 영역을 연결하거나 종합하면서 전체적으로는 유학적 진실의 구조를 엮고 시대적 상황에 맞는 진실을 창출해가는 과정이기 때문이다.

따라서 여헌의 유학儒學의 한 영역으로서 예학禮學(예禮에 관련된 유학적 공부의 전체적인 내용과 방법을 예학禮學이라고 부름)을 연구할 때에도 예설禮說이 전체 예학의 어느 영역에서 제 위상을 지니는 것인가에 유의留意하고 전체와의 관계를 고려하는 가운데 논의를 할 필요가 있는 것이다. 여헌은 퇴계나 남명이 추구했던 위기지학爲己之學 혹은 성학聖學 심학心學 등의 경향을 충실하게 계승한 학자이다. 그렇다고 할 때에 여헌의 학문세계에서 객관적 규범으로서의 예禮의 체계화體系化나 저술을 통한 의식儀式의 구비具備 못지않게 중요한 것은 유학적 도리의 체화體化라고 할 수 있다. 이 체화와 관련하여 예禮는 어떠한 역할을 하는 것이며 또 그렇게 역할을 하게 되는 이유는 무엇인가? 여헌의『역학도설易學圖說』의 유구편類究篇에는 서계書契, 교학敎學, 예의禮儀, 율려律呂, 역기曆紀, 병진兵陣, 산수算數가 인문의 가장 필수적인 영역으로 소개되고 있다. 이들은 '자신의 덕량德量을 확장하고 충족시키기 위해서 궁구해야 할 분야들, 즉 위기지학의 성취를 위해서 반드시 성취해야 하는 영역들'로 간주되는 것이다.[29)]

예학을 위기지학의 틀 속에서 이해하게 될 때에는 예禮를 사상한四象限으로 나누어서 이해하는 작업과 아울러 그것을 바탕으로 건극建極하는 것을 귀결로 삼는 방식에 대해 주목하는 것[30)]이 여헌의 예학에 대한 이해에 도달하는 것이라고 판단된다. 건극이란 일종의 선善들 사이의 조화와 균형이 절묘하게 이루어져 응집된 상태를 가리킨다고 할 수 있다. 그리고 그것을 이루어내는 것은 다름 아닌 사람이며, 특히 마음이 아니면 불가능하다는 것이 그의 생각이다.[31)] 여기서는 사상한의 예가 조화를 이루는 것을 의미하는 것이라고도 생각된다. 그것과 관련되어서 예가 건극에 관여하는 방식에 대한 여헌의 사고를 살피도록 한다.

---

29) 유권종. 2012.「旅軒의『易學圖說』의 禮관념」.『東洋古典研究』.

30) 禮의 四象限과 建極의 관계에 대해서는 유권종. 2009.「여헌 예학사상 연구의 성찰과 전망」.『韓國人物史研究』 제13호. 한국인물사연구회. Ⅵ장(禮의 四象限과 建極) 참조.

31) 유권종. 2009.「여헌 예학사상 연구의 성찰과 전망」 참조.

3) 건극建極(주경치위主經治緯)

여헌의 사고에 따르면 건극建極은 주경치위主經治緯와 동의적同義的인 방법이며, 이외에도 집중執中 내지 건중建中과도 의미가 통한다.[32] 먼저 여헌이 『중용中庸』의 수장首章 경문經文을 해석하는 가운데 언급하는 주경치위主經治緯의 의미를 보도록 한다.

> 태극은 하늘에서 經이 되는 것이니 理氣五行으로써 緯를 삼아 허다한 품휘를 조화하게 되면 氣가 낳은 것에 理가 일찍이 행해지지 않음이 없으니 곧 이른바 命이다. 여기에서 품휘가 만물이 됨에 각기 그 부여받은 理를 갖고 있지 않음이 없으니 곧 이른바 性이다. 이 성은 사람과 사물에 있어 經이 된다. 성이 經이 되고 나면 이 性이 심신의 用에서 발출하여 사물의 사이에 행해지는 것이 率性의 道이다. 이 理로써 이 形氣가 되었으니 그 때문에 형기의 성이 된 것이오, 형기가 되고 나면 이 형기로써 이 성을 행하는 것이다. 그러므로 率이라 한다.(중략)이에 그 정이 되어 행해지는 것이 한결같이 성이 된 바의 경에 순응하여 상천의 명을 어그러뜨리지 않으면 그 경을 표준으로 삼는다고 할 수 있으니 성인이 바로 이런 사람이다. 스스로 經과 같을 수 없어 노력하여 똑같게 되기를 생각하는 자는 현인이다. 衆人은 형기로써 성을 행할 때에 비록 경이 되는 바의 성에 말미암지 않는 것은 아니나 발하여 緯로서의 情이 된 것이 혹 지나쳐 그 中을 잃거나 혹 미치지 못하여 中을 어기게 되니 이것은 緯로써 도리어 經을 어기는 것이 되어 혹 毫釐만큼의 차이가 천리나 어그러지게 될 것이며, 혹 下流를 달게 여겨 스스로 힘쓰는 것에 뜻을 두지 않게 될 것이다. 그

---

32) 『性理說』 권4. 46장 前. 「歷引經傳」. 若三皇之世 無爲而化者 經緯之準不足言矣 其在五帝三王執中建中建極之日 豈有鮮能之民哉 여기서 主經治緯는 執中 建中 建極과 사실상 동의어로 사용되고 있다.

러므로 반드시 성인이 上位에 있어 천리에 순응하고 인정을 참작하여 주경치위의 도를 세워 크게는 三綱五常의 법과 작게는 三千三百의 예를 만들어 師表를 두어 가르치고 학문을 돈독히 강명하여 지나친 자는 눌러 굽혀 나아가게 하고 미치지 못한 자는 끌어당겨 발돋움하여 미치게 함으로써 만백성으로 하여금 모두 교화의 가운데로 돌아가게 하여 庶類가 모두 그 성을 완수하는 데 이르게 하는 것을 修道之敎라 한다.[33]

주경치위는 본성本性을 경經으로 삼아서 정情을 절도에 맞게 조절하는 방법인 셈이다. 때문에 심법心法의 중요성을 강조하게 되는 것이다.[34] 윗글에서 보듯이 객관적으로 존재하는 예禮(삼천삼백의 예)와 천리天理 그리고 성性과 심신心身의 작용, 형기形氣의 관여 방식이나 상태가 매우 중요한 요소가 된다. 성인이 주경치위의 도를 세워서 교육할 때에 삼강오상의 법과 삼천삼백의 예를 설치한 것도 심중心中의 건극建極을 가능하도록 유도하는 교육의 장치를 세웠다는 인식으로 보인다. 그렇다면 심중의 건극을 하는 작용에 그러한 장치로서의 예가 어떻게 관여되는 것인지를 살펴본다. 예가 교육 혹은 건극(주경치위)에 직접적으로 관련되는 원리를 잘 보여주는 글이 있다. 『논어

33) 『性理說』 권4. 48장. 「歷引經傳」의 글. 장숙필. 「旅軒 張顯光의 中庸哲學」. 『儒敎思想硏究』 제22집. 한국유교학회. 145~146쪽의 번역을 일부 원문에 입각하여 수정하여 옮겼음.

34) 장숙필. 2005. 「旅軒 張顯光의 中庸哲學」. 『儒敎思想硏究』 제22집. 한국유교학회. 144쪽에서 主經治緯란 "우리 본성에 내재된 본연의 선을 근거로 현실적인 過不及과 邪惡을 바로잡아가야 하며 또 바로잡을 수 있다는 것을 제시하려는 것"이라고 정의한다.

論語』「안연顔淵」의 "問仁 曰克己復禮爲仁 請問其目 曰非禮勿視 非禮勿聽 非禮勿言 非禮勿動"에 대한 여헌의 해설이다.

> 仁과 禮는 곧 性의 理이면서 道에 대해서 經이다. 己는 곧 情의 緯이면서 視聽言動으로 발출하는 것이다. 舜의 이른바 人心이 이것이다. 非禮가 있으면 私가 승하여 理를 놓치니 곧 緯가 제 經을 잃어버리는 것이다. 그것을 다스려서 누르는 것은 그 예가 아닌 것마다 모두 그것들을 하지 않는 것이니 緯를 다스리는 일이다. 己를 눌러버리고 예로 돌아가서 仁으로 나아가는 것은 經을 준행하는 지극한 功이다. 顔子는 亞聖인데도 오히려 非禮處가 있었기 때문에 성인이 그에게 克復의 방법과 四勿의 항목을 말씀해주셨던 것인데, 하물며 안자보다 못한 사람이랴.[35)]

이 글에서는 인仁과 예禮를 성性의 리理로 간주하면서 경經이 된다고 보는 점이 앞의 글과 다르다. 그렇다면 예로 돌아간다[복례復禮]란 사물四勿의 작용(이 역시 소극적 방식으로 장치로서의 예를 준행하는 것)에 의하여 본성의 리理에 해당하는 예禮를 경으로 삼게 됨을 말한다. 이를 건극建極 혹은 건중建中의 의미와 관련지어 보면 외부적 장치로서의 예에 부합하는 행위를 함으로써 내면의 예라는 본성을 모든 정감과 사려의 표준으로 삼거나 그것을 심중心中의 모든 작용의 중추

---

35) 『性理說』 권4. 46장 後. 「歷引經傳」. 仁禮卽性之理而經於道者也 己卽情之緯而發於視聽言動者也 舜之所謂人心是也 有非禮 則私之勝而失於理 卽緯之失其經也 治而克之 隨其所非禮而皆勿焉者 治緯之事也 己旣克之而復禮歸仁者 準經之極功也 顔子亞聖 而尙有非禮處 故聖人告之以克復之方 四勿之目 況下於顔子者哉.

가 되게끔 하는 것이라고 이해된다. 이 글에서 주목되는 것은 사물四勿에서 규제적 요소로 작용한다고 볼 수 있는 객관적인 규범으로서의 예禮[36]와 주경主經(복례復禮)하는 본성으로서의 예禮가 상호 대응된다는 점이다. 그리고 건극[주경치위]이 가능한 것은 본성으로 지니고 있는 예禮가 있기 때문이다. 그렇다면 사물四勿의 실행이 본성의 예를 경經으로 삼도록 하는 데에 어떠한 작용을 하는 것인지 주목할 필요가 있는 것이다. 사물四勿의 실행은 일단 행위를 제어하여 예에 부합하도록 하는 것이고 더 내면으로 들어가면 정情(혹은 欲)을 제어하여 예에 부합하도록 하는 작용이다. 그러한 작용을 통해서 본성의 원리에 부합하는 정과 행위를 낳도록 내면의 작용에 일정한 유형 혹은 궤도를 형성하는 것이 바로 사물四勿이다. 이러한 과정이 그가 생각하는 체행 혹은 현대 학계에서 많이 사용되는 개념인 체화體化를 가리키는 것이고, 그 귀결은 심중에 예에 부합하는 본성을 확립하는 것이라고 생각된다.

여헌旅軒의 역학易學(위기지학으로서)의 구도와 예禮와의 관계를 본다면 예禮는 체화體化 혹은 체행體行의 대상 혹은 그 내용으로 간주되는 것이다. 예禮의 체화體化란 객관적 규범으로서의 예禮 혹은 천리로서 규범화가 가능한 내용들을 반복해서 실행함으로써 예禮가 당사자의 존재의 일부처럼 혹은 마음의 내재된 경향처럼 저절로 자

36) 朱子學의 예학 체계에서 인사의 儀則은 객관의 세계에 설정되어 있는 규범으로 볼 수 있다.

연스럽게 작용하도록 하는 상태로 이해된다. 그렇다고 할 때 그것을 '예禮의 내면화'라고 설명하면 적절한 것 같지 않다. 왜냐하면 여헌은 그러한 자연스러움은 본구된 성性의 자발적 경향에 근원하는 것이라고 보기 때문이다. 그렇다면 그것은 내면화라기보다는 잠재적 미분화 상태에 있는 본성(인문의 잠재태)에 인문적 장치의 품격과 정밀함을 (반복적으로) 경험시켜 줌으로써 본성을 예에 맞도록 계발하는 것이라고 할 수 있다. 이점을 『논어論語』「위정爲政」의 "나이 칠십이 되니 마음이 원하는 대로 따라 해도 법도를 어기지 않는다(七十而從心所欲不踰矩)"에 대한 여헌의 설명으로부터 살펴보기로 한다.

> 心이 원하는 바는 곧 일용의 사이에 유행하는 것이면서 聖道의 緯이다. 矩는 天理本然의 準則이니 곧 聖道의 經이다. 矩는 理이고 欲은 氣이다. 理는 體가 되고 氣는 用이 되는데 用은 스스로 體를 넘어서지 않는 것이니 緯가 經을 본받는 것이 이것이다. 情과 性이 부합하고 心과 理가 합일하여서 사람이면서 道이고 도이면서 사람인 것이 곧 이른바 천지가 그 덕을 합하고 日月이 그 밝음을 합하고 四時가 그 순서를 합하고 鬼神이 그 길흉을 합한다는 것이다. 나이 칠십에 이른 뒤에 자신이 마음이 원하는 대로 따라 해도 법도를 어기지 않는다는 깨달음을 가지게 되었으니 칠십이 되기 전에는 항상 자신이 혹시라도 법도를 어기지 않을까 늘 염려하여서 스스로 삼가는 생각을 놓지 않았음을 여기서 알 수 있다. 성인 역시 緯를 다스리는 노력을 하지 않음이 없었던 것이니, 이 말을 한 까닭은 학자로 하여금 이 법도[矩]는 조금이라도 어겨서는 아니 되며 반드시 모름지기 그 마음이 하고자 하는 바에 대해서 신중함을 다하여야 함을 알게 하려는 것이다. 공자의 법도[矩]는

곧 요순우가 서로 주고받은 厥中과 같은 것이다.[37)]

윗글에서 성인 역시 위緯를 다스리는 노력을 꾸준히 일흔 살까지 하였다는 해명은 성인 혹은 아성 역시 인문적 장치의 세밀함을 체화하는 과정이 상당한 시간이 소요되었음을 의미한다. 즉 정情과 성性의 부합, 심心과 리理의 합일, 도와 인의 일체성 등은 인문적 요소가 본성(잠재태)을 개발한 결과로 볼 수 있다. 그리고 앞의 인용문에서 안연에게 비례처가 있었다고 하는 언급도 그와 유사한 의미로 읽힌다.

이상의 논의를 종합해보면 그의 역학 뿐 아니라 기타의 글에서 보이는 그의 유학적 방법은 건극建極을 통해서 성인의 사업에 참여하는 것이다. 그의 유학을 이해하는 중심적 코드로 사업事業과 건극建極을 연결하여 보면 그것은 주체의 건극建極이 실현되어야 사업을 성취한다는 도식이 성립된다. 그렇다고 할 때에 사업의 성취에서 관건이 되는 것은 바로 건극이고 그것이 여헌의 예학에서도 역시 중추적 원리가 됨은 물론이다.

---

37) 『性理說』 권4. 44장. 「歷引經傳」. 心所欲卽流行日用之間者 而聖道之緯也 矩卽天理本然之準則 乃聖道之經也 矩是理也 欲是氣也 理爲體氣爲用 而用自不踰於體也 爲之準於經者是也 情與性符 心與理一 人而道 道而人 卽所謂天地合其德 日月合其明 四時合其序 鬼神合其吉凶者也 至七十而後 有覺其從心所欲不踰矩 則未七十之前 猶常慮其或踰於矩 而不弛其自愼之意 此可見矣 聖人亦未嘗不治緯之功焉 所以語此者 欲令學者 知此矩之不可少踰 而必須致愼於其心之所欲也 孔子之矩 卽堯舜禹相授受之厥中也.

4. 의례장치와 의례적 실천

여헌의 예학을 이상과 같은 구도에 의하여 고찰하게 된다면 필연적으로 그의 예설 혹은 의식儀式의 정립과 관련된 영역과 그의 사업적 실천과 관련된 영역을 구분하여 보게 된다. 즉 학자들의 문목問目에 답을 주면서 개진한 예설, 「관의冠儀」, 「혼의婚儀」, 「분찬중사망의략奔竄中事亡儀略」과 정원군定遠君 추숭追崇, 계운궁啓運宮 복제服制에 제시한 그의 예설 등은 가정이든 국가든 사회에서 객관적 규범으로서 기능하거나 그러한 가능성을 품고 있는 것이다. 그러한 까닭에 앞의 사상한의 그림에서는 좌하면에 속하는 예에 해당하는 것이다. 그러나 그가 또 유달리 깊은 관심을 지니고 반복해서 강조하는 것은 앞에서도 살핀 주경치위主經治緯 혹은 건극建極 등의 견해에서 보듯이 자신의 본성으로서의 예禮를 일체의 정감과 사유 및 행위의 기준으로 삼도록 하는 실천적 공부이다. 이는 좌상면 우상면 우하면에 모두 해당한다. 그리고 그가 남긴 예학 저술을 포함한 모든 저술들은 그의 예학적 관심의 내용과 방향에 대해서 근본적인 질문을 하도록 한다.

그동안 필자의 초기 연구를 포함해서 여헌의 예학에 관한 연구를 남긴 학자들은 일차적으로는 그의 예설이 고례와 속례의 어느 쪽을 지향했었는가 하는 점을 판단하는 데에 관심을 보였다. 그와 더불어 당대 혹은 선대의 유력한 학자들의 예설과의 연관성이나 차별성을 밝히면서 그들과 여헌 사이의 예설적 친연관계를 설명하는 것에 중점을 두었다. 이러한 관점은 여헌의 예학 연구에만 한정되지 않는 것인데, 사실 여헌 예학 연구 이전에 국내외에서 이루어진 예학 연구의 일반적 경향이 여헌의 예학에 적용된 결과라고 보는 것이 사실상 맞다.

그러나 이 글에서는 이러한 일반화된 경향에 근본적 반론을 제기하고 새로운 관점을 제시하고자 한다. 서론부터 진전되어 앞 장까지 이루어진 논의도 근본적 반론의 입지를 다지는 것이었다. 즉 그의 역학이 지향하는 우주사업의 목적과 위기지학의 방법론, 예의 사상한과 건극(주경치위)의 방법론들이 예학과 긴밀한 관련을 맺는 가운데 그의 유학이 체계화된 것임을 입증히는 한편, 그것을 통해서 예학의 탐구의 방향이나 영역에서 근본적 변화가 필요함을 말하고자 한 것이었다. 이제 마지막 장을 맞이해서 예학 연구의 대상 영역에 대한 조정을 하기 위해서 두 가지 개념을 통한 연의 방법을 제시함으로써 논의를 마무리하고자 한다.

그 두 가지 개념은 의례장치와 의례적 실천이다. 원래 이 개념은 이마무라 히토시와 이마무라 신스케가 인류의 문명과 사상의 전개를 의례를 중심으로 설명하면서 사회와 국가가 재생산되는 틀을 지칭하기 위해서 고안한 것이다. 그들의 글을 인용하여 본다.

> 일상세계 속에 신구 의식의 교체가 있는 것과 사회에서의 의례일반의 필연 필요성과는 원칙적으로 별개의 문제이다. 옛날 의식이 없어져 버린다면 그것에 대신하는 새로운 의식이 갈대나 곰팡이처럼 생겨나오는 것이지만, 이 갈대 곰팡이 같은 여러 종의 의례가 번성하는 가운데 사회적 인간의 존속의 비밀이 숨겨져 있는 것이다. 그래서 개별적

의례가 흥망하는 사소한 드라마에 끌려서 의례 자체의 사회적인 의의를 잊어버리는 것은 용서할 수 없을 것이다. 이것은 의례가 좋은가 나쁜가의 문제가 아니고 사회 속에서 살아가는 인간의 본래의 자세가 어떤가를 생각하는 인간학적 고찰에 관계된 것이다. 확실히 개개의 의례나 의식이나 제례 같은 것에는 각각 고유의, 따라서 타당한 범위가 한정된 목적이나 용도가 있고 각각의 목적 용도는 다른 목적 용도에 환원되고 대체되어서는 결코 안된다. 그런 의미에서는 개별적 의례 의식 제례는 자기 폐쇄적이고 하나의 독립적 우주이다. 시야를 개별의례에 국한할 때에는 많은 다른 의식 등과 연관없는 것처럼 보이지만, 실제로는 그 반대이다. 개별의 의식 등등은 개별적 목적과 용도에만 한정되지 않고 하나의 '유기적 조직' 속에 연결되어 있다. 사회생활의 필요로부터 이러한 결합이 생겼다. 이러한 총괄된 의식의 집합체를 우리들은 儀禮裝置라고 이름 붙인다. 의례장치 속에 모아진 개별적 의식은 그 자기 폐쇄성을 넘어서서 전체 속의 하나의 요소가 된다. 유기적 조직 속의 요소는 원자적 요소보다는 전체에 불가결의 구성적 요소가 된다. (그렇다면) 개개의 의식들을 의례장치의 유기적 구성요소로 바꾸어 놓는 것이 있음에 틀림없다. 우리들은 그것을 '儀禮的 實踐'이라고 부른다.(중략) 의례적 실천은 눈에 보이지 않는다. 그 의미는 추상적인 개별적 여러 의례의 통합작용이라고. 이 통합작용은 인간의 사회생활이 분해되지 않고 안정적으로 존속하는 것을 가능하게 하는 조건이다. 이것은 인간이 존재하는 한 있다. 그것은 인간에게 있어서 말하자면 '영원한' 것이다.[38)]

여기서 말하는 의례장치란 사회생활의 필요로부터 생성하고 정립해서 모인 다양한 의례들의 집합체를 말하는 것이고, 의례적 실천이

38) 今村仁司 · 今村眞介. 2007.『儀禮のオントロギ—人間社會を再生産するもの』. 講談社. 프롤로그 참조.

란 개별적 의례들을 인간의 삶의 과정에서 유기적으로 연결함으로써 의례들을 통합하고 그 통합작용에 의하여 인간의 사회가 유지 존속할 수 있도록 하는 활동이다. 두 저자에 의하면 이러한 의례장치와 의례적 실천은 인류 사회의 어디서나 그리고 언제나 적용되는 보편적인 것이다.

여헌의 예학도 이러한 틀 속에서 다시 생각해볼 수 있다. 즉 총괄된 의식儀式의 집합체를 의미하는 의례장치에는 관혼상제를 비롯한 각종 의례 규범들이 해당한다. 그는 당시의 관례나 혼례라는 의례장치의 일부에 대해서 개정의 필요성을 느껴서 「관의冠儀」, 「혼의婚儀」를 지었고, 특히 전란을 당해서 피란하는 가운데도 제사를 지내기 위한 의례장치의 필요성을 반영하여 「분찬중사망의략奔竄中事亡儀略」을 편찬하였다. 또 그는 자신의 행례에서 의문이 있는 부분을 한강寒岡에게 문목으로 엮어서 질의하였고 답을 받았다. 문인들이 제기하는 행례行禮상의 의문에 답을 주었고 이 과정에서 그는 퇴계의 학설을 많이 인용하고 또 많은 경우 고례古禮를 준거로 삼기도 했지만 경우에 따라서는 인정人情에 의거하여 혹은 세속의 편의에 따라서 해도 무방한 것을 제안하기도 하였다. 또 그는 「오선생예설발문五先生禮說跋文」을 지어서 한강寒岡의 예서와 예학적 사고의 확산에 중요한 기여를 하였다. 이상과 같은 그의 행위는 그의 의례적 실천의 일부이다.

그러나 그의 의례적 실천은 그것만으로는 설명하기 불충분하다. 특히 그를 영남에서 퇴계를 잇는 대유로 평가하는 시각이 형성되는 배경에는 그의 의례적 실천이 그것 이상으로 중요한 것이 있기 때문이다. 그것이 앞에서 인용한 정조正祖의 치제문致祭文의 "시골의 풍속 후덕하고 질박하였으며 사림이 흥기하였다오"와도 관련이 있는 것이다. 그의 문인 이주가 여헌을 묘사한 글은 그의 인생과 사업의 다양한 내용과 과정이 실은 의례적 실천의 전체적 과정임을 시사한다.

> 선생은 17세 때에 이미 큰 사업에 뜻을 두시어 곧바로 옛날의 聖賢과 같은 인물이 될 것을 스스로 기약하시고 손수 宇宙要括 열 帖子를 撰하였다. 그리하여 渾淪하여 조짐이 없는 原初와, 太極이 動하고 靜하는 기틀과, 二氣와 五行과 四時의 造化와 鬼神의 묘함과, 우리 인간의 性情과 道德과 三綱、五常과 禮樂、敎化의 아름다움과, 堯帝、舜帝、禹王、湯王、文王、武王、周公、孔子、顔子、曾子、子思、孟子 및 宋 나라 여러 哲人들이 서로 전한 道統과, 三墳、八索、九丘、五經、河圖、洛書、八卦、九疇、先天、後天의 학문과, 옛날 純臣、忠臣、義士、隱逸、人傑、文人의 무리와, 道家、法家、佛家、仙家、陰陽家、術數家、老子、莊子、楊朱、墨翟의 구분과, 하늘이 덮어주고 땅이 실어주며 산이 높고 바다가 깊으며 온화한 바람과 가물 때의 단비와 가을의 밝은 달과 차가운 물과 짙은 서리와 소리나는 우레와 살아 있는 龍과 활동하는 범과 소나무와 잣나무와 금과 옥의 여러 가지 象과, 말을 삼가고 행실을 민첩히 하며 날로 힘쓰고 저녁까지도 두려워하며 고요할 때에는 마음을 보전하고 動할 때에는 살피며 글을 널리 배우고 禮로 요약하는 중요한 법이 모두 이 가운데에 포괄되어 있었다. 그 첫걸음에 體段의 크고 넓음과 眼目의 높고 멂이 이와 같으셨다.[39]

여헌의 의례적 실천의 과정에는 위에 언급한 것처럼 다양한 과정

39) 『여헌선생속집』 제10권. 「경원록」.(이주 기록)(번역은 고전번역원)

과 영역을 섭렵하면서도 박문약례博文約禮를 법도화하여 실행하였던 것과 깊은 관련이 있다고 보인다. 그러한 박문과 약례의 실행은 문인들로 하여금 그의 학문 뿐 아니라 존재 자체가 체단의 굉박함과 안목의 고원함을 실감하게 하였던 것이다. 이러한 그의 삶과 행적은 그 자체가 예학적 행위이고 의례적 실천이라고 해도 과언이 아니다. 그가 남긴 다음과 같은 경구들은 평소의 의례적 실천의 일상적 원리를 잘 보여준다.

> 널리 배워 자기 몸에 돌이키며
> 깊이 體行하여 가슴속에 새겨두어야 한다.
>
> 道를 응집해야 한다. 이치에 순함을 도라 이르니, 도를 응집함은 입과 귀로 이를 수 있는 것이 아니다.
> 德을 쌓아야 한다. 善을 쌓음을 덕이라 하니, 덕을 쌓음은 일조일석에 할 수 있는 것이 아니다.
>
> 어버이를 받들 적에 사랑과 공경이 모두 지극해야 하고
> 아랫사람을 통솔할 적에 사랑과 위엄을 아울러 베풀어야 한다.[40)]

결론적으로 말하면 여헌의 이러한 태도는 역학의 체계화로 귀결되며, 역학은 곧 우주사업을 추구하는 가운데 예학을 인문의 중요한 분야로 설정하였던 것이다. 그리고 그의 우주사업의 과정과 내용은

---

40) 『여헌선생속집』 제5권. 「잡저」. 「標題의 중요한 말」 (번역은 고전번역원).

그의 인생의 거의 전반에 걸쳐서 추진된 것으로서 장기간에 걸친 그의 의례적 실천은 당대 뿐 아니라 후대에도 영향이 크게 미쳤다. 그가 남긴 의례장치는 한강이나 사계와 같은 예학 전문가들에 비하여 소략하다. 그러나 그는 의례장치를 꼭 자신의 저술이나 제작에 의존하지 않고 도덕적 권위가 있고 학문적 진실성이 갖추어진 인물이 설정한 것을 수용하는 태도도 많이 보였다. 사실 이는 그와 더불어 그의 전후시대 유현들이 취하였던 일반적인 태도라고 보인다. 그렇다면 그들은 예서를 편찬했건 아니했건 당대의 의례장치를 보완하고 교정해가는 집단지성의 추구를 보여준 셈이다. 그럴 경우 여헌의 역학적 실천은 집단지성의 생산물이 권위를 지니고 수용될 수 있는 배경과 터전을 조성하는 의례적 실천의 과정으로서 중요한 의의를 지닌다고 할 수 있다.

그가 한강寒岡의 행장行狀에서 한강이 동강東岡(김우옹金宇顒, 1540~1603)과 더불어 "남명南冥의 높은 풍도風度를 추앙하고 퇴계退溪에게 정맥正脈을 돌린 것"으로 언급하는 내용은 퇴계와 남명을 구별하는 말일 수도 있다. 그러나 오히려 당대의 사림이 존중하여야 하는 선현과의 맥락이 이어짐을 강조함으로써 실은 도학적 맥락의 지속화에 대한 그의 깊은 관심을 표출한 것이고, 나아가서 그것은 당시의 의례적 실천이 나아가야 할 방향과 이념적 근거를 제시하는 작업이었다고 할 수 있다.

5. 맺음말

결론삼아서 여헌의 예학이 낙중학으로서 퇴계 학맥退溪 學脈의 예학禮學과 남명 학맥南冥 學脈의 상호 관련에 대해서 다음과 같은 언급을 할 수 있다. 낙중학이란 용어는 현대에 창조된 것이지만, 낙동강 중류 지역의 유학 발전과 관련된 맥락을 살피는 데에 필요한 점이 있다. 그렇다고 할 때에 낙동강 중류 지역에 해당하는 인동 지역을 중심으로 활동한 여헌의 활동과 업적이 이 지역의 유학의 맥락의 형성과 전개에 매우 중요한 것임은 두 말할 나위가 없다. 그렇지만 아직 낙중학의 범위나 맥락의 연원이나 맥락의 줄기와 상세한 내용에 대해서는 논의 중이며 따라서 이 글에서는 그러한 논의를 충실하게 하기 위한 기본적 자료로서 여헌의 예학에 관한 내용을 제공하는 것에 초점을 맞추는 것이 바람직하다.

이 글에서는 예학을 예설의 분석을 통한 동이同異나 상사점相似点을 찾는 방법을 배제하고, 예학을 통한 유학적 목적 혹은 이상의 성취를 지향하는 구도와 방법에 초점을 맞추어서 고찰하였다. 그 결과 여헌의 유학적 구도에서 예학은 의례장치儀禮裝置를 구비하고 의례석儀禮的 실천實踐을 강화함으로써 유학의 성취를 위해 필요한 인문人文을 개인의 심신에 체화하는 것을 목적으로 삼는 것으로 판명된다. 그렇다고 할 때에 그의 의례장치를 구비하기 위한 그의 학문적 성과, 그리고 의례적 실천을 충실하게 추진하는 방법 등에서 퇴계학맥이나 남명학맥에서 이루어진 내용들과의 예학적 차원의 연관성 탐구, 혹은 비교 연구가 가능할 것이다. 이 글은 퇴계학맥과 남명학맥의 성과를 논의하지 않았으므로 대략의 가능성만을 타진하는 선에서 논의를 하였는데, 그 내용은 여헌은 퇴계退溪 혹은 한강寒岡의 예설 나아가서 기호 지방의 사계沙溪의 예설을 존중하면서 수용하는 태도를 취하였던 점을 중시하게 된다. 이를 근거로 당시의 의례장치의 구비는 일종의 집단지성의 구현과도 같은 협동작업의 방식으로 시간의 흐름에 따라서 지속적으로 보완되면서 점점 더 풍부하고 상세한 의례장치의 구비로 가는 흐름이 대세였다고 볼 수 있다. 이러한 과정에서 여헌의 예설에 의한 의례장치가 당대 혹은 후대에 어떻게 인식되고 이용되었는가 하는 점은 별도로 논의할 내용이지만, 여헌은 당시에 자신 및 문인들 혹은 교류하던 학인들의 의례적 실천을 위해서 자신만의 의례장치를 독자적으로 강구하지 않고 선배 제현의 학설을 수용하면서 보완하는 방식을 사용하였다고 보인다. 이점이 향후 낙중학이 낙상 낙하의 학맥과 교류하였던 맥락을 관찰하고 논의할 수 있는 근거가 될 듯하다.

낙중학의 기획에 맞추든 그렇지 않든 여헌의 예학 나아가서 조선시대 유학자들의 예학을 근원적으로 고찰하기 위한 관점을 조정한 것이 이 글의 특징이다. 이에 따르면 유학의 목적 성취와 긴밀한 연관 하에 추구된 것이 예학이라는 관점을 지니게 된다. 여헌에게서는 역학易學이 유학의 이상을 성취하는 대체적인 구도이지만, 이를 낙중학 관련 논의로 전개시키기 위해서는 주자학朱子學의 위기지학爲己之學적 성취의 구도로 설명할 필요가 있다. 이는 낙동강 상류의 퇴계의 학맥이나 낙동강 하류의 남명 학맥이 동일하게 추구한 것이다. 사실 퇴계학맥과 남명학맥의 흐름을 비교할 수 있는 가능성도 이러한 학문적 경향과 구도의 공유사항이 있기 때문이라고 생각된다. 그리고 그러한 학문적 경향과 흐름이 공유되는 가운데 예학이 발달한 것으로 이해할 수 있다. 그러나 여헌 당시에는 예학이 이학理學 혹은 유학儒學 전반과 맺는 관계를 명확하게 정의하는 학자가 드물었다. 그러한 상황에서 여헌이 역학을 그의 유학의 전체적 구도로 세우고 그 안에 예학을 비롯한 다양한 영역의 유학 분야들을 하나의 체계로 엮은 것은 조선 유학의 역사에 중요한 진일보에 해당한다고 볼 수 있다. 그 구체적이고 상세한 내용은 이 글의 서술범위를 벗어나기 때문에 다음 기회의 고찰로 미루고자 한다.

그러나 여현의 예학이 지닌 독자적인 면모는 밝혀야 할 것이다. 그것은 위기지학의 전체적인 구도에서 예학의 위상과 역할을 정의하고 있다는 점, 따라서 그의 학설로 인하여 예학과 유학 전체와의 연관성이 분명하게 인식될 수 있다는 점은 그의 당대 혹은 선후대의 여타 학자들과 비교되는 독자성이자 위기지학적 성취를 위한 실천 방법론의 체계화에 성공한 것이라고 평가할 수 있다.

여헌 장현광의 잡저류 연구

-「여헌설」,「동진록」,「명분」을 대상으로 -

정 시 열

여헌 장현광의 잡저류 연구
-「여헌설」,「동진록」,「명분」을 대상으로 -

정시열 | 영남대학교 국어국문학과

1. 머리말

이 글은 『여헌집旅軒集』 소재所載 잡저류雜著類 가운데 여헌旅軒 장현광張顯光이 자기 자신에 대한 생각과 처세관, 분수론 등을 구체적이고 직접적으로 밝힌「여헌설旅軒說」,「동진록同塵錄」,「명분明分」, 세 편에 대한 연구이다. 여헌은 자신의 철학적 사유를 담은 깊이 있는 저술을 다수 남겼는데, 이런 류類의 글들 중 상당수가 현대인들이 읽고 이해하기에는 다소 어려운 내용으로 되어 있다. 하지만 이 글에서 논의 대상으로 선택한 세 편의 글들은 모두 이해가 용이한 자기 고백적 성격의 저작으로서, 전란의 참화를 겪으며 어려운 시기를 살다간 장현광이라는 선비의 삶의 궤적을 추적하는 데 필수 불가결한 내용을 담고 있다.

여헌에 대한 연구는 양적으로나 질적으로 충분하다고는 할 수 없지만 각종 학술대회와 개별 학자들의 연구를 통해 이루어진 논의가 현재 결실을 맺고 있으며, 이런 추세에 발맞추어 여헌에 대한 인식도 학계는 물론 일반에서도 상당히 높아진 상태다. 이 글에서 살펴보고자 하는 「여헌설」, 「동진록」, 「명분」, 이 세 편의 잡저는 그가 남긴 다른 글들에 비해 강한 일상성을 특징으로 하기에 한 인간으로서 그리고 생활인으로서 여헌이 견지했던 본연적 모습을 이해하는 데 일조할 만한 자료들이다. 게다가 체계성에 바탕을 둔 논리적 사고와 필력강정筆力扛鼎을 실감케 하는 탄탄한 문체로 작성되었기에 여헌 사상의 한 국면을 조명해 보기에도 부족함이 없다.

여헌의 행적에 대해서는 기왕의 연구에서 충분히 서술되었으므로 이 글에서는 논문을 이해하는 데 필요한 정도만 간략히 언급하겠다. 장현광(1554, 명종9~1637, 인조15)은 경상북도 인동에서 출생했으며, 본관은 인동仁同, 호는 여헌旅軒, 자는 덕회德晦이다. 그는 장년기에는 왜란을, 노년기에는 호란을, 만년에는 광해군의 학정과 인조반정, 이괄의 난을 겪는 등 파란만장한 일생 속에서도 명철보신에 힘썼던 인물이다.

여헌은 이처럼 어려움으로 점철된 생애를 살았지만 출사를 통해 일신의 안위를 도모하기보다는 학문과 저술에 진력하는 학사적 삶을 지향했다. 그는 첫 스승이자 자형인 노수함을 통해서는 '김종직-김굉필-정붕-박영-노수함'으로 이어지는 학통의 영향을 받았으며, 처삼촌인 한강 정구를 통해서는 퇴계와 남명의 학문적 영향을 받았다. 여헌은 전형적인 처사형 학자로서 조정으로부터 출사 요청을 받더라도 대부분 거절했으며 설령 출사했더라도 곧 물러났다. 그는 관직에 별다른 뜻을 두지 않았지만 그렇다고 독선기신獨善其身한 것은 아니며, 도학자로서 경세經世의 문제를 늘 염두에 두고 있었다.

이러한 여헌의 개인적 면모를 파악하는 데는 그가 남긴 여러 글 중에서도 이 글의 논의 대상인 「여헌설」, 「동진록」, 「명분」, 세 편의 글을 참고하는 것이 도움이 된다. 앞서도 언급했듯이 이들 글 속에는 여헌의 평소 생각이 잘 나타나 있다. 오직 자신에 대한 집중의 흔적이 두드러진 「여헌설」에서는 명실상부한 자기 인생에 대해 서술했으며, 남들과의 어울림에 대해 언급한 「동진록」에서는 험난한 시대를 살아가는 선비의 처신을 실제 경험에 바탕을 두고 풀어냈다. 그리고 자신을 주인공으로 한 「여헌설」, 「동진록」과는 달리 「명분」에서는 객관적 시각에서 분수에 대한 자기 철학을 예리하고도 차분한 필치로 펼쳐 보였다. 인간의 분수가 천명에 의해 결정된다는 것이 주지周知의 사실임을 감안한다면, 이 세 편의 글은 각각 개인, 사회, 하늘에 대한 여헌의 생각을 대변한다고도 볼 수 있겠다.

잡저류에 속하는 이들 세 편은 작성된 취지가 다른 각각의 글인 만큼 논지를 밝혀 가는 과정에서도 차이를 보이는데, 이것은 여헌이 글의 내용에 따라 표현 방법을 달리 구사했음을 뜻한다. 이 글에서는 이러한 서술 방법과 논지의 상관성에 주목해서 세 편의 글을 분석하고, 이 논의를 통해 여헌의 인물됨에 대해서도 살펴보고자 한다.[1)]

---

1) 「旅軒說」. 「同塵錄」. 「明分」. 이 세 편에 대한 번역은 『국역 여헌집(1-4)』(성백효 역. 민족문화추진회. 1996~1999)에 크게 힘입었다.

2. 문답식 서술과 자아의식 : 명실상부

1597년 왜란 중에 지어진「여헌설」은 한마디로 여헌의 자기 인식 양상을 확인할 수 있는 글이다. 그는 헌호軒號의 등장 배경과 헌호에 대한 자신의 생각을 개진하는 가운데, '여헌旅軒'이라는 헌호가 자기 인생의 실상과 부합함을 강조했다. 문체 분류상 '설說'은 어떤 사실의 시비곡직에 대해 논의하고 변증하여 일정한 견해를 제시하는 논변류, 논설류에 속하는 글로서, 인물이나 사물의 이름과 속성 등에 관하여 설명하는 가운데 자신의 의견을 서술한다는 특징이 있다.[2)]

설의 이러한 장르적 성격에 걸맞게「여헌설」에서는 질문하고 답변하는 문답식 서술 기법을 통해 여헌이라는 헌호가 본인에게 적절한 명칭임을 밝혀 가는 과정을 보여준다. 그는 여섯 차례 정도 묻고 답하는 과정을 통해 혹자가 제기한 의심을 일소하고, 자신이 말하고자 하는 결론에 도달했는데, 여기에 등장하는 혹자의 물음은 형식상 남이 묻는 모양새를 취했을 뿐 사실상 여헌이 스스로에게 제기한 물음으로 봐도 무방하다. 그는 이러한 문답을 통해 결과적으로 명실상부한 인생을 살았다는 자아의식을 확고히 해나간 것으로 파악된다.

여헌은 글의 도입에서부터 결말에 이르기까지 시종 차분한 어조로 일관하는 가운데 자신의 생각을 피력했다. 그럼 서술 단계에 맞춰 구체적인 내용을 살펴보도록 하겠다.

---

2) 이종건 · 이복규. 1991.『한국한문학개론』. 보진재. p.200, 205.

①그러나 이름이 있고 자가 있을 뿐이었는데도 충분히 모든 것을 다 하였는데, 또 내려와 후세가 되어서는 세상의 도가 밝지 못하고 다스려지는 날이 항상 적었다. 그리하여 천하에 혹 기이한 재주를 품고 진리를 간직하고 있는 선비가 만약 세상에 나와 뜻을 펴지 못하면 물러가서 산림과 강호의 사이에 흩어져 사는 자들이 있었으니, 이들은 세상 사람들의 귀에 자신의 이름을 드러내고 속인들의 입에 자신의 자를 올리고 싶지 않으면 이름과 자의 밖으로 스스로 초탈하고 경쟁이 없는 땅에서 호를 구하여, 혹은 사는 집의 이름을 따르고 혹은 거처하는 땅과 강호와 지택, 계산과 곡동 등 마음에 좋아하고 몸이 부쳐 있는 모든 물건 중에 취하는 것을 따라 호를 붙였으니, 이것을 총칭하여 헌호라 하였다.[3)]

①에서 여헌은 사람들이 헌호를 짓게 된 배경에 대해서 서술했다. 이름과 자만 있어도 생활에 불편함이 없는데 왜 헌호를 사용하게 되었는지 그 연유를 설명한 것은 본인의 헌호 또한 필요한 것이었음을 밝히려는 포석으로 보인다.

명자名字와 마찬가지로 헌호 역시 소용되는 상황이 있었으니, 이를테면 뜻있는 선비가 암울한 시절을 당하여 산림과 강호에 처하게 되면 자신의 이름이 세속에 오르내리는 것을 달가워하지 않았기에 거처하는 지역이나 처소의 이름에서 헌호를 취하는 경우가 있었다. 이

3) 『旅軒集』 卷7. 「旅軒說」. 然有名有字而已, 而足以該之, 又降而爲後世, 世道不明, 治日常少. 天下或有懷奇蘊眞之士, 若不能出而施志於當世, 則退而散處於山林江湖之間者, 不欲衒名於時人之耳, 登字於俗子之口, 則自超於名字之外, 求號於無競之地, 或因其所居之室, 或因其所處之地, 與夫江湖池澤溪山谷洞, 凡其心所樂, 其身所寓之物, 隨所取而號之, 總名之曰軒號.

렇게 헌호가 생기면 후생과 후학들은 이름이나 자字 대신 그것으로 그분의 칭호를 삼아 존모의 뜻을 표했다는 것이다.

이러한 헌호에 대해 여헌이 고수한 입장은 엄격했다. 그는 특정 헌호와 어울리지 않는 인물이 그것을 갖는 것은 세상을 속이는, 거북한 일이라는 점을 분명히 했다. 이에 덧붙여 본인은 사농공상의 업 중에 어느 것 하나 제대로 할 줄 모르는 사람으로서, 산야에 은거한 채 일신을 보존할 궁리만 하는 존재라고 평했다. 대체로 글의 초반부에서 여헌의 논조는 자신에게 헌호는 가당찮은 것임을 확인하는 쪽이었다.

②일찍이 서로 종유하던 친구가 혹 헌호를 지을 것을 권하면 나는 다음과 같이 대답하였다. "헌호를 나와 같은 자가 또한 어찌 간직할 수 있겠는가. 헌호는 그 사람이 충분히 호를 가질 만하여야 갖는 것이다. 자신이 자신을 돌아볼 적에 과연 남이 가지고 있는 것을 가지고 있어 자부할 수 있으며, 남이 나를 볼 적에 또한 모두 남이 가지고 있는 것을 가지고 있어 볼 만한 것이 있다고 말한 뒤에야 내 스스로 호를 갖는 것이 부끄럽지 않고 남들 또한 호를 부름에 욕되지 않는 것이다…(중략)…나는 실로 스스로 돌아보건대 아무것도 없고 남들이 보기에도 볼 만한 것이 없는 자이다. 하늘과 땅 사이에 위치하고 삼재에 참여되었으나 이미 사람의 도리를 다하지 못하고 사람의 형체를 그대로 실천하지 못하였으니, 사람이란 이름을 간직하고 있는 것도 오히려 위로 하늘에 부끄럽고 아래로 사람들에게 부끄러운데 하물며 스스로 헌호를 가한단 말인가.[4]

4) 『旅軒集』 卷7. 「旅軒說」. 曾有相從之友, 或以軒號爲勸, 余應之日, 軒號, 豈如余者亦得

②에는 헌호를 지으라는 지인들의 권유와 이에 대한 여헌의 반응이 나타나 있다. 그가 주위의 제안을 거절한 것은 헌호에는 거기에 걸맞는 명실상부함이 있어야 한다고 생각했기 때문이다. 남은 말할 것도 없고, 스스로가 생각했을 때 합당해야 한다는 말인데, 만약 그렇지 못한 사람이 헌호를 가진다면 이것은 불리는 사람이나 부르는 사람 즉 자타 모두에게 수치스럽고 민망한 일이며, 더 나아가 호칭을 빌려 준 산수자연을 욕되게 하고 조물주에게 죄를 얻는 일이라고 여긴 것이다.

이처럼 여헌은 헌호에 대한 일종의 자격 요건을 염두에 두고 있었다. 그래서 그는 '여헌旅軒'이라는 헌호를 얻기 전까지는 자신이 호를 소유할 만한 인물이 못된다고 생각했던 듯하다. 자식이 되어 효도를 다하지 못했으며, 붕우가 되어 신의를 지키지 못했는데도 불구하고 오히려 장현광이라는 이름과 덕회德晦라는 자가 있으니 호에 대해서는 언감생심 말을 꺼낼 수 없다고도 했다. 지난 40여 년간 이러한 입장을 지켜온 그였지만 '여헌'이라는 헌호와 조우하게 되자 마음을 바꾸었다. 마침내 그는 새로 얻은 호가 자신에게 잘 어울린다고 자평하며, 그 만족감을 「여헌설」이라는 글로 남겼던 것이다.

以有者哉. 夫軒號者, 以其人之足號也. 己之自顧於中也, 果有人之所有, 而爲可自負者焉, 人之視我也, 亦皆日能有人之所有, 而堪爲可觀者焉, 然後吾自無愧於有號, 人亦不辱於喚號. …(中略)… 余實自顧掃如, 人視無觀者也, 中兩間參三才, 旣不能盡人之道, 踐人之形, 則人名之有, 尙且仰愧而俯怍, 況自加以軒號乎.

> ③그렇다면 헌은 어느 곳에 있는가? 일정한 곳이 없다. 어찌하여 여라고 하였는가? 나는 항상 나그네가 되었기 때문이니, 나그네란 남의 손님이 됨을 이른다. …(중략)… 나는 옥산 사람인데 어려서 아버지를 여의고 사방에 돌아다니며 배웠으니, 집안에 있지 못함은 어렸을 때부터 그러하였다. …(중략)… 그리하여 비록 왜구가 물러간 뒤에도 고향으로 돌아가지 못하였다. 이로부터 친척에 의탁하거나 그렇지 않으면 반드시 붕우에게 의지하여 처자를 이끌고 이곳으로 옮겨 가고 저곳으로 옮겨가, 혹 한 해에도 서너 번씩 옮겨 다녀 마침내 동서남북의 정처 없는 사람이 되었으니, 나그네가 됨이 그 누가 나보다 더한 자가 있겠는가. 이와 같다면 여헌이라고 호하는 것이 또한 마땅하지 않겠는가.[5]

③에서는 '여헌'이라는 헌호가 적절한 명칭임을 문답식 서술을 통해 보여주고 있다. 의미상 '헌軒'은 집처럼 구체적인 장소가 있어야 하겠지만 여헌의 '헌'은 그렇지가 못했다. '여旅'라는 글자에서 나타나듯이 그는 자신의 인생 여정이 나그네였기에 그럴 수밖에 없다고 했다. 어려서부터 고향을 떠나 여러 곳을 전전했으며, 장년기에는 전란을 만나 다시 피난길에 올라야 했다. 그 후로도 한 곳에 안착하지 못한 채 떠도는 삶이 계속되었으니 결국 그의 헌은 여헌일 수밖에 없었다.

그의 말대로라면 이 헌호는 고상하고 고고한 뜻을 지니지도 못했

5) 『旅軒集』 卷7. 「旅軒說」. 然則軒在何所. 無常處也. 曷謂之旅. 以余常爲旅也, 旅者, 客於人之名. …(中略)… 余玉山人也, 幼而孤露, 遊學四方, 其不能在家也, 自少然矣. …(中略)… 雖在寇退之後, 不能返於故土. 自是不托於親戚, 則必依於朋友, 攜挈家累, 遷此移彼, 或一歲而三四遷, 遂作東西南北之人, 其爲旅也, 孰有如我乎. 如是則號以旅軒, 不亦宜耶.

고, 운치와 정취가 묻어나지도 않는, 실로 처량하기 그지없는 칭호임에 분명하다. 하지만 여헌은 마치 곽탁타[6]가 자신을 희화화한 별명을 기쁘게 받아들였듯이 여헌이라는 헌호를 긍정적으로 수용했다. 그는 본인의 떠도는 신세를 불행으로 여기지 않고 오히려 낙관적으로 생각하는 사고의 전환을 통해 새로운 경지를 개척할 수 있었다. 여헌이 이러한 자세를 취할 수 있었던 바탕에는 분명한 자기 이해가 있었던 것으로 사료된다.

④혹자는 말하기를, "헌은 반드시 일정한 곳이 있은 뒤에야 인하여 호를 삼는 법인데, 이제 자네는 나그네이면서 헌이라고 호하였으니, 자네의 헌이 과연 일정한 곳이 있는가? 더구나 헌은 바로 주인이 가지고 있는 것인데, 자네가 나그네를 자신의 호로 삼는다면 자신의 소유가 아닌 것을 취함이 아니겠는가." 하였다. 이에 나는 다음과 같이 대답하였다. "헌이 일정한 곳이 없고 또 자신의 소유가 아니기 때문에 여라고 헌을 이름한 것이니, 헌에 여라고 이름한 것은 명칭이 진실로 실제에 합당한 것이다. 헌이 일정한 곳이 없어 가는 곳에 따라 헌이 있다면 내가 헌을 가지고 있는 것이 일정한 것이며, 헌을 가지고 있는 것이 일정하나 한 헌에 머물러 있지 않는다면 헌이 주인의 물건이 됨이 그대로인 것이다.[7]

6) 『古文眞寶(後集)』에 있는 柳宗元의 「種樹郭槖駝傳」을 보면 구루병을 앓아 곱사가 된 자가 있었는데 사람들이 그를 일러 '탁타'(낙타)라고 이르니 자신과 잘 어울리는 좋은 칭호라고 기뻐하는 모습이 나온다.

7) 『旅軒集』 卷7. 「旅軒說」. 或曰, 軒必有常所, 然後可因以爲號, 今子則旅矣, 而號以軒, 子之軒, 果有常所乎. 而況軒乃主人之有也, 子以旅而爲己之號, 則無乃非其有而取之乎. 余曰, 軒無常所, 又非己有, 故以旅而名其軒, 軒而曰旅, 名固當其實矣. 夫軒無常所, 而隨往有軒, 則我之有軒也常矣, 有軒也常矣, 而不滯於一軒, 則軒之爲主人之物者自若矣.

④는 여헌이라는 헌호가 명실상부함을 증명하는 데 초점이 맞추어져 있다. 헌은 일정한 장소에 위치하는 물건이므로, 호에 헌이라는 말을 넣으려면 호의 주인 역시 헌과 마찬가지로 일정한 거처가 있어야 한다. 그러나 여헌은 본인이 밝혔듯이 타지를 떠도는 나그네 신세였으므로 한자리에 머무를 수 없는 형편이었으며, 당연히 그런 그에게 헌이 있을 수 없었다. 그럼에도 불구하고 그가 여헌이라 일컬었기에 혹자는 의문을 제기한 것이다.

스스로 합당하다고 여겼던 헌호가 이런 비판에 직면하자 여헌은 자신의 정체성을 재확인한다는 자세로 해명에 임했다. 사실 유동성을 내포한 '여旅'자와 고정성을 담고 있는 '헌軒'자는 의미상 서로 붙지 않는다. 하지만 그는 자신의 헌은 일정한 장소에 자리한 것이 아니라 가는 곳마다 있으며, 본인은 특정한 헌에 머무르지 않고 항상 옮겨 다니므로 그 헌은 늘 본래 주인의 소유일 뿐 자신의 것은 아니라는 논리로서 여헌이라는 헌호가 합당하다고 주장했다. 그는 굳이 자기 소유의 헌을 고집하지 않고, 타인 소유의 헌은 물론이요, 온 강산을 머무를 수 있는 헌으로 여기면서 이곳저곳을 옮겨 다녔던 것이나.

이처럼 여헌은 자신만의 일정한 헌을 소유하지는 못했지만 그렇다고 헌이 없다고도 할 수 없는 상태, 즉 무와 유의 중간에 놓여 있었기에 그에게 여헌이라는 칭호는 잘못된 것이 아니었다. 그는 상식적이고 표면적인 사유에서 벗어나 열린 사고에 바탕을 둔 자기 논리로서 혹자의 물음에 답변했던 것이다.

⑤혹자는 말하기를, "그대가 여헌이라고 호를 지은 것은 내 이미 이에 대한 설명을 들었으나, 우주 사이에는 오직 태극만이 일정한 방소가 없고 일정한 형체가 없으며, 기타 만물로 말하면 반드시 형체가 있고 반드시 방소가 있는 것이다. 이제 그대의 헌을 이미 헌이라고 이름한다면 어찌 말할 만한 형체가 없고 또 어찌 지적할 만한 방소가 없으며, 또 어찌 편안하고 즐거워할 만한 실제가 없겠는가." 하였다. 이에 나는 다음과 같이 대답하였다. "나의 헌은 이미 유와 무의 사이에 있으니, 어찌 일정한 형체가 있겠는가. 그러나 편안하고 즐거워할 만한 실제는 어느 때이든 그렇지 않음이 없고 어느 곳이든 그렇지 않음이 없다."[8)]

헌호의 명칭에 대한 해명이 끝나자 다시 다른 측면에서의 의문이 제기되었다. 일정한 방소와 형체가 없는 것은 우주 간에 태극뿐이라는 사실을 근거로 해서, 혹자가 헌의 존재 양상에 관해 질문을 던진 것이다. 이에 대해 여헌은 자신의 헌은 유무의 사이에 있는 존재로서 일정한 방소와 고정된 형체가 없지만 안락의 실제는 모든 시공에서 존재한다는 점을 분명히 했다.

이처럼 그는 좁은 공간, 짧은 시간이 아닌 장대하고 영원한 시공을 배경으로 한 우주 간의 사업을 자신의 소임으로 삼았기에 개인적 불행과 국가적 어려움 속에서도 인문人文을 밝히고자 역학과 성리학

---

8) 『旅軒集』 卷7. 「旅軒說」. 或曰, 子之以旅軒爲號者, 吾旣聞之矣, 然宇宙之間, 惟太極無方所, 無形體, 若夫萬物, 則必有形體, 必有方所. 今子之軒, 旣曰軒焉, 則烏得無形體之可言, 又烏得無方所之可指者, 又豈無可安可樂之實哉. 曰吾之軒, 旣在有無之間, 寧有一定之形體, 然其可安可樂之實, 則無時不然, 無處不然矣.

에 침잠하며 자신의 길을 의연히 갈 수 있었던 것이다.[9)]

여헌의 말에 의하면 그의 헌은 장소와 모양의 제약을 초월한 공간으로서 천하의 명승과 사방의 경치를 구비할 수 있었다. 자신의 마음에 드는 곳이라면 사방 모든 곳이 바로 헌이 될 수 있었기에 일반인의 헌과는 그 차원이 달랐다. 그는 이 헌에서 방문자의 수준에 맞춰서 대화하며 유유자적한 생활을 했다. 한마디로 여헌의 헌은 딱히 규정할 만한 실체는 없었지만 그 속에서 편안함과 즐거움을 누릴 수 있는 공간이었다.

이처럼 여헌 사상의 핵심은 화복과 영욕에 흔들리지 않는 마음의 주체성을 확립하는 데 있었다. 그는 우주적 지평 속에서 스스로가 나그네임을 알아, 비록 일신이 그 있을 곳을 잃더라도 내 마음의 주인이 이理임을 체인體認한 사람이었다.[10)]

> ⑥혹자는 말하기를, "그대의 즐거움은 참으로 즐거울 것이다. 그러나 나그네가 된 즐거움은 아무리 즐거워도 집에 있으면서 가난함만 못하다는 것이 바로 옛말이다. 그런데 그대는 홀로 나그네의 괴로움을 알지 못하고 도리어 즐거움으로 삼으니, 인정에 위배되는 것이 아니겠는가. 사체를 부지런히 움직이지 않고 오곡을 구분하지 못하면서 가만히 앉아서 배불리 먹고 따뜻하게 입으며, 아내는 길쌈을 하지 않으면서 추위를 면하고 종들은 김을 매지 않으면서도 배를 채우니, 이는 또

9) 안세현. 2010.「여헌의 인문 정신과 산문의 계보」.『동양고전연구』제41집. 동양고전학회. p.67.

10) 박병련. 2009.「여헌 장현광의 정치사상과 그 시대적 함의」.『여헌 장현과 연구』. 태학사. pp.35~36.

> 수고롭지 않으면서 누리는 것을 달게 여기고 일없이 먹는 것을 부끄럽게 여길 줄 모르는 것이 아니겠는가."라고 하였다. 이에 나는 다음과 같이 대답하였다. …(하략)…[11]

헌의 존재 양상을 논하고 그곳에서의 안락을 자부하는 여헌의 주장에 대해 혹자는 나그네 신세의 고달픔을 근거로 들며 또 다른 의문을 제기했다. 여헌은 이 설의 도입부에서 자신은 산야에 물러나 직접 농사짓지 않고도 편안히 쉬면서 배불리 먹고, 또 따뜻이 입고 지낸다고 밝힌 바 있는데, 혹자의 물음은 바로 이러한 진술에 바탕을 두고 있다. 떳떳한 생업에 종사하지 않고, 삶에 필요한 모든 것을 남으로부터 얻으면서도 고통과 수치를 모른 채 오히려 그 생활에 만족해한다면 이것은 인정에 위배된 일이라는 지적인 것이다.

지면 관계상 생략한 하략 부분에는 이러한 비판에 대한 여헌의 해명이 나온다. 그는 세상 만물이 모두 떳떳한 용도가 있어서 존재하는 것은 아니듯이 자신 역시 사람 가운데 쓸모없는 존재라는 말로 일단 본인의 격을 낮추고 혹자의 비난을 수긍했다. 여기에 덧붙여 자신의 즐거움은 나그네 생활 자체에 있는 것이 아니라 고달픈 존재로 지내면서도 인생의 낙을 잃지 않으려는 데 있다는 점을 강조함으로써 혹자의 의혹을 풀고자 했다.

---

11) 『旅軒集』 卷7.「旅軒說」. 或曰, 子之樂樂則樂矣. 然爲客樂, 不如在家貧者, 古有其言. 子獨不知旅之苦, 而反以爲樂, 其無乃反於人情乎. 四體不勤, 五穀不分, 而坐取飽煖, 妻不織而免於寒, 僕不鋤而充其腹, 又無乃以不勞之享爲可甘, 而不知無事之食爲可恥耶. 余曰, …(下略)…

이처럼 곤궁함에 처해서도 희노애락의 감정에 휘둘리지 않고, 외부로부터의 환난에 얽매이지 않았던 것은 여헌이 대인다운 태연함을 견지했기 때문이다. 본인의 내면을 지키고자 한 그의 자세는 불가항력적 운명에 대한 긍정적 수용으로 볼 수 있다. 무릇 군자는 자신이 처한 환경을 편안히 여기는 법이다. 여헌은 이러한 군자의 처신을 본받아 불가피하게 선택한 나그네로서의 역할을 당당히 해나가고자 했던 것이다. 혹자의 의혹에 맞선 여헌의 해명은 본인의 삶에 대한 자부심의 소산이었다.

> ⑦…(상략)… 혹자는 말하기를, "그대가 이제 하늘과 땅 사이의 사람과 물건을 들어 모두 나그네라고 말하니, 그렇다면 그 누가 주인이란 말인가? 자네는 그 몸을 스스로 외롭게 여기면서 미루어 그 유를 넓히려는 것이 아닌가. 그리고 만물이 모두 나그네라면 조물주가 바로 주인이란 말인가?" 하였다. 이에 나는 다음과 같이 대답하였다. …(하략)…[12)]

여헌은 ⑦의 상략 부분에서 천지는 만물의 여관이며, 천지 사이에 존재하는 모든 것은 나그네임을 언급했다. 이에 대해 혹자는 모두가 나그네라면 누가 주인이며, 모든 것을 나그네로 보는 것은 그 무리를 넓히려는 의도에서 나온 것이 아닌가 하는 질문을 던졌다.

---

12) 『旅軒集』 卷7. 「旅軒說」. …(上略)… 或日, 子今擧兩間人物, 皆謂之旅焉, 則其誰爲主者乎. 子無乃自孤其身, 欲推而廣其類乎. 抑萬物皆爲旅, 則造物者, 乃爲之主乎. 余日, …(下略)…

이러한 혹자의 물음은 여헌의 언급이 지닌 표면적 의미에 근거한 것인데 반해 ⑦의 하략 부분에 등장하는 여헌의 답변은 차원이 달랐다. 그는 도의 입장에서 본다면 만물뿐 아니라 천지도 고정불변의 존재가 아니며, 조물주를 주인으로 삼는다면 각자 자기 내면의 주인을 보지 못한 채 결국 밖에서 주인을 찾는 격이 되므로 올바른 태도가 아니라고 했다. 또한 사람의 경우를 보자면 형기形氣는 변화무쌍한 객이고, 마음의 이理는 변치 않는 주인이며, 화복禍福과 영욕榮辱은 밖으로부터 이르는 객이고, 내 마음에서 지키는 것은 주인인데, 오히려 몸이 주인을 잃어 객에게 부림을 당하는 것은 가련한 일임을 강조했다.

여헌의 이러한 대답은 천지를 포함한 모든 만물은 외형상 나그네일 수밖에 없지만 내면적으로는 각자가 주인일 수 있다는 논리에서 비롯된 것이다. 그는 형기와 화복의 동요에 흔들림 없이 제대로 주인 역할을 한다면 비록 떠도는 신세일지라도 헌에서의 안락이 가능하다는 말로 자신의 헌호에 대한 해명을 마쳤다. 여헌은 이 문답을 끝으로 자신의 정체성을 정리하고, 여헌이라는 헌호가 본인에게 명실상부한 호칭임을 분명히 했다.

3. 점층식 서술과 처세지도 : 화광동진

본 장에서 논의할 「동진록」은 여헌이 지녔던 처세관의 일단一端을 보여주는 글이다. 사람은 누구나 처세의 수단을 갖고 있기 마련인데 특히 난세를 살아가는 데 있어서는 더욱 그러하다. 여헌 역시 전란 이후의 혼란기적 상황 속에서 명철보신을 위한 나름의 철학과 수신책守身策을 고수했음을 이 글에서 확인할 수 있는데, 여기에 나타난 그의 처세관은 빛을 감추고 티끌 속에 섞여 있음을 뜻하는 화광동진和光同塵[13]이라는 말로 요약이 가능하다. 그는 지혜와 덕을 드러내지 않고 세속에 묻혀 살면서 자신의 성명性命을 온전히 보존하고자 했던 것이다.

여헌은 먼저 자신이 추구하는 교제의 도를 밝히는 것을 시작으로 처세에 관한 자신의 생각을 서술했다. 그는 점층적인 서술 기법을 통해 자신이 선택한 처세지도의 객관적 타당성을 증명하고자 했는데, 특히 본인의 처신이 세속과 영합하는 것이 아님을 보이고자 일일이 사례를 들어 제시하는 형식을 취했다. 세상을 구성하는 각종 사물들을 시작으로 한서寒暑의 변화, 일월日月과 풍우風雨의 작용을 포함한 운행과 조화의 도, 그리고 요순堯舜과 공자孔子의 일을 예로 들면서 자기 논리를 펴 나갔는데 그가 도학자였음을 고려할 때 예로 든 마지막이 요순과 공자였다는 점은 비유 대상의 점층적 격상으로 볼 수 있다. 이를 통해 여헌은 자신이 추구하는 처세지도를 다름 아닌 성인의 처세지도와 동급에 두고자 했던 것이다.

이 글의 설득력은 여헌이 제시한 사례의 순서에 기인하는 바가 크

---

13) 老子의 『道德經』 제56장에 "和其光, 同其塵"이라는 말이 나온다.

다. 만약 사례로 든 마지막에 성인의 예가 아닌 다른 것이 나왔다면 「동진록」은 분명 지금보다 힘을 잃은 글이 되었을 것이다. 여헌은 평범한 일례를 시작으로 점차적으로 깊이 있는 예를 들다가 마침내 도학자로서 자신이 닮고자 하는, 강한 상징성을 지닌 대상을 글의 말미에 배치하는 점층적인 과정을 통해 성인과의 합일을 시도했던 것이다.

그럼 「동진록」의 주요 부분을 서술 단계별로 인용해서 살펴보도록 하겠다. 다음 제시문은 글의 도입부에 해당하는데 여헌이 행한 교제의 양상이 직설적으로 나타나 있다는 점이 인상적이다.

> ①나는 성질이 비루하고 용렬하여 본래 우뚝하고 뛰어난 행실이 없었다. 그러므로 지혜로운 자와 어리석은 자, 어진 자와 어질지 못한 자, 귀한 자와 천한 자, 부유한 자와 가난한 자 등 그 누구나 만나는 바에 따라 대응하고 사람에 따라 대하였다. 그리하여 무릇 귀한 자와 부유한 자는 일찍이 친하였거나 또는 성의를 가지고 서로 만나보려고 하는 자가 아니면 진실로 감히 스스로 붙으려는 뜻이 없었으며, 이른바 어질고 지혜로운 자에 있어서도 만약 참으로 어질고 참으로 지혜로움을 스스로 살펴 알지 못하면 감히 달려가 만나보려고 하지 않았으며, 비록 혹 만나더라도 또한 가볍게 마음으로 허여하지 않았다. …(중략)… 어리석고 불초한 자에 있어서도 또한 일찍이 차별하여 대우하고 비하하여 오만하게 대하지 아니하여 혹 더불어 용납하여 만나주고 혹 더불어 말을 나누곤 하였다.[14]

14) 『旅軒集』 卷8. 「同塵錄」. 余性鄙下庸拙, 本無厓岸峻絕之行. 其於智愚賢不肖貴賤富貧, 隨所遇而應之, 隨其人而待焉. 凡有貴與富者, 非在所嘗親厚與夫有誠意相見, 則固不敢自有板附之意矣, 至於所謂賢智者, 若不自察其果賢果智, 則不敢趍走要見, 雖或遇

여헌은 자신의 주장을 힘차게 내보이는 강한 필치로 글을 시작했는데 이를 통해 그가 고집하는 교제의 도는 물론 그의 인물됨이 단적으로 드러났다. 일반적으로 부귀한 자를 어렵게 여기고, 빈천한 자를 쉽게 여기는 것이 인지상정인데, 그는 이와 반대로 행했다. 금권金權의 위세에 굴복하기 쉬운 것이 진세塵世의 속성임을 감안한다면 그의 꼿꼿한 처신은 「동진록」이라는 제목과 완전하게 부합하지는 않는다. 반어적으로 생각한다면 오히려 '동진同塵'이라는 용어에서 세속의 인심과 반대로 처신하겠다는 남다른 고집이 느껴지기도 한다.

①에서 알 수 있듯이 여헌은 부귀하고 지혜로운 자라도 그 성의와 진실을 알지 못하면 가까이 하거나 마음을 열지 않았으며, 빈천하고 어리석은 자라도 무조건 차별하여 멀리하지 않았다. 이러한 처신에 대해 세상에서는 유하혜柳下惠[15]에 비유하여 칭송하거나 향원鄕原[16]이라 하여 비판하는 등 온갖 평판이 분분했지만 그는 여기에 개의치 않았다. 여헌이 이러한 교제의 도를 고집하게 된 배경에는 난세를 살아오는 가운데 굽이굽이 이어지는 곡절을 겪으면서 세속적 잣대로 인간을 평가하는 행위가 얼마나 무용한 것인지에 대한 깨달음이 있었기 때문이라 생각된다.

之, 亦不敢輕爲之心許也. …(中略)… 至於愚不肖也, 亦未嘗區而別之, 卑以傲之, 或與之容遇焉, 或與之接語焉.

15) 『孟子』. 「萬章(下)」. 제1장을 보면 유하혜는 더러운 군주를 섬기는 것을 부끄러워하지 않았으며, 향인들과 함께 하되 그들의 비루함에 개의치 않았던 인물로 나온다.

16) 『論語』. 「陽貨」篇을 보면 공자가 향원에 대해 德의 적이라고 일컬은 구절이 나온다. 이에 대해 주자는 향원은 시속과 함께 하고 더러움에 영합하여 세인들로부터 좋은 평가를 받지만 사실상 덕을 어지럽히는 존재라고 평가했다.

②임진왜란이 일어난 이후로는 세도가 날로 더욱 혼탁해지고 인심이 더욱 패악해지니, 이러한 때를 당하여 비록 바른 도를 지키고 예의를 몸소 실천하는 자라도 시골에 있으면서 일체 올바른 법도로 다스릴 수 없는데 하물며 나처럼 유리하여 딴 마을에 나그네로 부쳐 있는 자가 어찌 세속을 따라 스스로 감추는 도가 없겠는가. 이에 억지로 온화하고 유순한 안색을 하고 강경한 모양을 힘써 제거하여, 비록 노예와 비첩, 아동과 하우를 만나더라도 반드시 온화한 얼굴로 대하고 따뜻한 말로 상대하니, 하물며 마을 사람들을 능가하여 감히 기세를 내는 자를 대함에 있어서랴.[17]

왜란의 후유증으로 민생은 피폐하고 인심은 파괴되었다. 자신의 생존을 위해서는 남을 배려할 수 없게 되었고 자연히 세도는 땅에 떨어졌다. 여헌은 이처럼 약육강식의 논리가 지배하는 사회에서 살아남고자 나름의 방안을 강구해야 했음을 고백했다. 특히 자신의 고향이 아닌 객지에 머무르는 형편이었으므로 그러한 방책은 더욱 절실한 것이었다.

'하우불이下愚不移'라 했으니, 예의와 법도가 통하지 않는 상황에 적응하기 위해서는 스스로가 변할 수밖에 없었다. 그는 예전에 아랫사람들을 대하던 근엄한 자세를 버리고, 누구를 만나든지 간에 부드러운 안색을 취함으로써 시속의 사람들과 어울리고자 했다. 자신의 지

17) 『旅軒集』卷8.「同塵錄」. 一自亂離來, 世道益以昏濁, 人心益以悖惡, 當此時也, 雖守正道躬禮義者, 其在鄕曲, 不可一切以規矩繩墨律之, 况余流離旅寄于異鄕異閭者, 豈可無隨俗自韜之道哉. 於是, 勉爲和柔之色, 務去剛勁之容, 雖遇奴隷僕妾兒童下愚, 必與之和顔以接, 溫語以待, 况於陵駕閭里, 敢生氣勢者乎.

위와 배움을 내려놓고 타인의 감정을 조심성 있게 살피는 이러한 '동진同塵'의 자세는 대체로 배려 받는 입장에서 살아온 사대부로서는 익숙지 않은 색다른 경험이었을 것이다.

> ③이는 비단 사나운 자를 만나거나 교만한 자를 만나 거만한 말을 하다가 노여움을 저촉하고 완악한 용모를 하다가 욕을 부를까 우려해서 그러할 뿐만 아니라, 고을의 풍속이 질박하고 촌스러우며 백성들이 지식이 없으니, 다만 충신과 질직함으로써 서로 사귀어야 하고 예법과 겸양으로 종사할 수 없어서이다. 그러므로 이처럼 떳떳함을 변화시키고 평소의 행실을 고치지 않을 수 없는 것이다. 나는 말을 잘 하지 못하여 일찍이 마음속과 다른 말을 하지 못하였으나 지금은 혹 억지로 말하는 경우가 있으며, 나는 모양을 꾸미는 것을 잘 하지 못하여 일찍이 기뻐하지 않는 웃음을 짓지 못하였으나 지금은 혹 억지로 웃는 경우가 있다.[18)]

③에서 여헌은 자신의 처신이 세상과 어울리고자 하는 노력의 일환임을 밝혔다. 그는 질박한 사람들과 상종하는 데는 예의와 법도를 따지는 것보다는 가식 없는 믿음직한 자세가 첩경이 될 수 있음을 깨달았다. 저잣거리에는 그곳의 질서가 있는 법인데 그것을 무시한 채 굳이 책에서 배운 바를 고집한다면 분명 문제가 야기된다. 여헌은 시속에 적응하기 위해 자신의 지덕을 감추었으며, 더 나아가 행

---

18) 『旅軒集』 卷8. 「同塵錄」. 非獨慮其遇悍夫, 値驕漢, 慢語觸怒, 頑容致辱而然也, 縣俗朴野, 民無知識, 只可以忠信質直而相交, 不當以禮法揖讓而從事. 故不得不爲之變常改度焉. 余拙於言, 未嘗能爲心外之言, 今或有强談者, 余拙於貌, 未嘗能爲不喜之笑, 今或有勉笑者.

동에도 변화를 주었다.

그래서 그는 마음에도 없는 말을 하거나 억지웃음을 지으며 사람들의 기분을 맞추고자 했고, 위의 인용문에서는 생략되었으나 바둑을 두거나 활을 쏘고, 물고기를 잡거나 사냥을 하고, 밭두둑에 걸터앉은 채 농담을 주고받는 등 서민적 모습으로 생활했다. 이처럼 변화된 그의 행동을 "협견첨소脅肩諂笑" 내지 "미동이언未同而言"[19]하는 기회주의적인 것으로 매도해서는 곤란하다. 왜냐하면 여헌의 이러한 처신은 성현의 말씀에 입각해 도리를 논하던 서생의 모습에서 탈피하여 현실을 살아가는 생활인으로 전환한 것이라 할 수 있기 때문이다.

> ④나는 때때로, "내가 난세에 대처하고 말속을 따름은 자신을 보존하는 계책에는 잘하는 것인지 모르겠으나 유속과 함께하고 더러운 세속과 영합하여 날로 물들고 달로 변화하여 스스로 깨닫지 못하는 것이 아닌가?" 하며 의심하고는 곧바로 스스로 다음과 같이 해명하였다. 바깥에서 따름은 자취이고 중심에 지킴은 마음이며, 변할 수 없는 것은 도이고 변할 수 있는 것은 일이다. 나는 중심의 지킴을 한결같이 할 뿐이니, 바깥의 자취를 따름이 어찌 나쁘겠는가. 나는 변할 수 없는 것을 변치 않을 뿐이니, 또 변할 만한 것을 변하는 것이 어찌 나쁘겠는가.[20]

---

19) 『孟子』. 「滕文公(下)」. 제7장을 보면 어깨를 수굿한 채 아첨하며 웃는 것(脅肩諂笑)이 여름날 밭에서 일하는 것보다 힘들다는 증자의 말과 뜻이 다른데도 불구하고 억지로 영합하는 자(未同而言)는 그 얼굴빛을 보면 무안하여 붉어진다고 한 자로의 말이 소개되어 있다.

20) 『旅軒集』 卷8. 「同塵錄」. 時自思之曰, 余之處亂世隨末俗, 其爲自保計則得矣, 顧無乃同流合汚, 日與染化而不自覺者耶, 旋自解之曰, 徇於外者, 跡也, 守於中者, 心也, 不可變者, 道也, 有所變者, 事也, 吾一其中心之守而已, 其何傷於外跡之徇乎. 吾不變其不可變者而已, 又何害於變其可變者乎.

앞의 글 ①~③에서 언급한 내용이 처세의 구체적 양상에 대한 서술이라면 지금부터 전개되는 ④~⑦에서는 자신이 선택한 처세의 도가 타당한 것임을 보이고자 했다. 여헌은 시비를 따지지 않고 원만한 처신으로 살아가는 본인의 모습이, 세상에 영합하고 시류에 편승하는 삶이 아님을 밝히기 위해 사람의 처신을 마음(심心)과 자취(적跡)로 이분해서 보는 관점을 취했다.

④에서 그가 주장한 핵심은 중심이 되는 마음만 굳건히 지킬 수 있다면 외적으로 표현되는 행위인 자취에는 어느 정도 자유자재한 융통성을 부여할 수 있다는 점이다. 그는 고원高遠하고 심대深大한 것만을 도라고 주장하는 편협성에서 벗어나야 하며, 지극한 덕을 가진 사람이라도 비천하고 근소한 것을 통해 큰 도를 이룰 수 있음을 강조했다. 여헌의 이러한 생각은 굴원의 「어부사漁父辭」에 등장하는 어부의 조언처럼 본인이 더럽혀지지 않을 수만 있다면 세상과 청탁을 함께해도 된다는 시각과 입장을 같이한다.

> ⑤뱁새에 이르러는 새 중에 작은 것이고 개와 돼지는 짐승 중에 작은 것이며, 하먹은 벌레 중에 작은 것이고 쑥과 갈대는 풀 중에 작은 것이며, 탱자나무와 가시나무는 나무 중에 작은 것이고 모래와 자갈은 흙 중에 작은 것이며, 구릉은 산 중에 작은 것이고 도랑과 개천은 물 중에 작은 것이며, 어리석은 지아비와 어리석은 지어미는 사람 중에 작은 것이고 일반 백성들은 나라의 미천한 사람이다. 그런데 이 또한 하늘이 덮어주고 땅이 실어주는 가운데 포용되지 않음이 없으니, 어찌 유독 크고 귀한 것만이 천지에 포용되고 작고 미세한 것은 마침내 버려지겠는가. 단지 물건의 포용됨이 귀천과 대소와 거세를 겸할 뿐만

> 아니라 그 운행하고 조화를 베푸는 도도 모두 높고 작고 얕고 깊음이 있다. 추위가 심해지면 갖옷을 겹쳐 입고 따뜻한 방에 있는 자도 오히려 따뜻할 수 없으나 추위가 약해지면 미세한 벌레도 또한 발생하니, 이는 추위가 항상 심하지만은 않고 때로는 쇠할 때가 있는 것이다.[21)]

⑤에서 여헌은 높고 큰 것만이 최고가 아니라 작고 낮은 것도 그 나름의 가치를 지닌다는 사실을 말하고자 했다. 그는 천지가 포용하는 온갖 사물들 가운데 은미하고 하찮은 대상들을 열거한 후 이들 모두가 소중한 존재라는 사실을 일일이 확인해 주었다. 세상을 구성하는 삼라만상이 비록 귀천과 대소의 차이는 있을지언정 버려질 것은 하나도 없다는 점이 그가 주장하는 핵심이다.

⑤에 제시된 뱁새, 개와 돼지, 모래와 자갈, 구릉, 어리석은 사람 등은 동류 중에서 큰 비중을 차지하지 못하는 작은 것들임에도 불구하고, 여헌은 이런 사물들조차도 존재 가치가 있음을 역설했다. 그는 이러한 관점을 추위와 더위의 작용에까지 확장시켰는데 한서寒暑의 현상도 성쇠의 반복이 있으며, 그런 과정 속에서 사물의 생멸과 변화가 발생한다는 점을 지적했다.

여헌의 이러한 관점은 고관대작이 아닌 서민 속에서 살아가는 자

---

21) 『旅軒集』 卷8. 「同塵錄」. 至於鷦鷯, 禽之微也, 犬豕, 獸之微也, 蝦蟆, 蟲之微也, 蒿荻, 草之微也, 枳棘, 木之微也, 沙礫, 土之微也, 丘陵, 山之微也, 溝渠, 水之微也, 愚夫愚婦, 人之微也, 黎庶, 國之微也. 而此亦莫非覆載之所包容, 則何獨大者貴者見包於覆載, 而微者細者乃爲所遺哉. 不但包容於物者, 兼貴賤大小巨細也, 其運行施化之道, 亦莫不有隆微淺深焉, 寒之深則重裘燠室者, 尙不能暖矣, 而其微也微細之蟲, 亦得發生, 此則寒不恒於深也, 有時乎微焉.

신의 삶과 예의와 법도 대신 시속의 질서를 따르는 생활이 그리 특별한 것이 아니라는 인식에서 기인한 것이다. 세상은 크고 고원한 것만을 위주로 돌아가지 않으며, 자연의 운행과 작용도 항상 성하고 강한 것만이 전부가 아니라는 그의 주장은 자신의 처세에 대한 해명이라 할 수 있다.

앞서「여헌설」에서 여헌은 자신을 떠돌이 나그네로 묘사했는데, 그가 이처럼 사물에 얽매이지 않고 살아갈 수 있었던 바탕에는 자신의 존재에 대한 확고한 믿음이 있었음을 알 수 있다.[22] 마찬가지로「동진록」에서 나타나듯 에고를 접어 두고, 세상과 함께 할 수 있었던 것도 자기 존재에 대한 신념이 있었기 때문이다.

> ⑥해와 달이 물건을 비춤도 또한 그러하여 단지 아름답고 큰 것만을 비추고 미세한 것은 비추지 않는 것이 아니며, 비바람이 물건을 적셔줌도 또한 그러하여 단지 크고 귀한 것만을 적셔주고 천하고 작은 것은 적셔주지 않는 것이 아니다. 그러므로 지극히 높고 크며 지극히 넓고 후한 것은 물건을 선별하여 용납하지 않고, 지극히 밝은 것은 물건을 선별하여 비추지 않고, 지극히 윤택한 것은 물건을 선별하여 적셔주지 않는다.[23]

한서寒暑의 작용에 대해서 논한 여헌은 덧붙여 일월과 풍우에 대해

---

22) 김경호. 2012.「웰에이징 : 노년의 삶에 대한 여헌 장현광의 성찰」.『동양고전연구』 제49집. 동양고전학회. p.124.

23)『旅軒集』卷8.「同塵錄」. 日月之光物也亦然, 不但光於美大而不光於微細也, 風雨之潤物也亦然, 不但潤於巨貴而不潤於賤小也. 故至高大至廣厚者, 不擇物而容囿焉, 至明, 不擇物而照焉, 至澤, 不擇物而潤焉.

서도 언급했다. 해와 달, 비바람이 그 영향력을 미침에 있어 사물의 대소와 귀천을 가리지 않음은 바로 그 존재 자체가 지극히 원대하고 광활하며 밝고 윤택하기 때문이다. 이처럼 차별 없이 만물을 받아들이는, 자연의 운행이 보여준 포용력이야말로 청탁을 가리지 않고 상대의 눈높이에 맞춰 사람을 대하는 자신의 처세지도와 일맥상통함을 그는 말하고자 했던 것이다.

⑥에서 여헌은 일월과 풍우의 작용을 통해 자신이 견지하는 처세지도의 타당성을 보여주고자 했는데, 앞서 살펴본 ⑤에 비해서 그 논조가 보다 직접적이고 구체화되었음을 확인할 수 있다.

> ⑦성인의 도도 이와 같다. 그 높고 크고 깊고 원대한 것으로 말하면 천지에 유통하고 음양에 출입하여 귀신과 길흉을 함께하고 해와 달과 광명을 함께하여, 이미 돌아가신 성인을 잇고 만세의 후학들을 열어주나, 그 낮고 작고 얕고 천근한 것으로 말하면 교화가 풀 한 포기와 나무 한 그루에도 모두 입혀지고 덕이 어리석은 지아비와 어리석은 지어미에게까지 미치며, 도가 여염과 밭두둑에 행해지고 몸이 궁벽한 골목과 들에서도 편안하니, 이것이 능히 클 수 있고 능히 작을 수 있어 변화하고 굴신하는 도인 것이다.[24]

일월과 풍우의 작용에 이어 ⑦에서는 그가 이상적으로 생각하는 성인의 도를 통해 자신의 처세관을 논했다. 성인의 도는 그 변화와

24) 『旅軒集』 卷8. 「同塵錄」. 聖人之道, 亦猶是也. 言其高大深遠, 則流通乎天地, 出入乎陰陽, 齊吉凶於鬼神, 同光明於日月, 繼前聖於旣往, 開來學於萬世矣, 而言其卑小淺近, 則化被於一草一木, 德及於愚夫愚婦, 道行於閭閻畎畝, 身安於窮巷僻野, 此所以能大能小, 變化屈伸之道也.

굴신의 폭이 광대하기 그지없어서 극과 극을 모두 아우르고 포용한다. 그는 대순大舜이 지위를 선양받기 전에 어부, 도공, 농부의 일에 종사했으며, 공자 역시 노나라 사람들과 거리낌 없이 사냥을 하고, 의심스런 인물인 남자南子 부인과 양화陽貨를 만났으며, 아무런 소득도 없이 수고롭게 중원을 헤매고 다녔다는 점을 강조했다.

여헌은 자신이 진세塵世와 함께하는 것도 바로 이러한 차원의 일임을 언급하면서 글을 마무리했다. 그는 동류 가운데 작고 하찮은 대상들, 더 나아가 한서, 일월, 풍우, 그리고 마지막으로 성인의 사례를 제시하는 점층적 서술을 통해 화광동진으로 요약되는 본인의 처세지도가 성인의 행적과 크게 다르지 않음을 말하고자 한 것이다.

모든 도학자들의 이상은 심중에 있는 본성을 되찾아 참된 나를 회복하고 성인의 경지에 도달하는 것이었다. 여헌 역시 도덕 사업을 공부론의 핵심으로 생각했으며, 성인의 세계를 지향하는 구도적 자세와 강렬한 의지를 지니고 있었다.[25)]

4. 나열식 서술과 천분만단 : 수분안명

이 장에서 살펴볼 「명분」은 분수에 대한 여헌의 엄격한 인식이 드

25) 정순우. 2009. 「여헌 장현광의 자연철학과 공부론」. 『여헌 장현광 연구』. 태학사. pp.96~97.

러난 글이다. 분수를 생각해서 처신한다는 것은 스스로를 한계 짓는 일이면서 동시에 세상에 질서를 세우는 일이기도 하다. 여헌은 개인적인 차원을 넘어 삼라만상을 아우르는 전체적인 구도 속에서 분수에 대해 논의했는데, 그 핵심은 천분만단天分萬端과 수분안명守分安命으로 정리할 수 있다. 하나의 줄기에서 수많은 가지가 뻗어 나온다는 일본만수一本萬殊라는 말처럼 '천분天分' 즉 하늘이 내린 분수에는 온갖 다양한 갈래가 있기에 명철보신을 위해서는 각자 품부 받은 분수를 지키는 가운데 천명을 편안히 여길 줄 알아야 함을 그는 자각했던 것이다.

여헌은 분수에 대한 개념 정의를 시작으로 분수에는 큰 분수와 작은 분수가 있으며, 다해야 할 분수와 지켜야 할 분수가 있음을 서술했다. 그리고 더 나아가 분수가 지닌 일본만수의 속성과 분수의 도리에 대해서도 언급했다. 이러한 내용 구성에서 드러나듯 이 글은 나열식 서술 기법을 취하고 있기에 항목별로 논지를 전달하는 방식으로 작성되었다. 분수와 관련된 여러 생각들을 체계적으로 정리하는 데는 이처럼 각 사항들에 대한 논의를 차례대로 열거해 나가는 방식이 유리할 수 있다. 여헌은 이러한 나열식 서술을 통해 분수를 지키는 일이 곧 천도天道를 공경하는 일이자 스스로를 온전히 지키는 방책임을 강조했다.

분수에 대한 생각을 글로 정리하는 일은 자신에게 주어진 삶을 온전히 수용하고자 하는 노력의 일환일 수 있음을 염두에 두고, 「명분」의 주요 부분을 서술 단계별로 살펴보도록 하겠다.

①만물이 천지의 사이에 태어나서 정해진 분수가 있지 않음이 없으니, 분수란 그 받은 바의 형기에 따라 도리에 한계가 있는 것이다. 풀은 채소가 되고 약용식물이 되고 온갖 짐승의 먹이가 되는 것이 그 분수이며, 나무는 숲이 되고 땔감이 되고 온갖 과목이 되고 궁실과 기계의 재목이 되는 것이 그 분수이며, 짐승과 새는 길들여진 가축이 되고 희생이 되고 가죽과 털과 뼈와 뿔이 쓰여지는 것이 그 분수이며, 곤충과 물고기와 자라가 모두 온갖 쓰임이 있는 것이 그 분수이다. 금과 쇠와 옥과 돌에 이르러서도 마땅히 유용한 물자가 되지 않음이 없으니, 이것이 분수이다. 그 나머지 온갖 종류 중에는 무용한 물건도 무수히 많으나 함께 조화의 가운데에 있으면서 갖가지 물품의 숫자를 채우고 또한 모두 유용한 물건에 도움이 되니, 이 어찌 각기 받은 분수가 아니겠는가.[26)]

여헌은 분수에 대한 개념 정의를 글의 시작으로 삼았다. 모든 피조물에게는 타고난 분수가 있다는 그의 선언은 사물 간에 함부로 넘나들 수 없는 경계의 설정이라 할 수 있다. 세상 만물은 제각기 부여받은 형상과 기운을 가지므로 그 도리에 한계가 있는 법인데 여헌은 이것을 분수라고 정의 내렸다. 인간의 입장에서 볼 때 쓸모없는 물건도 있겠지만 전체적인 관점에서 본다면 모든 사물은 그 나름의 가치를 지닌다는 것이 분수에 대한 그의 믿음이기도 했다.

---

26) 『旅軒集』 卷6. 「明分」. 萬物生於天地之間, 莫不有所定之分焉, 分者, 隨其所稟之形氣, 而道理有界限也. 草則爲蔬菜爲藥用爲百獸之食者, 其分也, 木則爲林藪爲薪柴爲百果爲宮室器械之材者, 其分也, 禽獸之爲馴畜爲犧牲爲皮毛骨角之用者, 其分也, 昆蟲魚鼈之皆得爲凡需者, 其分也. 至於金鐵玉石, 莫不爲當用之資者, 其分也. 其餘萬類中, 爲無用之物者, 亦無數焉, 而並在造化之中, 以備品彙之數, 猶皆爲用物之助焉, 則豈非各受之分哉.

그래서 여헌은 모든 물物의 본성이 타물他物의 쓸모가 되는 데 있다고 보았다. 각각의 물이 타물의 쓰임이 되는 그 자체가 자기 본성 내지 본질의 실현이기에 자기 본질의 실현과 타물에의 기여는 동일한 일이 된다. 즉 모든 물들은 타물을 떠나서는 자기를 실현할 길이 없어진다고 할 수 있다.[27)] 여기서 말하는 물의 쓰임이란 바로 그 물의 분수를 말하는 것이다.

세상은 이처럼 눈에 보이지 않는 분수라는 경계를 사이에 둔 채 운행되고 있는데, 만약 어떤 존재가 자신의 길을 벗어나 이 선을 넘어서는 순간 조화는 파괴되고 혼란이 야기된다는 것이 여헌의 생각이었다. 그의 이러한 입장은 분수의 시원始原이 하늘에 있음을 자각한 데서 비롯된 것으로 천도에 대한 경외심에 그 바탕을 두고 있다. ①에서 여헌은 다양한 사물을 근거로 한 실체적 접근을 통해 분수의 개념에 관한 구체적 인식을 보여주었다.

> ②우리 인간은 가장 영특하고 가장 귀하여 만물의 우두머리가 되니, 어찌 스스로 그 분수를 알지 않을 수 있겠는가. 우리 인간의 분수는 큰 것이 있고 작은 것이 있으니, 분수 중에 작은 것은 일시에 관계되고 분수 중에 큰 것은 일생에 관계되는 바, 이는 그 이치에 크고 작음이 있는 것이 아니요, 사물의 크고 작음에 따라 그 분수를 삼는 것으로 큰 일에 있으면 크고 작은 일에 있으면 작은 것이다. 일시에 관계되는 것은 때가 지나면 분수 역시 변하며, 일생에 관계되는 것은 몸이 죽은

27) 김낙진. 2004.「여헌의 학문에 나타난 우주사업과 심신의 문제」.『여헌 장현광의 학문 세계, 우주와 인간』. 예문서원. pp.120~121.

> 뒤에야 일이 끝나는데, 오직 사업 중에 멀고 또 큰 것은 몸의 시종을 시종으로 삼지 않고 천지의 시종을 다하는 데 있다. …(중략)… 그렇다면 우리 인간이 반드시 다하여야 할 것은 분수 안의 일 아님이 없으며, 반드시 하지 말아야 할 것은 분수 밖의 일 아님이 없는 것이다.[28)]

위의 인용문에서 여헌은 분수를 인식하는 인간의 자세에 대해 적고 있다. 사업에 경중이 있듯이 사람이라면 자신의 분수를 생각함에 있어서 대소의 차이가 있음을 명심해야 한다는 것이다. 그는 사람의 분수를 일시에 관계된 작은 분수와 일생에 관계된 큰 분수로 나누었는데 이는 이치의 대소가 아닌 관계된 바의 대소에 말미암은 구분이다. 그래서 인간의 분수에는 한 몸에 국한된 것이 있는가 하면 천지와 시종始終을 함께하는 것이 있다. 여헌의 주장대로라면 분수란 일신의 일거일동에서 시작해 집안, 마을, 국가, 우주에 이르는 심대한 시공을 배경으로 한 인간 행위의 준칙이라 할 수 있다.

한마디로 분수에는 순간마다 변하는 작은 분수와 시공을 초월해서 존재하는 큰 분수가 있는데, 사람의 처신 가운데 정당한 것은 모두 분수 안에서 이루어지며, 도리에서 벗어난 것은 하나같이 분수 밖에서 행해진다는 것이 여헌의 시각이었다. 이러한 그의 사유는 인간

28) 『旅軒集』 卷6. 「明分」. 吾人最靈最貴, 爲萬物之首, 其可不自知其分乎. 吾人之爲分也, 有大有小焉, 分之小者, 係於一時, 分之大者, 係於一生, 此非其理之有大小也, 隨其事物之大小, 而爲其分者, 在大而大焉, 在小而小焉者也. 係於一時者, 時過而分亦變, 係於一生者, 身終然後事當畢矣, 而惟其事業之遠且大也, 則不以其身之始終爲始終, 而有以窮夫天地之始終焉. …(中略)… 然則吾人之所當必爲者, 無非分內事也, 所當必不爲者, 無非分外事也.

행위의 시종이 분수임을 명확히 인식한 데서 나온 것이다.

> ③몸이 있는 곳은 자신이 처한 지위와 맡은 일과 만난 때가 만 가지로 다르다. 그러므로 그 지위와 그 일과 그 때에 따라 스스로 처하는 의리가 각각 한도가 있어서 서로 문란하게 할 수 없으니, 이것을 지키지 않으면 그 분수를 어기는 것이다. 마땅히 다하여야 할 분수와 마땅히 지켜야 할 분수는 그 도리됨이 똑같다. 오직 마땅히 다하여야 할 것을 다하는 자는 반드시 마땅히 지켜야 할 것을 지킬 수 있으니, 능히 다하기 때문에 능히 지키고 능히 지키기 때문에 능히 다하는 것이다. 그러하니 분수를 다함은 곧 분수를 지키는 도이며 분수를 지킴은 곧 분수를 다하는 덕인 것이다. 분수를 다하고서 분수를 지키지 못하는 자는 있지 않고, 분수를 지키고서 분수를 다하지 못하는 자는 있지 않다. 오직 능히 다하고 능히 지키는 자는 어찌 성인이 아니겠는가.[29)]

③에서는 다해야 할 분수와 지켜야 할 분수가 있음에 서술의 초점을 맞추고 있다. 올바른 처신은 지위, 사업, 시기라는 세 요소가 조화를 이루었을 때 가능하다. 이 중에서 하나라도 균형을 잃게 된다면 분수를 벗어난 처신이 되고 만다. 그래서 여헌은 마땅히 다해야 할 일에 일호一毫라도 부족함이 있거나 마땅히 하지 말아야 할 일에 조금이라도 간섭함이 있다면 모두 분수를 어긴 것으로 보았는데, ③

29) 『旅軒集』 卷6.「明分」. 身之所在, 則其所居之位, 所職之事, 所遇之時, 有萬不一. 故隨其位隨其事隨其時, 而其所自處之義, 各有限度, 不容相紊焉, 此而不守, 則違其分矣, 夫其當盡之分與其當守之分, 其爲道理則一也. 故惟能盡其當盡者, 必能守其當守, 以其能盡故能守, 能守故能盡. 盡之者, 卽其所以守之之道也, 守之者, 卽其所以盡之之德也. 未有能盡而不能守, 能守而不能盡者也. 惟其能盡能守者, 豈非聖人乎.

에 나타난 그의 언급은 바로 이러한 관점의 연장선상에서 생각할 수 있는 부분이다.

다해야 할 분수를 다하는 자만이 분수를 지킬 수 있고, 지켜야 할 분수를 지키는 자만이 분수를 다 할 수 있다는 것이 여헌의 논리였다. 그는 분수를 다하는 행위와 지키는 행위가 하나의 도리에서 나오는, 동일한 근본의 일로 여겼다. 간단히 말해서 이 두 가지 행위는 자신의 지위, 맡은 일, 만난 때라는 세 요소의 경계를 염두에 둔 분수에 맞는 처신이라는 말로 정리할 수 있겠다.

앞서 ②에서 살펴보았듯이 분수에는 큰 분수와 작은 분수가 있다는 것이 여헌의 입장이었다. 이러한 분수의 대소를 판단하여, 당면한 상황에 시의적절히 대처할 수 있다면 그는 분명 분수를 다할 수 있고, 지킬 수 있는 사람일 것이다. 여헌은 이런 인물을 성인에 반열에 올려놓았는데, 분수가 인간 행위의 시종始終임을 고려한다면 자신의 분수를 능히 다하고 지키는 것은 분수의 이치에 밝은 성인의 경지라 해도 과언이 아닐 것이다.

④분수는 물건마다 각기 정해져 있어서 똑같을 수가 없는 것이니, 이는 바로 일본만수의 떳떳한 이치이다. 만약 만수의 나뉨이 없다면 일리의 용이 어찌 두루 다 갖추어질 수 있겠는가. 도가 함께 행해지고 서로 어그러지지 않으며, 만물이 함께 길러지고 서로 해치지 않는 것이 바로 이 이치이다. 만약 땅으로 말하면 내외와 원근의 형세가 있고, 물건으로 말하면 대소와 귀천의 품등이 있으며, 지위로 말하면 존비와 상하의 계급이 있고, 사람으로 말하면 지우와 현불초의 등급이

있으니, 땅의 형세가 그 몇 겹이나 되는가? 물건의 품등이 그 몇 종류나 되는가? 지위의 계급이 그 몇 단이나 되는가? 사람의 등급이 그 몇 층이나 되는가? 이것이 이른바 만수라는 것이다.[30)]

④에는 분수에 대한 여헌의 시각이 잘 드러나 있다. 그는 일본만수一本萬殊의 관점에서 분수를 바라봤는데 앞서 지적했듯이 일본만수란 하나의 근본에서 수많은 가지가 뻗어 나왔음을 뜻하는 말이다. 여헌은 세상에 존재하는 모든 만물은 각기 나름대로의 용도가 있으며, 운행의 이치에 따라 상호 간에 영향을 주고받으며 상생해 나간다고 생각했다. 이 말은 서로가 분수의 경계를 넘지 않고, 자신의 위치에서 주어진 역할에 충실할 때 모두가 공존할 수 있다는 뜻으로 이해될 수 있다.

천지자연을 구성하는 모든 피조물들은 존비尊卑, 상하上下, 귀천貴賤을 비롯한 여러 측면에서 다양한 차별점을 지니고 세상에 나왔다. 그 차이에 따라 저마다 서야 할 자리가 다르니 실로 만수萬殊라 이를 수 있는 것이다. 여헌은 이러한 현상을 정당한 이치의 발현이라 여겼다. 세상이 빈틈없이 운행되는 것은 바로 이 같은 차이가 존재하기 때문이라고 믿었던 것이다. 자신의 본분을 망각한 채 운명을 바

30) 『旅軒集』 卷6. 「明分」. 分也者, 有物之各定, 而不能齊同焉, 此乃一本萬殊之常理也. 若不有萬殊之分, 則一理之用, 何得周徧而畢備哉. 道之並行而不相悖, 萬物之並育而不相害者, 卽此理也. 若以地言之, 有內外遠近之形勢焉, 以物言之, 有大小貴賤之品類焉, 以位言之, 有尊卑上下之階級焉, 以人言之, 有智愚賢不肖之等第焉, 地之形勢, 其幾重乎. 物之品類, 其幾種乎. 位之階級, 其幾隔乎. 人之等第, 其幾層乎. 此所謂萬殊也.

꾸고자 힘쓰는 일이 오히려 패망의 첩경이 될 수 있다는 그의 거듭된 지적은 이러한 사상적 기저에서 출발한 것으로 보인다.

> ⑤한결같이 그 분수를 편안히 여겨, 각기 맡은 바의 직업에 종사하고 각기 따라야 할 도를 따른다면 자연히 편안한 땅과 편안한 지위가 아님이 없어서 은혜가 있고 의가 있으며, 침해함이 없고 범함이 없어서, 즐거움만 있고 근심이 없으며, 경사만 있고 욕이 없을 것이니, 어찌 다시 본분 밖의 일을 경영하여 위험한 것을 밟아서 스스로 멸망을 취하겠는가. …(중략)… 또 천지의 사이에 함께 태어난 것은 비록 풍부하고 약소하며 후하고 박함이 십, 백, 천, 만 가지로 차이가 나지만 정해진 분수에 따라 모두 각기 스스로 만족한 도가 있다. 비록 심히 가난하고 천하더라도 또한 그 생생의 이치는 끊김이 없으니, 어찌 가난함을 싫어하고 부유함을 구하며 천함을 싫어하고 귀함을 구해서 끝내 천지에 죄를 얻음으로써 그 사는 이치를 스스로 끊겠는가.[31)]

⑤에서 여헌이 강조한 바는 우리 각자가 자신의 분수에 만족할 줄 알아야 한다는 점이다. 실상 분수를 안다는 것은 자신을 정확히 파악했다는 의미도 된다. 그러므로 여헌이 전하고자 한 뜻은 스스로를 볼 줄 아는 안목에 대한 요구라 할 수 있다. 이와 관련해서 ⑤에 제시된 여헌의 주장은 상당히 현실안주적 색채가 강하다. 직분 밖의

31) 『旅軒集』 卷6. 「明分」. 一惟其分之是安, 各業其所職之業, 各道其所由之道, 則自無非可安之地, 可安之位, 有恩有義, 無侵無犯, 有樂無憂, 有慶無辱矣, 復何營爲於本分之外, 蹈危履險, 自取滅亡也哉. …(中略)… 且並生於兩間者, 雖其豐約厚薄有什百千萬之不齊, 而隨其定分, 皆各有自足之道焉. 雖甚貧賤, 亦未有絕其生生之理也, 豈可厭貧求富, 厭賤求貴, 卒得罪於天地, 以自絕其生理哉.

일을 도모하여 화를 취하지 말라는 그의 언급에서 그러한 성향이 두드러지게 나타난다. 하지만 여헌의 입장을 현실안주적으로만 이해하는 것은 지나친 단순화일 수 있음을 염두에 두어야 한다.

위의 인용문을 통해 판단하건대 인간이 행복해지기 위한 길이 어디에 있는가를 구명하는 것이 여헌이 「명분」을 저술한 의도 가운데 하나였다.[32] ⑤에서 언급되었듯이 하늘로부터 품부 받은 분수는 실로 다양하고 그에 따라 제각기 만족한 도가 있는 법이다. 현실안주적 사고를 반영했다고 읽힐 수 있는 그의 글이 실제 말하고자 한 바는 비록 구차한 인생일지라도 그 속에서 존재 의미를 찾을 수 있다는 점이었다. 결국 자신의 존재 가치를 발견한 사람만이 행복해질 수 있음을 고려한다면 분수에 관한 여헌의 주장은 사람을 행복으로 인도하는 담론이기도 한 것이다.

> ⑥이른바 분수라는 것이 비록 큰 것이 있고 작은 것이 있다고 하나 도리에 있어서는 실로 모두 똑같아서 큰 것이 없고 작은 것이 없다. 그러므로 사물에 따라 모두 당연한 법칙이 있어서 반드시 하여야 하고 그칠 수가 없는 것이니, 위편에서 이른바 '한 번 동하고 한 번 정하며 한 번 일에 응하고 한 번 물건을 접하는 사이'라는 것이 모두 본분이 있는 곳이다. 한 일이 있으면 반드시 이 일을 처리하는 의가 있고 한 물건이 있으면 반드시 이 물건에 응하는 도가 있으니, 일에 대처하는

32) 장승구의 「여헌 장현광의 여행의 철학과 守分의 윤리학」(2010, 『여헌학의 전개와 수용』, 보고사, p.257)에서는 여헌이 주장한 守分은 자신의 운명을 개탄하고 불평하기보다는 그것을 받아들이고 사랑하는 윤리이며, 인생의 여정에서 가져야 할 운명애의 윤리이고, 행복과 겸손의 윤리라고 했는데 모두 정확한 지적이라고 생각한다.

> 의를 다하지 않으면 이 일에 분수를 잃은 것이며, 물건에 응하는 도를 다하지 않으면 이 물건에 분수를 잃은 것이다. 비단 일에 응하고 물건을 접하는 자리에 이 분수가 있을 뿐만 아니라, 내 몸의 동하고 정함에 이르러서도, 바깥 사람에게 간섭됨이 없어서 그다지 중하지 않을 것 같으나, 거기에도 또한 당연한 법칙이 있지 않음이 없으니, 동하여야 할 때에 동하고 정하여야 할 때에 정하는 것이 이른바 본분이라는 것이 아니겠는가.[33]

글의 서두에서부터 여헌은 분수를 지켜야 함을 일관되게 강조해 왔다. 앞서 ⑤에 제시된 그의 언급에 내포되었듯이 수분守分은 한 개인의 처신에 국한된 것이면서 동시에 국가와 사회를 안정되게 유지해 가는 토대가 된다. 이러한 논리를 바탕으로 「명분」의 말미에 해당하는 ⑥에서는 분수의 도리에 대해 논했다. 앞부분에서 주장했듯이 분수에는 크고 작음이 있지만 분수의 도리에는 대소가 없다는 것이 여헌의 생각이었다.

그는 세상 모든 만물과 현상에는 거기에 합당한 도의가 있기 마련인데, 만약 이것을 무시한 채 일을 처리한다면 결과적으로 분수에서 벗어난 처신이 되고 만다는 점을 지적했다. 큰 분수의 일은 물론, 작은 분수의 일이라 할지라도 소홀히 할 수 없는 도의, 즉 지켜야 할

---

33) 『旅軒集』 卷6. 「明分」. 夫所謂分者, 雖曰有大有小, 而其在道理, 實皆無大無小. 故隨其事物莫不有當然之則, 在所必爲而不可已焉, 上篇所謂一動一靜一應事一接物之間者, 無非本分之所在也. 有一事則必有處此事之義, 有一物則必有應此物之道, 事焉而不盡其處之之義, 則失其分於此事也, 物焉而不盡其應之之道, 則失其分於此物也. 不惟於應事接物之地, 有是分也, 至於吾身之動靜, 非有涉於外人, 似不爲甚重, 而亦莫不有當然之則焉, 可動而動可靜而靜者, 此非所謂本分者乎.

도리가 존재한다는 것이다.

이러한 분수의 도리는 개인의 운신에도 그대로 적용되는 것이기에, 여헌은 일신의 일거일동에 있어서도 동정動靜의 분수를 지키지 못하면 그 본분을 다하지 못한 것으로 여겼다. 그는 작고 가벼운 것이 쌓여서 크고 무거운 것에 이르게 된다는 점을 근거로, 천지우주에 관계된 일도 개인의 본분을 지키는 일에서 시작된다는 점을 강조했다. 결국 분수의 도리란 분수의 대소를 초월한 개념이며, 모든 분수가 안고 있는 명제라 할 수 있다.

5. 맺음말 : 여헌의 인물됨

여헌 장현광은 왜란과 호란이라는 두 차례의 전란과 광해군 집정기의 폭정, 이괄의 난 등 내우외환으로 점철된 격변의 시대를 살았다. 그는 심중에 담아둔 자신의 생각을 글을 통해 상당 부분 내보였는데, 그의 문집인『여헌집』에서 이러한 점을 확인할 수 있었다. 이 글에서는 여헌의 여러 저술들 중 잡저류에 속하는 세 편의 글,「여헌설」,「동진록」,「명분」을 대상으로 논의를 전개했다.

여헌의 인생관과 세계관의 일단一端을 보여주는 이 세 편의 저작은 그의 다른 글들이 지닌 설리적說理的이고 사변적思辨的인 색채에서 벗어나 헌호, 처세, 분수에 대한 자신의 견해를 이해하기 쉽게 서술한 글이다. 자기 삶에 대한 집중이 돋보이는「여헌설」에서는 헌호의 타당성을 설명했으며, 사회에서의 적응 문제를 다룬 「동진록」에서는 자신과 사회의 관계 형성에 대해 논했으며, 마지막으로 「명분」에서는 하늘이 부여한 분수에 대해 언급했다. 한마디로 이 세 편은 개인, 사회, 하늘에 대한 여헌의 생각을 반영한 글로서, 이를 통해 격동기를 살아온 유학자의 면모를 짐작해 볼 수 있다.

내용과 형식이 적절하게 조화를 이루었을 때 작가의 의도가 잘 전달되고 독자가 읽기 편한 글이 된다는 점을 염두에 두고, 이 글에서는 각각의 글을 분석함에 있어 논지와 서술 방식에 주목했다.

제2장에서 살펴본 「여헌설」은 저자의 자부심이 반영된 글이다. 헌호인 여헌을 글자 그대로 풀이하면 '나그네의 집' 정도로 해석이 가능하다. 이 글을 통해 보건대 여헌은 자신을 이해하는 데 밝은 인물이었으며, 사람됨이 도량이 크고, 세상에 고정불변의 것은 있을 수 없다는 생각의 소유자였다. 그는 자신이 살아온 내력과 '여헌'이라는 헌호가 잘 어울린다는 생각을 글로 나타내고자 했다. 「여헌설」의 핵심 논지는 명실상부라고 할 수 있으며, 질문하고 답변하는 문답식 형식으로 메시지를 전하고 있다. 이 글은 여헌이 지나온 인생 여정의 대강을 보여주는 저작으로서 절대적인 존재나 상황은 있을 수 없음을 자각한 데서 나왔다.

제3장에서 살펴본 「동진록」은 '화광동진'의 자세로 세상과 융화하고자 했던 여헌의 노력과 처세관을 엿볼 수 있는 글이다. 그는 점층적 논거 제시를 통해 성인과 자신의 처세가 그리 다르지 않음을 보이고자 했는데, 이러한 관점을 지니기까지 그가 세상으로부터 받았

을 상처가 작지 않았으리라는 점을 짐작할 수 있다. 전란으로 인해 흉흉해진 인심을 몸소 겪는 와중에도 선비의 기개를 올곧게 유지하고자 했던 그의 자세는 표리부동한 처신을 지혜로운 것인 양 착각하는 현대인들에게 의미심장한 메시지를 던진다. 이 글은 「여헌설」과 마찬가지로 일정한 것만을 고집하지 않는, 그의 융통성과 적응력 그리고 낙관적 사고방식을 보여준다. 여헌에게 있어 이러한 태도는 혼란기를 견뎌낸 힘이자 동력이었다.

제4장에서 살펴본 「명분」은 세상 풍파를 겪으면서 깨닫게 된 인간의 직분과 만물의 역할, 더 나아가 운명에 대한 여헌의 생각이 반영된 글이다. 그는 평생 수분안명守分安命의 자세를 견지하며, 참람한 행위를 경계하고 멀리했다. 이 글에서 여헌은 세상 만물은 저마다 설 자리가 있음을 거듭 언급했는데, 이는 자신이 가야할 길에 대한 확인이기도 했다. 자기 분수를 인식하고 천명을 편안히 수용하자는 그의 생각은 나열식 서술을 통해 계속 강조되었다. 「명분」은 관점에 따라 현실안주적으로 자족할 것을 요청한 글로도 읽힐 수 있겠으나 그 이면에는 남이 아닌 나 자신을 정확히 파악하라는 촉구가 담겨 있다.

이상 세 편의 글은 수월치 않은 인생의 결과물로서 자기 다짐적 성격이 강하다. 이들 글에 나타난 여헌은 고정된 격식을 중시하면서도 주변 상황에 따른 변화를 도외시하지 않는 인물이었다. 서술 시각의 측면에서 봤을 때 「여헌설」과 「동진록」은 본인의 입장에서 서술한 반면, 「명분」은 객관적 입장에서 서술했다는 차이점이 있지만 그 근원에 있어서는 자신을 관조하고 시대를 통찰한 데서 나온 하나의 글이라 할 수 있다.

참고문헌

조선 중기 낙중학과 장현광의 '여헌학' _ 홍원식

『孝宗實錄』.

張顯光.『旅軒全書』.

______.『旅軒先生續集』.

李　植.『澤堂別集』.

宋時烈.『宋子大全』.

고려대학교 민족문화연구원 한국사상연구소 편. 2006.『여헌 장현광의 학문세계2-자연과 인간』. 예문서원.

______. 2008.『여헌 장현광의 학문세계3-태극론의 전개』. 예문서원.

고려대학교 민족문화연구원. 2012.『여헌 장현광의 학문세계4-여헌학의 전망과 계승』. 예문서원.

김경호. 2006.「여헌 장현광의 인심도심론 연구」.『여헌 장현광의 학문세계2-자연과 인간』. 고려대학교 민족문화연구원 한국사상연구소 편. 예문서원.

김낙진. 2006.「장현광의 리일원론적 심성론과 그 영향」.『여헌 장현광의 학문세계2-자연과 인간』. 고려대학교 민족문화연구원 한국사상연구소 편. 예문서원.

김용헌. 2008.「활재 이구의 장현광 성리설 비판」.『여헌 장현광의 학문세계3 - 태극론의 전개』. 고려대학교 민족문화연구원 한국사상연구소 편. 예문서원.

______. 2010.『조선 성리학, 지식권력의 탄생』. 프로네시스.

______. 2012.「여헌 성리설 연구의 쟁점과 과제」.『여헌 장현광의 학문세계4 – 여헌학의 전망과 계승』. 고려대학교 민족문화연구원 편. 예문서원.
김인철. 2006.「여헌과 다산의 역학관」.『여헌 장현광의 학문세계2 – 자연과 인간』. 고려대학교 민족문화연구원 한국사상연구소 편. 예문서원.
김일권. 2008.「조선 중기 여헌『역학도설』의 상수학과 우주관」.『여헌 장현광의 학문세계3 – 태극론의 전개』. 고려대학교 민족문화연구원 한국사상연구소 편. 예문서원.
김학수. 2005.「17세기 초반 영천유림의 학맥과 장현광의 임고서원 제향논쟁」.『조선시대사학보』35. 조선시대사학회.
______. 2009.「여헌학파의 형성과 전개」.『여헌 장현광 연구』. 태학사.
______. 2012.「여헌학파의 학통적 성격과 학문적 실용성」.『여헌 장현광의 학문세계4 – 여헌학의 전망과 계승』. 고려대학교 민족문화연구원 편. 예문서원.
______. 2013.「여헌 장현광의 생애와 학맥」.『조선중기의 '낙중학', 여헌 장현광의 삶과 사상』. 계명대학교 한국학연구원 기획학술대회 발표문.
권정웅. 1985.「『檜淵及門諸賢錄』소고」.『한국의 철학』13. 경북대학교 철학연구소.
리기용. 2008.「율곡과 여헌의 리기론:지각의 지평에서 본 리기지묘」.『여헌 장현광의 학문세계3 – 태극론의 전개』. 고려대학교 민족문화연구원 한국사상연구소 편. 예문서원.
박병련 · 정만조 · 정순우 · 김학수 · 곽진 지음. 2009.『여헌 장현광 연구』. 태학사.
설석규. 1994.「조선시대 유생의 문묘종사 운동과 그 성격」.『조선사연구』. 형설출판사.
안영상. 2006.「여헌 장현광과 성호 이익의 성리설 비교연구」.『여헌 장현광의 학문세계2 – 자연과 인간』. 고려대학교 민족문화연구원 한국사상연구소 편. 예문서원.
______. 2008.「대산 이상정의 혼륜 · 성발론의 착근에 있어서 여헌설의 영향과 그 의미」.『여헌 장현광의 학문세계3 – 태극론의 전개』. 고려대학교 민족문화연구원 한국사상연구소 편. 예문서원.
우인수. 2000.「여헌 장현광과 선산지역의 퇴계학맥」.『한국의 철학』28. 경북대학교 퇴계학연구소.
______. 2013.「인조대 산림 장현광의 정치적 위상과 활동」.『조선중기의 '낙중학',

여헌 장현광의 삶과 사상』. 계명대학교 한국학연구원 기획학술대회 발표문.
유권종. 2003.「여헌의 예학사상」.『동양철학』제20집. 한국동양철학회.
______. 2008.「갈암의 여헌 성리학에 대한 비판 고찰」.『여헌 장현광의 학문세계3 – 태극론의 전개』. 고려대학교 민족문화연구원 한국사상연구소 편. 예문서원.
______. 2012.「여헌 예학사상 연구의 성찰과 전망」.『여헌 장현광의 학문세계4 – 여헌학의 전망과 계승』. 고려대학교 민족문화연구원. 예문서원.
______. 2012.「여헌의『易學圖說』의 禮관념」.『동양고전연구』제45집. 동양고전연구회.
______. 2013.「여헌 장현광의 예학」.『조선중기의 '낙중학', 여헌 장현광의 삶과 사상』. 계명대학교 한국학연구원 기획학술대회 발표문.
유봉학. 1998.「남인의 분열과 기호남인 학통의 성립」.『조선 후기 학계와 지식인』. 신구문화사.
유흔우. 2012.「여헌 역학 연구의 성찰과 전망」.『여헌 장현광의 학문세계4 – 여헌학의 전망과 계승』. 고려대학교 민족문화연구원. 예문서원.
이병휴. 1999.『조선 전기 사림파의 현실인식과 대응』. 일조각.
이상호. 2013.「퇴계학과의 비교를 통해 본 장현광의 성리설–사단칠정론을 중심으로」.『조선중기의 '낙중학', 여헌 장현광의 삶과 사상』. 계명대학교 한국학연구원 기획학술대회 발표문.
이수건. 1979.『영남사림파의 형성』. 영남대출판부.
이수환. 2011.「16세기 전반 영남사림파의 동향과 동방오현 문묘종사」.『한국학논집』45집. 계명대학교 한국학연구원.
장동우. 2005.「여헌 장현광의 예설과 예학적 문제의식」.『유교사상연구』제24집. 한국유교학회.
장숙필. 2008.「여헌의 태극설에 나타난 도덕지향의식」.『여헌 장현광의 학문세계3 – 태극론의 전개』. 고려대학교 민족문화연구원 한국사상연구소 편. 예문서원.
정병석. 2013.「"易有太極"章의 해석을 통해 본 여헌 장현광의 역학사상」.『조선중기의 '낙중학', 여헌 장현광의 삶과 사상』. 계명대학교 한국학연구원 기획학술대회 발표문.
정상봉. 2006.「여헌의 성리학과 주자의 성리학」.『여헌 장현광의 학문세계2–자연과 인간』. 고려대학교 민족문화연구원 한국사상연구소 편. 예문서원.

정순우. 2001.「성주지역의 퇴계학맥」.『한국의 철학』30. 경북대학교 퇴계학연구소
추제협. 2013.「'한려학파'와 '여헌학'」.『조선중기의 '낙중학', 여헌 장현광의 삶과 사상』. 계명대학교 한국학연구원 기획학술대회 발표문.
최영성. 2011.「야은 길재와 그 문도들의 도학사상」.『한국학논집』45집. 계명대학교 한국학연구원.
최원진. 2008.「여헌 철학에서 태극의 포괄적 일원성에 대한 고찰」.『여헌 장현광의 학문세계3 – 태극론의 전개』. 고려대학교 민족문화연구원 한국사상연구소 편. 예문서원.
한충희. 2012.「조선 초기 낙중 사림파의 형성과 전개」.『낙중학, 조선시대 낙동강 중류 지역의 유학』. 계명대학교 출판부.
홍원식. 2012.「조선 중기 낙중학과 정구의 '한강학'」.『한국학논집』제48집. 계명대학교 한국학연구원.
______. 2012.「영남 유학과 '낙중학'」.『낙중학, 조선시대 낙동강 중류 지역의 유학』. 계명대학교 출판부.
______. 2013.「여말선초 낙중 사림들의 학통과 도통」.『낙중학의 원류–조선 전기 도학파의 사상』. 계명대학교 출판부.
홍원식 외. 2012.『낙중학, 조선시대 낙동강 중류 지역의 유학』. 계명대학교 출판부.
______. 2013.『낙중학의 원류–조선 전기 도학파의 사상』. 계명대학교 출판부.

인조대 산림 장현광의 정치적 활동과 위상 _ 우인수

고려대 민족문화연구원. 2004.『여헌 장현광의 학문세계, 우주와 인간』. 예문서원.
______. 2012.『여헌 장현광의 학문세계, 여헌학의 전망과 계승』. 예문서원.
금오공과대학교 선주문화연구소. 1994.『여헌 장현광의 학문과 사상』.
김학수. 2005.「17세기 초반 영천유림의 학맥과 장현광의 임고서원 제향논쟁」.『조선시대사학보』35.
______. 2009.「여헌학파의 형성과 전개」.『여헌 장현광연구』. 태학사.
______. 2010.「17세기 여헌학파 형성과 학문적 성격의 재검토」.『한국인물사연구』13.

김학수. 2011.「17~18세기 의성지역 여헌학파의 동향과 현실대응」.『선주논총』 14.
박병련 외. 2009.『여헌 장현광연구』. 태학사.
박학래. 2005.「여헌 장현광의 시대인식과 경세론」.『유교사상연구』 22.
서인한. 1989.「인조초 복제 논의에 대한 소고」.『북악사론』 1.
설석규. 2000.「여헌 장현광의 이기심성론과 정치철학」.『이수건정년기념 한국중세사논총』.
_____. 2007.『중화탕평의 설계자 여헌 장현광』. 한국국학진흥원.
우인수. 1991.「조선 인조대 정국의 동향과 산림의 역할」.『대구사학』 41.
_____. 1994.「17세기 초반 정국하 여헌 장현광의 위상」.『여헌 장현광의 학문과 사상』. 금오공대 선주문화연구소.
_____. 1995.「조선 인조대 산림 장현광의 사회적 위상」.『조선사연구』 4.
_____. 1999.『조선후기 산림세력연구』. 일조각.
_____. 2000.「여헌 장현광과 선산지역의 퇴계학맥」.『한국의 철학』 28. 경북대 퇴계연구소.
_____. 2011.「인조반정 전후의 산림정치」.『남명학연구논총』 16.
_____. 2011.「정묘호란시 삼남지역 호소사의 활동과 그 의미」.『조선사연구』 20.
이수건. 1994.「여헌 장현광의 정치사회사상」.『교남사학』 6.
이영춘. 1990.「잠야 박지계의 예학과 원종추숭」.『청계사학』 7.
이현진. 2000.「인조대 원종추숭론의 추이와 성격」.『북악사론』 7.
_____. 2003.「17세기 전반 계운궁 복제론」.『한국사론』 49.
장동우. 2005.「여헌 장현광의 예설과 예학적 문제의식」.『유교사상연구』 24.
장세호. 2009.「원종의 추숭문제」.『한국사상과 문화』 50.

'한려학파'와 '여헌학' _ 추제협

李　滉.『退溪先生文集』.
鄭　逑.『寒岡全書』.
張顯光.『旅軒先生全書』.

徐思遠.『樂齋先生文集』.
張 鋹.『訴梅堂遺集』.
許 穆.『記言』.
丁時翰.『愚潭先生文集』.
李 瀷.『星湖全書』.

강진석. 2011.『체용철학』. 문사철.
권연웅. 1999.「『회연급문제현록』 소고」.『퇴계문하6철의 삶과 사상』. 경북대 퇴계연구소편. 예문서원.
금장태. 2011.「한강 정구의 예학사상」.『한강 정구』. 남명학연구원편. 예문서원.
김낙진. 2004.「여헌의 역학과 세계 이해」.『여헌 장현광의 학문세계2 -우주와 인간』. 고려대 민족문화연구원편. 예문서원.
_____. 2001.「장현광의 리일원론과 선악의 문제」.『남명학연구』 10집. 경상대 남명학연구소.
_____. 2012.「조선중기 한려학파의 철학사상」.『낙중학, 조선시대 낙동강 중류지역의 유학』. 홍원식 외. 계명대 출판부.
김용헌. 2008.「퇴계학파의 여헌 장현광 비판에 관한 연구」.『퇴계학보』 123집. 퇴계학연구원.
_____. 2010.『조선 성리학, 지식권력의 탄생』. 프로네시스.
김일권. 2008.「조선중기 여헌『역학도설』의 상수학과 우주관」.『여헌 장현광의 학문세계3 -태극론의 전개』. 고려대 민족문화연구원편. 예문서원.
김학수. 2009.「여헌학파의 형성과 전개」.『여헌 장현광 연구』. 박병련 외. 태학사.
_____. 2012.「조선중기 한강학파의 등장과 전개」.『낙중학, 조선시대 낙동강 중류지역의 유학』. 홍원식 외. 계명대 출판부.
박병련. 2009.「여헌 장현광의 정치사상과 그 시대적 함의」.『여헌 장현광 연구』. 박병련 외. 태학사.
오이환. 2005.「남명 조식의 사상과 남명학파의 좌절」.『한국유학대계Ⅱ』. 김종석 외. 한국국학진흥원.
우인수. 2004.「여헌의 강학활동과 문인들」.『여헌 장현광의 학문세계2 -우주와 인간』. 고려대 민족문화연구원편. 예문서원.

유권종. 2004.「여헌의 예학사상」.『여헌 장현광의 학문세계2 －우주와 인간』. 고려대 민족문화연구원편. 예문서원.
유봉학. 1998.「남인 분열과 기호남인 학통의 성립」.『조선후기 학계와 지식인』. 신구문화사.
윤천근. 2006.『남인 예학의 선구 정구』. 한국국학진흥원.
이상필. 2005.『남명학파의 형성과 전개』. 와우출판사.
장동우. 2006.「여헌 장현광의 예설과 예학적 문제의식」.『여헌 장현광의 학문세계2 －자연과 인간』. 고려대 민족문화연구원편. 예문서원.
정만조. 2009.「17세기초 영남학파의 분기와 장현광의 학적 위상」.『여헌 장현광 연구』. 박병련 외. 태학사.
정우락. 2012.「조선중기 강안지역의 문학 활동과 그 성격」.『낙중학, 조선시대 낙동강 중류지역의 유학』. 홍원식 외. 계명대 출판부.
최영성. 2011.「한강 정구의 학문과 조선유학사에서의 위치」.『한강 정구』. 예문서원.
추제협. 2013.「『심경발휘』와 정구의 심학」.『한국학논집』51집. 계명대 한국학연구원.
허권수. 1993.『조선후기 남인과 서인의 학문적 대립』. 법인문화사.
홍원식. 2012.「영남 유학과 낙중학」.『낙중학, 조선시대 낙동강 중류지역의 유학』. 홍원식 외. 계명대 출판부.
______. 2012.「조선중기 낙중학과 정구의 '한강학'」.『한국학논집』48집. 계명대 한국학연구원.

퇴계학과의 비교를 통해 본 장현광의 성리설 _ 이상호

朱 熹.『朱子語類』.
______.『孟子或問』.
李 滉.『退溪集』.
李 滉 · 奇大升.『兩先生四七理氣往復書』.
張顯光. 1983.『性理說』(『旅軒先生全書』下(仁同張氏南山派宗親會)).

김낙진. 2010.「조선 중기 寒旅學派의 철학사상」.『한국학논집』40집. 계명대학교 한국학연구원.

김용헌. 2010.「여헌 장현광 성리설 연구의 쟁점과 과제」.『韓國人物史研究』제13호. 한국인물사연구소.

______. 2008.「퇴계학파의 여헌 장현광 비판에 관한 연구」.『퇴계학보』123집. 퇴계학연구원.

______. 2006.「활재 이구의 장현광 성리설 비판」.『유교사상연구』제27집. 한국유교학회.

박병련. 2002.「'광해군 복립 모의' 사건으로 본 강안지역 남명학파」.『남명학연구논총』. 남명학연구원.

______. 2005.「남명학파와 영남 강안지역 사림의 혈연적 연대」.『남명학보』4집. 남명학회.

안영상. 2005.「여헌 장현광과 성호 이익의 성리설 비교 연구」.『유교사상연구』제24집. 한국유교학회.

오하마 아키라. 1997.『범주로 보는 주자학』. 이형성 옮김. 예문서원.

유권종. 2006.「갈암의 여헌 성리학에 대한 비판 고찰」.『유교사상연구』제27집. 한국유교학회.

이상호. 2010.「퇴계학파의 리발 강조와 그 윤리적 함의」.『퇴계학논집』6권. 영남퇴계학연구원.

______. 2011.『사단칠정 자세히 읽기』. 글항아리.

______. 2012.「주자학으로서의 퇴계학, 그리고 '퇴계학'」.『안동학연구』제11집. 한국국학진흥원.

이희평. 2006.『여헌 장현광의 철학사상』. 도서출판 월인.

정상봉. 2005.「旅軒의 성리학과 주자의 성리학」.『유교사상연구』제24집. 한국유교학회.

정우락. 2008.「강안학과 고령 유학에 대한 시론」.『퇴계학과 학국문화』43집. 경북대학교 퇴계연구소.

陳 來. 2002.『주희의 철학』. 이종란 외 옮김. 예문서원.

홍원식. 2001.「퇴계학, 그 존재를 묻는다」.『오늘의 동양사상』4호. 예문동양사상연구원.

홍원식. 2010.「영남 유학과 '낙중학'」.『한국학논집』. 계명대학교 한국학연구원.

"역유태극易有太極"의 해석을 통해 본 여헌 장현광의 역학 사상 _ 정병석

『性理大全』.
『邵子全書』.
『旅軒先生續集』.
『旅軒先生全書』.
『朱子語類』.
『皇極經世』.

唐明邦 著. 1998.『邵雍評傳』. 南京大學出版社.
勞思光 著. 1986.『중국철학사』(송명편). 정인재 역. 탐구당.
孫星衍. 1998.『周易集解』.
胡　渭. 1977.『易圖明辨』. 廣文書局.
金洛眞. 2000.「장현광의 易學과 세계이해」.『퇴계학보』 제105집.
김인철. 2005.「여헌과 다산의 역학관」.『유교사상연구』 제24집.
유권종. 1999.「여헌 장현광의 易學과 성리학의 철학적 연관성에 관한 연구」.『동양학』 제29집. 단국대학교 동양학연구소.
정병석. 2006.「太極 개념 형성의 淵源的 배경과 해석: 太極 개념의 原生的 의미와 해석을 중심으로」.『철학』 제88집.
최정준. 2006.「旅軒의 反吉思想」.『韓國思想史學』 제26집.

여헌 장현광의 예학 _ 유권종

張顯光.『易學圖說』上, 下.

張顯光. 『性理說』.
고전번역원. 『국역여헌집』 I, II, III, IV.
李　瀷. 『星湖全集』.
程　顥. 程頤., 『二程遺書』.
朱　熹. 『論語集註』.

今村仁司 · 今村眞介. 2007. 『儀禮のオントロギ-人間社會を再生産するもるの』. 講談社.
유권종. 2003. 「여헌의 예학사상」. 『東洋哲學』 제20집. 한국동양철학회.
______. 2009. 「여헌 장현광 예학사상의 성찰과 전망」. 『韓國人物史研究』 제13호. 한국인물사연구회.
______. 2012. 「旅軒의 『易學圖說』의 禮관념」. 『東洋古典研究』 제45집 東洋古典研究會.
______. 2012. 「旅軒 張顯光의 實學的 設計-『易學圖說』과 爲己之學」. 『東洋古典研究』 제49집. 동양고전연구회.
______. 2006. 「葛菴의 旅軒 性理學에 대한 비판 고찰」. 『유교사상연구』 제27집. 한국유교학회.
______. 2012. 「爲己之學의 개념화 과정」. 『철학탐구』 제32집. 중앙철학연구소.
______. 2013. 「朱熹의 爲己之學 고찰」. 『철학탐구』 제33집. 중앙철학연구소.
장숙필. 2005. 「旅軒 張顯光의 中庸哲學」. 『儒敎思想研究』 제22집. 한국유교학회.
장동우. 2005. 「여헌 장현광이 예설과 예학적 문제의식」. 『유교사상연구』 제24집. 한국유교학회.

여헌 장현광의 잡저류 연구 _ 정시열

『論語』.
『孟子』.
『道德經』.
『古文眞寶』.

張顯光. 1990.『旅軒集』.『한국문집총간』60. 민족문화추진회 편.
張顯光. 1996~1999.『국역 여헌집(1-4)』. 성백효 역. 민족문화추진회.

김경호. 2012.「웰에이징 : 노년의 삶에 대한 여헌 장현광의 성찰」.『동양고전연구』 제49집. 동양고전학회. pp.109~136.
김낙진. 2004.「여헌의 학문에 나타난 우주사업과 심신의 문제」.『여헌 장현광의 학문 세계, 우주와 인간』. 예문서원.
박병련. 2009.「여헌 장현광의 정치사상과 그 시대적 함의」.『여헌 장현과 연구』. 태학사.
안세현. 2010.「여헌의 인문 정신과 산문의 계보」.『동양고전연구』 제41집. 동양고전학회. pp.61~90.
이종건 · 이복규. 1991.『한국한문학개론』. 보진재.
장승구. 2010.「여헌 장현광의 여행의 철학과 守分의 윤리학」.『여헌학의 전개와 수용』. 보고사.
정순우. 2009.「여헌 장현광의 자연철학과 공부론」.『여헌 장현광 연구』. 태학사.

[저자 소개]

홍원식 E-mail : wsh683@kmu.ac.kr

고려대학교 철학과를 졸업하고 같은 대학에서 박사학위를 받았다. 현재 계명대학교 철학윤리학과 교수로 있으면서, 『오늘의 동양사상』 편집 주간을 겸하고 있다. 『한주 이진상의 생애와 사상』, 『문경 허백정 홍귀달 종가』, 『동도관의 변화로 본 한국 근대철학』, 『조선시대 가문의 탄생』 등의 저서와 『중국철학사』 등의 역서, 그리고 「정주학의 거경궁리설 연구」(박사논문), 「유교적 효의 종교성과 제례」, 「이황과 그의 직전제자들의 심경부주 연구」, 「동아시아 생태담론에 대한 비판적 검토」 등 다수의 논문이 있다.

우인수 E-mail : iswoo@knu.ac.kr

경북대학교 사범대학 역사교육과 교수. 조선후기 정치사를 전공하고 있다. 최근 논문으로 「우복 정경세의 정치사회적 위상과 현실대응」(2011), 「조선후기 상주 존애원의 설립과 의료기능」(2011), 「조선 선조대 남북분당과 내암 정인홍」(2011), 「17세기초 경당 장흥효 가문의 제사 관행」(2012), 「목재 홍여하의 현실인식과 대응」(2013) 등이 있다. 조선후기 남인의 현실인식과 대응에 관한 연구를 진행하고 있다.

추제협 E-mail : jhchoo@kmu.ac.kr

계명대학교 국어국문학과를 졸업하고 경북대학교 대학원 국어국문학과 석사과정을 수료한 뒤 계명대학교 대학원 철학과에서 석사와 박사학위를 받았다. 현재 계명대학교 대학인문역량강화사업단(CORE) 연구교수로 있다. 논문으로는 「반계 유형원의 리기심성설과 그 실학적 단초」, 「성호 이익의 궁리함양공부와 퇴계학」, 「『심경발휘』와 정구의 심학」 등이 있다.

이상호 E-mail : sookbi@koreastudy.or.kr

계명대학교 철학과를 졸업하고 동대학원에서 「정제두 양명학의 양명우파적 특징」으로 철학박사 학위를 받았다. 계명대학교 교양과정부 강의전담교수를 거쳐, 현재 한국국학진흥원 연구원으로 재직 중이다. 『양명우파와 정제두의 양명학』, 『사단칠정 자세히 읽기』를 썼으며, 『위당 정인보의 양명학 연론』(공역)을 번역했다. 주요 논문으로는 「강화학파의 실심론」, 「『심경부주』해석사에서 바라본 정제두의 『심경주의』」, 「성리학과 생태담론」 등 다수가 있다.

정병석 E-mail : seok@ynu.ac.kr

영남대학교 철학과와 동대학원을 졸업하고 臺灣 中國文化大學 철학연구소에서 박사학위를 받았다. 계명대학교 철학과 교수를 거쳐 현재 영남대학교 철학과 교수 및 민족문화연구소 소장, 한국주역학회 회장이다. 저서로는 『유학, 연속성의 세계와 철학』, 역주로는 『주역』(상.하), 번역서로는 『중국고대사상사론(이택후)』 『주역철학의 이해(고회민)』 등이 있다.

유권종 E-mail : ykj111@cau.ac.kr

고려대학교 철학과를 졸업하고 동대학원에서 철학박사를 받았으며, 현재 중앙대학교 철학과 교수로 재직하고 있다. 현재 한국공자학회 회장이며, The Society of Mind Studies의 회장과 The Association of Biocosmology의 회장을 역임하였다. 최근 프란시스코 바렐라의 윤리적 노하우(2009)를 공동번역 출간했으며, 論語, 大學, 中庸(2016) 공동번역하여 출간했다. 주요 논문으로는 「儒教的 成就에 관한 現象學的 이해를 위한 시론: 爲己之學的 成就의 實質에 관한 접근법 모색」(2016), 「旅軒 張顯光의 實學的 設計: 「易學圖說」과 爲己之學」(2012), 「朱熹의 爲己之學 고찰」(2013)이 있다.

정시열 E-mail : siyoul@hanmail.net

영남대학교 국어국문학과를 졸업하고 서강대학교 국어국문학과 대학원에서 석사 · 박사 학위를 받았다. 현재 영남대학교 국어국문학과 부교수로 재직 중이며, 『여헌 장현광의 희문 세계(3)–태극론의 전개–』를 비롯한 5편의 공지와 「桐溪 鄭蘊의 論三篇 試探」, 「조선조 제주도 유배 문학의 위상」, 「桃灘 邊士貞論」 등 다수의 논문이 있다.